生活因阅读而精彩

生活因阅读而精彩

“新文风”系列丛书

最新适用版

即学即会合同文书范本

高 谋 ⊙主编

中国華僑出版社

图书在版编目(CIP)数据

即学即会合同文书范本 / 高谋主编.—北京：
中国华侨出版社, 2012.6（2021.2重印）
(“新文风”系列丛书)

ISBN 978-7-5113-2500-6

Ⅰ.①即… Ⅱ.①高… Ⅲ.①合同-法律文书-写
作-中国 Ⅳ.①D926.13

中国版本图书馆 CIP 数据核字(2012)第115807号

即学即会合同文书范本:“新文风”系列丛书

主　　编 / 高　谋
责任编辑 / 尹　影
责任校对 / 吕　红
经　　销 / 新华书店
开　　本 / 787×1092 毫米　1/16 开　印张/22　字数/370 千字
印　　刷 / 三河市嵩川印刷有限公司
版　　次 / 2012年8月第1版　2021年2月第2次印刷
书　　号 / ISBN 978-7-5113-2500-6
定　　价 / 58.00 元

中国华侨出版社　北京市朝阳区静安里 26 号通成达大厦 3 层　邮编:100028
法律顾问:陈鹰律师事务所
编辑部:(010)64443056　64443979
发行部:(010)64443051　传真:(010)64439708
网址:www.oveaschin.com
E-mail:oveaschin@sina.com

前言

合同是法律思维和意见的载体，也是经济社会生活中最常见、最常使用、最需要了解和学习的一类法律文书。可以说，合同无处不在，企业经营发展需要签订买卖、服务合同；个人找工作、上班之前也要签订劳动合同；买方卖方租赁，同样也离不开合同。有了看得见、摸得着的书面合同，就在无形中缔结了某种合同关系，使当事人享受了某种权利，同时也承担了某种义务。

了解合同，方便、准确地使用合同，无疑可以有效地保障自己的合法权益。可若是大意或者对合同一无所知，也可能会给生活带来不少的困扰甚至是官司，让自己蒙受巨大损失，生活中类似的案件比比皆是。

鉴于此，我们精心编写了这本《即学即会合同文书范本》，它的出现一定会让你了解合同，并学会如何正确地草拟合同。与同类书籍相比，本书有以下几方面特点和优势：

第一，涉及面广、内容丰富。本书收录了各类常用的合同文书，共计 16 类合同，分别是：买卖合同、劳动合同、借款合同、租赁合同、赠与合同、承揽合同、运输合同、保管合同、委托合同、担保合同、技术合同、广告合同、旅游合同、出版合同、服务合同、合伙协议。

第二，格式规范、文字简洁、实用性强。合同作为法律文书，其文字是规范的，而合同的应用是变化的，因此范本的存在并非是约束和限制我们的思维，而是让我们的思维方向更清晰。基于此，本书尽量用简单明了的文字讲述合同应用的基本原则、注意事项，并附上合同范本，读者可根据实际情况填写或稍作修改，既便捷又实用。全文没有言之无物的空话，都采用了短实的新文风。

需要说明的是，本书在编写的过程中参考了大量专家的研究成果以及部分书籍资料，在此对他们表示真诚的谢意。

最后，希望这本书能够切实地给读者朋友带来一些实用的帮助，让它成为您的合同帮手，帮您把好合同关，更好地维护自己的利益。由于时间和精力有限，若书中有不足之处，敬请读者给予批评和指正！

CONTENTS  目录

最新适用版

第一章 买卖合同

撰写要领

一、买卖合同概述

买卖合同，是出卖人转移标的物的所有权于买受人，买受人支付价款的合同。依约定应交付标的物并转移标的物所有权的一方称为出卖人，应支付价款的一方称为买受人。

二、买卖合同的法律特征

(一)买卖合同是双务合同

买卖合同的双方当事人在享有合同权利的同时，都负担相应的合同义务，出卖人负有交付标的物并转移其所有权于买受人的义务，买受人负有向出卖人支付价款的义务。

(二)买卖合同是有偿合同

买卖合同中，出卖人所负担的交付标的物并转移其所有权于买受人的义务与买受人所负担的支付价款的义务互为对等。

(三)买卖合同是诺成合同

买卖合同自双方当事人的意思表示一致之时起成立，并不以一方当事人标的物的交付或合同义务的履行作为合同的成立要件。

(四)买卖合同为非要式合同

在《中华人民共和国合同法》中，并未就买卖合同做特别的形式要求。

三、买卖合同的常见漏洞与风险防范

买卖合同是我们日常生活中最常使用，也是最常见的合同。买卖合同涉及金钱给付，因此对于买卖合同的签订和审查需要格外慎重。买卖合同容易在如下几方面出现漏洞，因此签约时须谨慎。

(一)主体没有订立合同的资格

最常遇到的买卖合同欺诈行为就是订立合同的主体没有订立合同的资格，根本没有履行能力，一般表现为：

1.根本没有提供法人资格证明；

2.虽然提供了“企业法人营业执照”，但其实是伪造的文件；

3.提供了正式的“企业法人营业执照”，但其实际虚报注册资本，无实有资金，并没有实际履行能力。

（二）代理人超越代理权限

在买卖合同的签订中，经常有代理人以被代理人名义签订合同的情况，在被代理人授权范围内，代理人所签订合同的权利义务应由被代理人承受。但代理人超越代理权或代理权授权期限已届满后所订立的合同未经被代理人追认，由行为人承担。

（三）买卖合同履行中的恶意行为

签订了一份内容齐备、详尽完善的合同并不代表没有任何风险，在实际履行中有可能出现恶意履行的情况，比如：

1.借口产品质量差而拒付货款；

2.产品有质量问题而故意不告知；

3.在发生多交货时不予通知；

4.在对方履行不符合约定时，不及时采取措施避免或减少损失的发生。

范文经典

范例1

农副产品购销合同

________县农产公司（或农副产品收购站），以下简称需方；

________县________乡________村________村民，以下简称供方。

为了促进农副产品生产的发展、沟通城乡流通渠道，为城镇人民和对外贸易提供丰富的农副产品，经供、需双方充分协商，特订立本合同，以便双方共同遵守。

第一条　交售日期、数量及价格

1.供方必须在______年______月以前或(______月______旬内)向需方交售______(农副产品)______斤(担),(有些农副产品在签订合同时,应根据有关部门的规定或实际情况确定超欠幅度、合理损耗和正负尾差)。

2.需方应按照物价主管部门规定的价格(国家允许议价的,价格由供、需双方协商议定)向供方计付货款。

3.供、需双方的任何一方如需提前或延期交货与提货,均应事先通知对方,达成协议后按协议执行。

第二条　品种、等级、质量及包装

1.________(农副产品)的品种、等级和质量,按下列第______项执行:

(1)有国家标准的,按国家标准执行;

(2)无国家标准而有部颁标准的,按部颁标准执行;

(3)无国家标准和部颁标准的,按地区标准执行;

(4)无上述标准的,由供、需双方协商确定。

(对某些干、鲜、活产品,应根据国家的有关规定商定合理的、切实可行的检验、检疫办法;国家没有规定的,由供、需双方协商确定。农副产品确定标准后需要封存样品的,应由供、需双方共同封存、妥善保管,作为验收的依据)。

2.包装

(1)__________(农副产品)的包装,按下列第______项办理:

a.按国家或部规定的办法执行;

b.没有国家或部的包装规定的,由供、需双方协商包装办法。

(2)包装物由______________(供/需)方供应,包装物的回收办法另订附件(略)。

第三条　交(提)货方式、验收和货款结算办法

1.交(提)货方式按下列第________项办理:

(1)实行送货的,供方应按合同规定的时间送往______________(接收地点),交货日期以发运时运输部门的戳记为准;

(2)实行提货的,供方应按合同规定的时间通知需方提货,以发出通知

之日作为通知提货时间；

（3）实行代运的，供方应按需方的要求选择合理的运输路线和运输工具，向运输部门提报运输计划、办理托运手续，并派人押运（如果需要）。交货日期以发运时运输部门的戳记为准；

（4）实行义运的，对超过国家规定的义运里程的运输费用负担，按国家有关规定执行；国家没有规定的，由供、需双方协商。

2.验收

（1）验收地点：农副产品的验收地点实行供方送货或供方委托运输部门代运的，以接收地点为验收地点；实行需方提货的，以提货地点为验收地点；实行义运的，以____________为验收地点。

（2）验收办法：

a.验收期限：____________；

b.验收手段：____________；

c.验收标准：____________；

d.验收方：由____________负责验收；

e.在验收中对产品质量发生争议，应按《中华人民共和国标准化管理条例》的规定，交由质量监督检验机构裁决。

3.货款结算办法

供方交售的________（农副产品）经验收合格后，需方应在______天之内通过银行转账（或按银行的规定以现金）向供方支付货款。

第四条　供方的违约责任

1.供方交货数量少于合同的规定而需方仍然需要的，以及供方逾期交货而需方仍需要的，应照数补交，供方并应该比照人民银行有关延期付款的规定按逾期交货部分货款总值计算，向需方偿付逾期交货的违约金；供方超过规定期限不能交货的，应偿付需方不能交货部分货款总值______%（1%~20%的幅度）的违约金；因逾期交货，需方不再需要的，由供方自行处理，并向需方偿付该部分货款总值的______%（1%~20%的幅度）的违约金。

2.供方如因违约自销或因套取超购加价款而不履行合同时，应向需方偿付不履行合同部分货款总值的______%（5%~25%的幅度）的违约金，并退回套取的加价款和奖售、换购的物资;供方违约自销多得的收入由工商行政管理部门没收上交中央财政。

3.供方在交售______(农副产品)中掺杂使假、以次充好的,需方有权拒收,供方同时应向需方偿付该批货款总值的______%(5%~25%的幅度)的违约金。供方交售的鲜活产品如有污染或疫病的,需方有权拒收,并可按国家有关规定处理。

4.供方的包装不符合规定、发货前须返修或重新包装的,应负责返修或重新包装,并承担因此而支付的费用。发货后因包装不善给需方造成损失的,应赔偿其实际损失。供方由于返修或重新包装而造成逾期交货的,按逾期交货处理。

5.需方按供方通知的时间、地点提货而未提到,供方应负逾期交货的违约责任,并承担需方因此而支付的实际费用。

6.因数量、质量、包装或交货期限不符合规定而被拒收的产品,需方应代供方保管。在代保管期间,供方应负责支付实际开支的一切费用,并承担非因保管、保养不善所造成的损失。

7.需方根据供方的要求预付定金的,供方在不履行或不完全履行合同时,应加倍偿还不履行部分的预付定金。

8.实行送货或代运的,供方错发到货地点或接货单位(人)时,应按合同规定重新发货或将错发的货物送到合同规定的地点、接货单位(人),并承担因此多付的运杂费用及其他费用;造成逾期交货的,还应偿付逾期交货的违约金。供方未征得需方同意,擅自改变合同规定的运输路线或运输工具的,应承担因此多支付的费用。实行送货或代运的产品,由于错发到货地点或接货单位(人)而造成损失,属于承运部门责任的,由供方按国家有关货物运输规定向承运部门要求赔偿损失。

9.供方在接到需方验收产品提出的书面异议后,应在15天内做出处理(供需双方商定有期限或另有规定的除外),如供方未按时处理,可视为默认。

第五条 需方的违约责任

1.需方在合同执行中退货的,应偿付供方退货部分货款总值的______%

（5%~25%的幅度）的违约金。因此造成供方损失的，还应根据实际情况赔偿其损失。

2.需方无故拒收送货或代运的产品，应向供方偿付被拒收货款总值的______%（5%~25%的幅度）的违约金，并承担因此而造成的损失和费用。

3.按合同规定提货的产品，供方通知提货而逾期提货的，除按照银行有关延期付款的规定按逾期提货（收购）部分货款总值计算偿付违约金以外，还应承担供方在此期间所支付的保管费或保养费，并承担因此而造成的其他实际损失。

4.需方未按合同规定的期限付款的，应按银行有关延期付款的规定向供方偿付延期付款的违约金。

5.需方未按合同规定提供包装物的，供方交货日期得以顺延，需方应向供方偿付延期付款的违约金。因此造成供方损失的，需方还应根据实际情况赔偿其损失。

6.如需方向供方预付定金，在不履行或不完全履行预购合同时，无权收回未履行部分的预付定金。

7.需方必须承担因错填或临时改变到货地点而多支付的一切费用。

8.需方在合同规定的验收期限内未进行验收或验收后未在规定期限内提出异议的视为默认。

9.在合同规定的验收期限内未进行验收或进行验收后未提出书面质量异议的，即视为默认符合规定。对于提出质量异议或因其他原因拒收的，应负责妥善保管、等候处理，不得动用。一经动用，即视为接收，需方应按期向供方付款，如不按期付款，则按延期付款处理（对被拒收的易腐烂变质的产品及鲜活产品，供方应允许需方在取得有关部门同意后及时就地处理）。

第六条　不可抗力

供、需双方的任何一方由于不可抗力的原因不能履行或不能完全履行合同时，应尽快向对方通报理由，经有关主管机关证明后，可允许延期履行、部分履行或不履行，并可根据情况部分或全部免予承担违约责任，如果供方由于不可抗力而造成产品质量不符合合同规定的，不以违约论。对这些产品的处理办法，可由供、需双方协商决定。__________（农副产品）因受气候影响早熟或晚熟的，交货日期经双方协商，可适当提前或推迟。

第七条　合同的变更与解除

如供、需双方的任何一方由于不可抗力而致使合同的全部义务不能履行或者由于另一方在合同约定的期限内没有履行合同的情况，要求变更或解除合同时，应及时通知对方，并采用书面形式由双方达成协议。未达成协议以前，原合同仍然有效。当事人一方接到另一方要求变更或解除合同的建议后，应在收到通知之日起 15 天内作出答复，当事人双方另有约定的，按约定的期限答复，逾期不作答复的，即视为默认。

第八条　其他

违约金或赔偿金应在供、需双方商定的日期内或由有关部门确定责任后 10 天内偿付，否则按逾期付款处理。

本合同正本一式两份，供、需双方各执一份；合同副本一式______份，交银行、乡政府、________各留存一份。

需方（盖章）：____________　　供方（盖章）：____________

代表人（签字）：____________　　代表人（签字）：____________

开户银行：____________　　开户银行：____________

账号：____________　　账号：____________

______年______月______日　　______年______月______日

范例 2

机器买卖合同

甲方（购方）：____________　　乙方（供方）：____________

地址：____________　　地址：____________

邮政编码：____________　　邮政编码：____________

电话：____________　　电话：____________

法定代表人：____________　　法定代表人：____________

职务：____________　　职务：____________

甲乙双方经友好协商，根据《中华人民共和国合同法》，就甲方向乙方购买机器一事，特订立以下条款：

第一条　定义

1.“验收手册”是指由乙方提供并由双方确认，供双方检验机器是否符合技术规格和规定资料标准所用的一种文件。

2.“规定资料”是指与本系统相关的、执行本协议所必需的图纸、数据和其他资料。

3.“缺陷或瑕疵”是指机器(结构或性能)不符合验收手册有关规定之处。

4.“现场验收”是指甲方按照验收手册对乙方安装的机器所做的最后验收。

第二条　购买主体事项

1.乙方愿意出售，甲方愿意购买机器：____________。

2.机器技术要求：机器性能必须符合所规定的性能，达到技术规格和规定数据的标准，并提交全部适用的必要的图纸、数据和其他技术资料。

3.乙方应于______年______月______日之前准备且提交给甲方验收手册草案副本______份，由甲方在______日内审议和批准验收手册。

4.如本协议正文规定与附件规定相抵触，以本协议正文规定为准。若验收手册与技术规格或规定资料相悖，则以技术规格和规定资料为准。

第三条　价格

双方约定该机器的价格为__________元人民币。

第四条　支付

甲方在收到乙方的发票后，必须按下列期限付给乙方款项：

1.签约后支付总价______%的定金。

2.甲、乙方交付机器并安装调试后，支付总价______%的货款。

3. 验收保留款为总价______%的货款在机器调试合格后第______月内支付。

第五条　交货与验收

乙方应在______年______月______日前完成机器的安装和调试工作，并完成验收手册所规定的各项检测。同时，乙方须在机器验收单上签字，证明业已完成检测。验收单上应注明双方认可，且应由乙方在双方议定的期间内校正仍可能存在的缺陷。

现场验收应在______年______月______日起进行。

第六条　更改事项

自本合同生效之日起对本合同正文或附表作任何更改，必须以书面形式详细说明更改对技术规格、价格、性能、设计、验收日期、已交付或即将交付备件的更换性能以及本合同的其他重大事项的影响，而且应由双方签字。

为修补瑕疵或改善机器，乙方可适当对技术规格作微小的更改或校正，只要这种更改不会严重影响总买价、功能特性、备件的更换性能。

第七条　保修

乙方保证不会因机器材料和工艺方面的缺陷以及设计不完善而导致机器达不到技术规格要求。

该机器及部件从签署现场验收合格之日起，如在______年之内出现故障，乙方负责在收到甲方通知后______日内进行调换或修理，由此发生的费用均由乙方承担。如乙方不履行上述保修义务，则应承担甲方由此而引起的一切损失。

第八条　其他

本合同为双方的完整协议，以前协议双方或其代理人就本协议适用或涉及的任何事项或事物所做的一切陈述、谈判、信函、承诺、协议、协商和合同，无论是书面的还是口头的，均作废。

第九条　争议解决

在执行本合同发生争议时，由当事人双方协商解决。协商不成，双方同意由仲裁委员会仲裁。

第十条　附则

本合同正本一式两份，甲乙双方各执一份，具有同等法律效力。本合同附件具有和本合同同等的效力。

甲方(签章)：__________	乙方(签章)：__________
代表人：______________	代表人：______________
______年______月______日	______年______月______日

范例3

办公家具购买合同

甲方(购方):____________　　乙方(供方):____________

地址:____________　　地址:____________

邮政编码:____________　　邮政编码:____________

电话:____________　　电话:____________

法定代表人:____________　　法定代表人:____________

职务:____________　　职务:____________

开户银行:____________　　开户银行:____________

账号:____________　　账号:____________

经双方洽谈，根据《中华人民共和国合同法》的有关规定，特签订以下合同:

第一条　合同内容

产品名称	规格	价格	数量	合计
办公桌				
书柜				
椅子				
其他				

第二条　质量要求

甲方按乙方要求制作样板，样板须经乙方认可并封板，甲方按样板生产、交货，如有制作问题，由甲方负责修改。用料、材质、尺寸必须符合乙方样板的要求，如果未按乙方样板生产而导致无法正常使用，由甲方负责更换，并承担相应的经济责任。

第三条　加工、售后服务方式

甲方负责包工包料，严格按照样板要求制作。____年保修，终身保养。

第四条　交货时间及地点

于________年______月______日前交货，交货地点在____________。

第五条　验收标准及方式

甲方交货给乙方进行验收，验收以所封样板为标准。验收合格，双方办理交接手续；如不合标准，甲方负责修改或更换直至验收合格为止。乙方提出小批量的增补，甲方应按原价和乙方提出的交货时间，保质保量地按时完成。

第六条　包装、装卸、运输方式及费用

包装必须按厂家原包装标准，装载必须与运输方式相符，在此期间如有损坏，修补费用均由甲方负责。包装不予退还。

第七条　付款方式及期限

货到验收合格后付总贷款的________%，扣留________%的贷款为一年期质量保证金。保证金到期，无质量问题须付清。

第八条　违约责任

1.甲方违约责任：

(1)甲方如中途变更定做，应赔偿乙方因此而造成的损失。

(2)甲方如中途废止合同，应赔偿乙方因此而造成的全部经济损失。

(3)如甲方超过合同规定日期交货，每推迟一天按合同总额的______%向乙方偿付违约金。

2.乙方违约责任：

(1)如乙方中途变更定做，应赔偿甲方因此而造成的损失。

(2)如乙方中途废止合同，应赔偿甲方因此而造成的全部经济损失。

(3)如乙方无故超过合同规定期限付款，每推迟一天按合同总额的____%向乙方偿付违约金。

第九条　甲乙双方必须严格履行合同，如由于人力不可抗拒的原因而造成不能履行合同，经双方协商或有关机关证明，可免予承担经济责任。

第十条　争议解决

本合同在履行过程中发生的争议由双方协商解决，如协商不成，按下列第______种方式解决。

1.提交____________仲裁委员会仲裁。

2.依法向人民法院起诉。

第十一条　如本合同有未尽事宜，须经双方协商修订，如协商不成，按《中华人民共和国合同法》有关规定执行。本合同一式两份，双方各执一份，自签字之日起生效。

甲方(签章)：____________　　乙方(签章)：________

代表人：____________　　代表人：____________

________年____月____日　　________年____月____日

范例4

办公用品及耗材采购合同

甲方(购方)：____________　　乙方(供方)：____________

地址：____________　　地址：____________

邮政编码：____________　　邮政编码：____________

电话：____________　　电话：____________

法定代表人：____________　　法定代表人：____________

职务：____________　　职务：____________

开户银行：____________　　开户银行：____________

账号：____________　　账号：____________

甲乙双方根据《中华人民共和国合同法》及相关法律法规之规定，本着友好合作、协商一致的原则，就甲方向乙方采购办公用品及耗材事宜达成协议如下：

第一条　合同标的

1.甲方向乙方购买办公用品及耗材：________。

2.产品描述(产地、型号、规格)：________。

3.乙方向甲方免费提供上述产品的送货及售后退换等服务。

第二条　合同价款

1.单价及总价：____________________。

2.供货价格

(1)在同等产品中，乙方愿按最低优惠价格提供产品给贵单位。

(2)按照标书中所提出的“达到一定采购量”后享受的优惠价格执行。

3.价格调整

每一个季度结束前____个工作日内，乙方可对采购清单根据市场情况进行一次价格更新，如个别产品的价格调整浮动至____%时，即可进行更新（包括误报的价格），以书面方式通知甲方，预期通知的将计为下一个季度（个别产品除外）。

4.执行更新价格

甲方在接到乙方价格调整通知后____个工作日内给予最终确认（以书面确认单为准）。如在规定时间内未接到确认单，将视为已确认。更新价格确认后即日起执行新的价格。

5.本合同贷款单价已包括货物移交至甲方所需的一切税费。

第三条　支付方式

本合同采用以下第________种方式支付。

1.货到甲方指定地点，甲乙双方共同对产品进行验收，每个季度（或月）结束后________个工作日内，乙方须提供发票及甲方订单，经甲方将产品订单与产品验收单对照核实后，确认发生费用与乙方提供的发票相符，甲方按实际发生的一个季度（或月）贷款一次性付清。

2.在合同签订后的______个工作日内，甲方向乙方支付预付款（贷款总额的______%）人民币______元（¥________）；乙方负责将设备运到甲方指定地点。设备验收合格后，甲方在____天内向乙方支付贷款总额的____%，即人民币________元（¥________）；余款（货款总额的________%）人民币元________（¥________）作为质保金，待设备质保期满后______天内支付。

第四条　包装及运输

1.乙方应为商品提供适宜商品运输的包装方式，包装采用密封性形式，包装上应注明防潮、防湿、防震、防锈、耐粗暴搬运，对于因包装不良所发生的损失及采用不充分或不妥善的防护措施而造成的任何锈损，乙方应承担由此而产生的一切费用和损失。

2.乙方负责无偿将商品运送至甲方订单所指定的地点。运输过程中，商品毁损、灭失的风险由乙方承担。

3.商品运送至甲方指定地点后，由甲乙双方共同对商品进行检验并办理相关商品的移交手续。商品移交后，商品毁损、灭失的风险由甲方承担。

4.运输费用由乙方承担。

第五条　交货地点及时间

1.交货地点：__________________。

2.交货时间：自本合同生效之日起____年内；一般送货时间为____个工作日或以订单上甲方要求的时间为准，如遇采购方有急用商品订单，则在当日或以最短的时间将对方所订货物送到指定地点。

第六条　检验

1.货到后，甲方按订单内容收货，产品的规格、型号均以订单要求为准，对于使用单位要求更换规格、型号的情况，乙方必须通过________的同意后方可更换。对于清单外的产品，按照招标书的要求，以"达到一定采购量"的价格出售给甲方。

2.甲方在收到产品的同时应填写一般产品的采购验收单，确认产品符合要求后，甲方在验收单上签字确认，同时将验收单复印一份给乙方。____季度（或月）末结款时以验收单上的产品数量、价格为准。

3.对于更换的产品，须在验收单上注明，对于增加的产品或价格有变动的产品，须另外填写验收单。

4.对于应急采购产品，按甲方对产品的要求，乙方保证在________小时内送到甲方指定的地点。

第七条　质量保证

乙方保证所提供的所有产品均为投标书中所规定之原厂产品，质量符合标书中规定的标准。如果产品质量与投标书的标准不符，乙方应负责更换；如更换后仍不能达到招标书规定的标准，甲方有权退货。

第八条　售后及其他服务

1.如产品在使用过程中出现质量问题或者不能达到使用要求，甲方可以要求乙方在________小时内进行退换，对于退换货的情况，双方须做好验收记录，以备结算时对账。

2.乙方应提供有效的联系人和联系电话，如有变更，乙方应及时、主动通知甲方。每批订单均应由指定专人负责跟单送货，送货人应佩戴乙方公司标志，遵守相关规章制度。如有特殊情况，须另行安排人员跟单送货，应做好送货情况交接表，以避免因更换送货人员而耽误退换或补货等。

第九条　环保和安全要求

1.乙方承诺所提供的商品和服务符合国家环境保护的有关规定，并承担由此而造成的经济损失。

2.乙方所提供的商品和服务不能对甲方的正常使用人员的人身健康造成危害，否则应承担由此而产生的经济损失。

第十条　产品瑕疵

1.在交货之前，乙方应就产品的品质、规格、性能、数量及重量作出准确和全面的检验，保证其产品不存在任何瑕疵。

2.如甲方发现乙方所售产品存在任何瑕疵，有权要求乙方换货，所换的货物必须是全新的并符合招标书规定的品质、规格和性能。若所换的货物仍不能达到甲方的要求，甲方有权要求退货，并由乙方负担因此而产生的一切费用和甲方遭受的一切损失。

第十一条　违约责任

1.合同生效后即具有法律效力，甲乙双方应本着信守合同、友好协商的原则处理本合同有关事宜。

2.如甲乙双方有一方违约，由违约方承担因此给守约方造成的经济损失。

3.如甲方未按合同规定的时间付款，每延期一日，应向乙方支付一季度总货款的______‰的违约金，但总计不应超过总价的______%。

4.如乙方未按合同规定时间将产品运到甲方指定地点或未按约定时间送到全部产品（经甲方允许可以延期送的产品除外），每延期一日，乙方应向甲方支付一季度总货款____‰的违约金，但总计不应超过合同总价的____%。

5.如乙方提供的货物质量与招标书规定不符，甲方有权退货，并要求乙方承担甲方由此而受到的经济损失。

第十二条　合同变更和解除

1.除遇到不可抗力因素导致本合同不能履行外，未经甲乙双方一致书面同意，任何一方无权变更合同内容。

2.对本合同的任何修改或补充，只有在双方授权的代表签字后才生效，并成为本合同不可分割的组成部分，与本合同具有同等的法律效力。

3.如本合同任何一方严重违反合同约定，另一方应及时向违约方发出书面纠正通知，违约方应于收到书面纠正通知之________日起内纠正违约行为，否则守约方有权解除合同，并要求违约方赔偿因解除合同而造成的损失。

4.如本合同任何一方破产、解散，本合同自动终止。

第十三条　不可抗力

1.由于严重的水灾、火灾、地震、政府的政策调整等和其他公认的不可抗力或双方认可的不可抗力而导致本合同任何一方无法履行全部或部分合同义务，则延期执行本合同，该方可就受不可抗力事件影响部分不承担未履行本合同的责任，但应在________小时内及时通知另一方，以减轻可能给对方造成的损失，并应在随后的________天内通过挂号信邮寄有关部门出具的不可抗力的证明给另一方。

2. 受不可抗力影响的一方应尽一切努力减轻和克服不可抗力的影响，并在不可抗力事件后继续履行合同职责。

3.在不可抗力的影响下，受阻方可暂时停止执行合同的受阻部分。当不可抗力事件持续时间超过________个月以上时，双方可以就解除合同及其他未尽事宜进行协商处理。

4.对因不可抗力造成的损失，双方互不承担责任。

第十四条　通知

本合同中的任何通知必须为书面形式。

第十五条　争议解决和适用法律

1.与本合同有关的或因执行本合同所产生之争议，应由双方友好协商解决，不能解决时，任何一方均可向________仲裁委员会提出仲裁。

2.仲裁为终局裁决，对双方均具有法律约束力。

3.在争议处理期间，除正在审理的部分以外，双方应继续执行合同的其余部分。

4.本合同的订立、效力、解释、履行及争议的解决适用于中华人民共和国的法律、法规。

第十六条　其他

1.本合同的未尽事宜应由甲乙双方协商后以书面形式补充，加盖甲乙双方公司印章并经双方授权代表签字后生效。

2.本合同一式 5 份，甲方执 3 份，乙方执 2 份，具有同等的法律效力。

3.本合同自甲乙双方加盖公司印章并经双方授权代表签字后生效。

甲方(签章)：____________　　　　乙方(签章)：____________

代表人：______________　　　　代表人：______________

______年______月______日　　　　______年______月______日

范例 5

政府采购合同

甲方(采购单位)：__________________

乙方(供货单位)：__________________

签订时间：______年______月______日

签订地点：________________________

根据《中华人民共和国合同法》及____年____月____日______(招标中心名称)关于________项目的招标结果和招标文件(招标编号：________)的要求，经双方协商一致，签订本合同，其详细价格、技术说明及其他有关合同货物的特定信息由合同附件予以说明，所有附件及本项目的招投标文件、会议纪要、协议等均为本合同不可分割的一部分。

第一条　合同货物

乙方根据甲方要求提供以下货物：

货物、品名	规格、型号	产地、厂家	单位	数量	单价	总价	随机配件	交货时间

第二条　合同总价

总价为人民币(大写)：________，即 RMB________。该合同总价是货物设计、制造、包装、仓储、运输、安装及验收合格之前及保修期内备品备件发生的所有含税费用。在本合同执行期间，合同总价不变。

第三条　质量

1.乙方须提供全新的、符合国家有关质量标准和规范、环保要求的货物，其质量、规格及技术特征符合合同附件的要求。

2.每台货物上均应钉有名牌(内容包括：制造商、货物名称、型号规格、出厂日期等)并附有产品质量检验合格标志。

3.货物质量出现问题，乙方应负责三包(包修、包换、包退)，费用由乙方负责。

4.货到现场后，由于甲方保管不当而造成的质量问题，乙方亦应负责修理，但费用由甲方负担。

第四条　交货及验收

1.在合同签订后____日内，乙方免费送货至甲方指定地点：______，由甲方与乙方一起进行到货验收及由乙方免费完成货物和系统的安装调试工作，然后由双方共同进行质量验收，如质量验收合格，双方签署质量验收表。

2.货物的到货验收包括：型号、规格、数量、外观质量及货物包装完整无损。

3.在货物和系统安装调试完成后 10 天之内，甲方无故不进行验收工作而使用货物的，视同已安装调试完成并验收合格。

4.货物和系统调试验收的标准：按行业通行标准、厂方出厂标准和乙方投标文件的承诺(详见合同附件载明的标准,并不能低于国家相关标准)。

5.国内产品或合资厂的产品必须具备出厂合格证和原厂保修卡。

6.乙方应将所提供货物的装箱清单、用户手册、原厂保修卡、随机资料及配件、随机工具等交付给甲方;乙方不能完整交付货物及本款规定的单证和工具的,视为未按合同约定付货,乙方必须负责补齐,由此而导致逾期交付的,由乙方承担相关的违约责任。

第五条　付款方式

在甲乙双方签订合同后10个工作日内,甲方向乙方支付合同金额的______%的预付款;乙方在甲方货物质量和系统安装调试验收合格后,备齐下列文件并送交________财政局办理付款手续。________财政局采用人民币转账方式,在15日内一次性向乙方支付合同总价的____%,将余下合同款项的____%作为质量保证金,于系统运行满一年后10个工作日内付清。

1.《________政府采购项目验收表》(须由________政府采购中心签写意见并加盖公章);

2.乙方开具的正式发票复印件(须由__________区政府采购中心加盖公章);

3.本合同原件。

第六条　售后服务

1.乙方应为甲方提供免费培训服务,并指派专人负责与甲方联系售后服务事宜。主要培训内容为货物的基本结构、性能、主要部件的构造及处理、日常使用操作、保养与管理、常见故障的排除、紧急情况的处理等,如甲方未使用过同类型货物,乙方还须就货物的功能对乙方进行相应的技术培训,培训地点主要在货物安装现场或由甲方安排。

2.若所购货物为电脑,则由乙方提供至少3年的整机保修和系统维护;若为其他货物,则按生产厂家的标准执行,但不得少于1年(请分别列出:________);保修期自甲方在货物质量验收单上签字之日起计算,保修费用应计入总价。

3.在保修期内,乙方负责对其提供的货物整机进行维修和系统维护,不再收取任何费用,但不可抗力(如火灾、雷击等)造成的故障除外。

4.货物故障报修的响应时间为：工作期间（星期一至星期五 8:00—18:00）为____小时；非工作期间为____小时；售后服务电话：________。

5.若货物故障在检修 8 个工作小时后仍无法排除，乙方应在 48 个小时内免费提供不低于故障货物规格型号档次的备用货物供甲方使用，直至故障货物修复。

6.所有货物保修服务方式均为乙方上门保修，即由乙方派员到货物使用现场维修，由此产生的一切费用均由乙方承担。

7.乙方须每隔半年上门对甲方进行回访，并请甲方填写《________市政府采购项目回访调查表》（须由用户盖章确认）。

8.保修期后的货物维护由双方协商再定。

第七条　违约责任

1.甲方无正当理由拒收货物、拒付货款的，由甲方向乙方偿付合同总价的 5‰的违约金。

2.甲方应在合同规定时间内向乙方支付货款，每逾期 1 天，甲方向乙方偿付欠款总额的 5‰的滞纳金，累计滞纳金总额不应超过欠款总额的 5‰。

3.乙方不能交付货物的，则由乙方向甲方支付合同总价的 5‰的违约金。

4.乙方逾期交付货物的，每逾期 1 天，乙方向甲方偿付逾期交货部分货物总额的 5‰的滞纳金，累计滞纳金不应超过逾期交货部分货款总额的 5‰，逾期交货超过 10 天的，甲方有权终止合同，并按第七条第 3 款处理。

5.乙方所交的货物品种、型号、规格不符合合同规定的，甲方有权拒收设备，乙方向甲方支付货款总额的 5‰的违约金。

6.如经乙方两次维修，货物仍不能达到合同约定质量标准，甲方有权退货，乙方退回全部货款，并按第七条第 3 款处理，同时，乙方还须赔偿甲方因此而遭受的损失。

7.乙方所供货物必须权属清楚，不得侵害他人的知识产权，否则构成对甲方违约，违约金按第七条第 3~4 款执行。

第八条　争议及仲裁

1.因货物的质量问题发生争议的，由________市技术监督局或其指定的质量鉴定单位进行质量鉴定。货物符合标准的，鉴定费由甲方承担；货物不符合质量标准的，鉴定费由乙方承担。

2.因本合同引起的争议，甲乙双方应首先通过友好协商解决，如果协商或调解不能解决争议，则可向合同签订所在地人民法院提出诉讼。

第九条　其他

1.本合同正本为 5 份，具有同等法律效力，甲乙双方各执 1 份，财政局 1 份，采购中心 1 份，招标中心 1 份。合同自签字之日起即时生效。

2.本合同未尽事宜由双方协商处理。

甲方(盖章)：________	乙方(盖章)：________
签约代表(签字)：________	签约代表(签字)：________
地址：________	地址：________
电话：________	电话：________
传真：________	传真：________
____年____月____日	____年____月____日

最新适用版

第二章 劳动合同

撰写要领

一、劳动合同概述

劳动合同又称劳动契约或者劳动协议，是指劳动者和用人单位（包括国家机关、企业与事业单位、社会团体和私人雇主等）之间为确立劳动关系、明确双方权利和义务而达成的书面协议，是产生劳动关系的根据。建立劳动关系应当订立劳动合同，劳动者和用人单位只要建立劳动关系，就应当订立劳动合同。

二、劳动合同的主要内容

根据《中华人民共和国劳动法》的规定，劳动合同应当具备以下条款：

（一）劳动合同的期限；

（二）工作内容；

（三）劳动保护和劳动条件；

（四）劳动报酬；

（五）劳动纪律；

（六）劳动合同的终止条件；

（七）违反劳动合同的责任。

劳动合同应明确约定合同双方的权利和义务。劳动合同采用书面形式，双方当事人均应按照劳动合同的约定来行使权利和履行义务，不得违反，否则就要承担一定的法律责任。

三、劳动合同与同类其他合同的比较

（一）劳动合同与劳务合同的区别

劳动合同规定的是劳动者作为用人单位的一个成员，承担一定的工种或职务工作，用人单位根据劳动法律、法规和双方协议约定提供各种劳动条件、社会保障和福利待遇，按照劳动者劳动的数量和质量支付劳动报酬。而劳务合同规定的是一方提供劳务，另一方给付报酬，是在协商一致的原则下形成的一种合约，是当事人在法律规定的范围内约定的，法律未做强制性规定。

（二）劳动合同与聘用合同的区别

聘用合同是广义上的劳动合同的一种特殊形式，具有劳动合同的基本特征，其基本制度与劳动合同相一致，但也有一些区别，主要表现在聘用合同在我国适用的范围主要为事业单位，聘用合同的具体内容往往体现事业单位的性质和特点。

范文经典

范例 1

劳动合同书（固定期限）

根据《中华人民共和国劳动法》、《中华人民共和国劳动合同法》和有关法律、法规，甲乙双方经平等自愿、协商一致而签订本合同，共同遵守本合同所列条款。

第一条　劳动合同双方当事人的基本情况

1.甲方____________________

法定代表人（主要负责人）或委托代理人：__________

注册地址：________________

经营地址：________________

2.乙方：__________　性别：__________

户籍类型（非农业、农业）：______________

居民身份证号码：______________

其他有效证件名称：______________　证件号码：______________

在甲方工作起始时间：________年______月______日

家庭住址：______________　邮政编码：______________

现居住地址：____________　邮政编码：______________

户口所在地：________省(市)__________区(县)________街道(乡镇)

第二条　劳动合同期限

本合同为固定期限劳动合同。

本合同于______年______月______日生效，其中试用期至______年______月______日止，本合同于______年______月______日终止。

第三条　工作内容和工作地点

乙方同意根据甲方工作需要，担任____________岗位(工种)工作。

1.根据甲方的岗位(工种)作业特点，乙方的工作区域或工作地点为____________。

2.乙方工作应达到________标准。

第四条　工作时间和休息、休假

1.甲方安排乙方执行________工时制度。

甲方执行标准工时制度的，乙方每天工作时间不超过8小时，每周工作不超过40小时，每周休息日为________。甲方安排乙方执行综合计算工时工作制度或者不定时工作制度的，应当事先取得劳动行政部门特殊工时制度的行政许可决定。

2.甲方对乙方实行的休假制度有：____________________。

第五条　劳动报酬

1.甲方于每月____日前以货币形式支付乙方工资，月工资为______元或按__________________________执行。

乙方在试用期期间的工资为________元。

甲乙双方对工资的其他约定：________________。

2.如甲方完成工作任务不足使乙方待工的，甲方支付乙方的月生活费为元或按________执行。

第六条　社会保险及其他保险福利待遇

1.甲乙双方按国家和××市的规定参加社会保险，甲方为乙方办理有关社会保险手续，并承担相应的社会保险义务。

2.乙方患病或非因工负伤的医疗待遇按国家、××市的有关规定执行，甲方按________________支付乙方病假工资。

3.乙方患职业病或因工负伤的待遇按国家和××市的有关规定执行。

4.甲方为乙方提供以下福利待遇：________________。

第七条　劳动保护、劳动条件和职业危害防护

1.甲方根据生产岗位的需要，按照国家有关劳动安全、卫生的规定为乙方配备必要的安全防护措施、发放必要的劳动保护用品。

2.甲方根据国家有关法律、法规，建立安全生产制度；乙方应当严格遵守甲方的劳动安全制度，严禁违章作业，防止劳动过程中的事故，减少职业危害。

3.甲方应当建立、健全职业病防治责任制度，加强对职业病防治的管理，提高职业病防治水平。

第八条　劳动合同的解除、终止和经济补偿

1.甲乙双方解除、终止、续订劳动合同，应当依照《中华人民共和国劳动合同法》和国家及××市的有关规定执行。

2.甲方应当在解除或者终止本合同时为乙方出具解除或者终止劳动合同的证明，并在15日内为乙方办理档案和社会保险关系转移手续。

3.乙方应当按照双方约定办理工作交接。应当支付经济补偿的，在办理工作交接时支付。

第九条　当事人约定的其他内容

甲乙双方约定本合同增加以下内容：________________。

第十条　劳动争议处理及其他

1.双方在履行本合同时发生争议，当事人可以向甲方劳动争议调解委员会申请调解；调解不成的，可以向劳动争议仲裁委员会申请仲裁。

当事人一方也可以直接向劳动争议仲裁委员会申请仲裁。

2.本合同的附件如下：________________________。

3.本合同未尽事宜或与国家、××市有关规定相悖的，按有关规定执行。

4.本合同一式两份，甲乙双方各执一份。

甲方（公章）：______________　　　乙方（签字或盖章）：___________

法定代表人（主要负责人）或委托代理人（签字或盖章）：___________

签订日期：_______年_______月_______日

范例2

劳动合同书(无固定期限)

根据《中华人民共和国劳动法》、《中华人民共和国劳动合同法》和有关法律、法规,甲乙双方经平等自愿、协商一致签订本合同,共同遵守本合同所列条款。

第一条　劳动合同双方当事人的基本情况

1.甲方:________________

法定代表人(主要负责人)或委托代理人:____________

注册地址:____________

经营地址:____________

2.乙方性别:____________

户籍类型(非农业、农业):_________

居民身份证号码:_____________

其他有效证件名称:______________

证件号码:_____________________

乙方工作起始时间:_______年_____月_____日

家庭住址:__________　　　　邮政编码:_________

现居住地址:________　　　　邮政编码:_________

户口所在地:_______省(市)_______区(县)_________街道(乡镇)

第二条　劳动合同期限

本合同为无固定期限劳动合同。

本合同于_____年____月____日生效,其中试用期至_____年____月____日止。

第三条　工作内容和工作地点

1.乙方同意根据甲方工作需要,担任_______岗位(工种)工作。

2.根据甲方的岗位(工种)作业特点,乙方的工作区域或工作地点为____________。

3.乙方工作应达到___________标准。

第四条　工作时间和休息、休假

1.甲方安排乙方执行________工时制度。

甲方执行标准工时制度的，乙方每天工作时间不超过8小时，每周工作不超过40小时，每周休息日为________。甲方安排乙方执行综合计算工时工作制度或者不定时工作制度的，应当事先取得劳动行政部门特殊工时制度的行政许可决定。

2.甲方对乙方实行的休假制度有__________________。

第五条　劳动报酬

1.甲方每月______日前以货币形式支付乙方工资，月工资为______元或按______执行。

乙方在试用期期间的工资为________元。

甲乙双方对工资的其他约定：____________________。

2.甲方完成工作任务不足使乙方待工的，甲方支付乙方的月生活费为________元或按________执行。

第六条　社会保险及其他保险福利待遇

1.甲乙双方按国家和××市的规定参加社会保险，甲方为乙方办理有关社会保险手续，并承担相应的社会保险义务。

2.乙方患病或非因工负伤的医疗待遇按国家、××市有关规定执行，甲方按______________支付乙方病假工资。

3.乙方患职业病或因工负伤的待遇按国家和××市的有关规定执行。

4.甲方为乙方提供以下福利待遇：

（1）____。

（2）____。

（3）____。

（4）____。

第七条　劳动保护、劳动条件和职业危害防护

1.甲方根据生产岗位的需要，按照国家有关劳动安全、卫生的规定为乙方配备必要的安全防护措施、发放必要的劳动保护用品。

2.甲方根据国家有关法律、法规，建立安全生产制度，乙方应当严格遵守甲方的劳动安全制度，严禁违章作业、防止劳动过程中的事故，减少职业危害。

3.甲方应当建立、健全职业病防治责任制度，加强对职业病防治的管理，提高职业病防治水平。

第八条　劳动合同的解除、终止和经济补偿

1.甲乙双方解除、终止劳动合同，应当依照《中华人民共和国劳动合同法》和国家及××市有关规定执行。

2.甲方应当在解除或者终止本合同时为乙方出具解除或者终止劳动合同的证明，并在15日内为乙方办理档案和社会保险关系转移手续。

3.乙方应当按照双方约定办理工作交接。应当支付经济补偿的，在办理工作交接时支付。

第九条　当事人约定的其他内容

甲乙双方约定本合同增加以下内容：

(1)____。

(2)____。

(3)____。

(4)____。

第十条　劳动争议处理及其他

1.双方在履行本合同时发生争议，当事人可以向甲方劳动争议调解委员会申请调解；调解不成的，可以向劳动争议仲裁委员会申请仲裁。

当事人一方也可以直接向劳动争议仲裁委员会申请仲裁。

2.本合同的附件如下

(1)____。

(2)____。

(3)____。

(4)____。

3.本合同未尽事宜或与国家、××市有关规定相悖的，按有关规定执行。

4.本合同一式两份，甲乙双方各持一份。

甲方(公章):__________　　乙方(签字或盖章):_________

法定代表人(主要负责人)或委托代理人签字或盖章):_________

签订日期:______年______月______日

范例3

员工培训协议

甲方______因工作(生产)需要(或根据乙方______的个人申请),同意乙方参加______培训。现根据劳动法及本单位的有关规定,经双方协商,一致同意:

第一条　参加培训的时间从_____年___月___起,至_____年___月___日止。

第二条　培训形式:_________

1.全脱产学习;

2.半脱产学习;

3.非脱产学习。

第三条　培训费支付。

培训费共计人民币___元,由甲方负责承担___%,为人民币___元;由乙方负责承担___%,为人民币___元。培训所需的交通费用由乙方负责。

第四条　乙方在培训期间的,其基本工资为人民币___元;岗位工资为人民币___元或不计发;其他工资奖金补贴为人民币___元或不计发。

第五条　乙方通过培训后,未取得合格成绩者,培训费用全部由乙方承担。

第六条　由甲方提供经费、时间的培训,乙方必须为甲方继续服务___年。

第七条　乙方违反劳动合同或提前解除劳动合同的,以及培训后为甲方的服务年限不满,乙方须赔偿甲方,赔偿金包括:由甲方为乙方支付的培训费、脱产期间发放的工资奖金。

第八条　其他约定:_____________________

第九条　本合同一式两份，双方各持一份，具有同等的法律效力，本合同由双方签字盖章后生效。

甲方(法)负责人签名(盖印)：________　　乙方签名(盖印)：________

法定地址或住所：____________　　法定地址或住所：________

____年____月____日　　____年____月____日

范例4

员工保密合同

甲方：____________

法定代表人：____________

注册地址：____________

邮编：____________

联系电话：____________

乙方：____________

身份证号码：____________

户籍地址：____________

通讯地址：____________

邮编：____________

联系电话：____________

为保护甲方的商业秘密、防止恶性竞争的发生，甲乙双方本着平等自愿、协商一致的原则，依据《中华人民共和国劳动法》、《中华人民共和国劳动合同法》、《中华人民共和国反不正当竞争法》及其他法律、法规的规定，签订本保密协议。

第一条　工作成果归属

1.双方确认，乙方在甲方任职期间，因履行职务或者主要是利用甲方的物质技术条件、业务信息等产生的发明创造、作品、计算机软件、技术秘密或其他商业秘密信息，有关的知识产权均属于甲方享有，甲方可以在其业务范围内充分自由地利用这些发明创造、作品、计算机软件、技术秘密或其他商业秘密信息进行生产、经营或者向第三方转让。乙方应当依据甲方的要求提供一切必要的信息和采取一切必要的行动，包括申请、注册、登记等，协助甲方取得和行使有关的知识产权。

2.乙方在甲方任职期间所完成的、与甲方业务相关的发明创造、作品、计算机软件、技术秘密或其他商业秘密信息，乙方主张由其本人享有知识产权的，应当及时向甲方申明。经甲方核实，认为确属于非职务成果的，由乙方享有知识产权。

3.乙方没有申明的，推定其属于职务成果，甲方可以使用这些成果进行生产、经营或者向第三方转让，即使日后证明实际上是非职务成果的，乙方亦不得要求甲方承担任何经济责任。

4.在乙方申明后，甲方对成果的权属有异议的，可以通过协商解决；协商不成的，通过诉讼途径解决。甲方对成果的权属无异议的，如甲方提出使用要求，乙方同意无条件授予甲方该成果法定最长期限的独占使用许可权，甲方应当给予乙方合理的补偿。

第二条　保密的内容与范围

1.技术信息

技术信息是指甲方研制开发或以其他合法方式掌握的、未公开的、能给甲方带来经济利益或竞争优势的实用性信息，包括但不限于：核心技术、技术方案、技术指标、技术改良、技术发明、技术报告和文档、许可证、设计需求、服务范围和内容、实现方法、运作流程、运行环境、软件系统、软件产品源程序/代码、目标代码、软件可执行程序、数据库、研究开发记录、测试报告、测试结果、测试方法、实验数据、试验结果、图画、图像、图形、图纸、用户手册、操作手册、涉及技术转让、技术入股、技术合作、技术引进或者其他合法途径获得技术秘密的业务函电和内部文件资料等。

2.经营信息

经营信息是指与甲方经营发展战略相关的信息，包括但不限于：经营战略、市场营销计划和战略、产品信息、现有客户、潜在客户、供应商、合作伙伴信息、商务机会、经营数据、服务网络、需求信息、采购资料、定价政策、业务计划、进货渠道、产销策略、招投标中的标底/标书内容、备忘录、协议书、费用预算、设备资源、人力资源、财务报表、利润指标及不公开的财务数据等。

3.其他

（1）乙方通过业务往来或其他任何方式所知悉的甲方所属集团其他成员企业的商业秘密，以及甲方依照法律规定（如在缔约过程中知悉的对方当事人的秘密）或有关协议的约定（如技术合同、合作协议等）对外承担保密义务的事项等。

（2）甲方依照法律规定和有关协议的约定要求乙方承担保密义务的其他事项。

第三条　甲方的权利与义务

1.对技术秘密或其他商业秘密的有效使用、转移等采取合理、有效的措施和控制系统。

2.保证技术秘密或其他商业秘密符合国家法律、法规、国家及社会的公共利益。

3.对技术秘密或其他商业秘密的科研、办公、生产车间等场所，按保密的程度确定不同的等级并采取防范措施，确保不泄露技术秘密。

4.若甲方的技术秘密或其他商业秘密已为公众所知悉，或者已不能为本单位带来经济利益或竞争优势，则保密条款自行终止。

第四条　乙方的权利与义务

1.乙方在甲方任职期间，必须遵守甲方规定的任何成文或不成文的保密规章、制度，履行与其工作岗位相应的保密职责。对于甲方的保密规章、制度没有规定或者规定不明确之处，乙方亦应本着谨慎、诚实的态度，采取任何必要、合理的措施，维护其于任职期间知悉或者持有的任何属于甲方或者虽属于第三方但甲方承诺有保密义务的技术秘密或其他商业秘密信息，以保持其机密性。

2.除了履行职务的需要之外，乙方承诺未经甲方同意，不得以泄露、告知、公布、发布、出版、传授、转让或者其他任何方式使任何第三方（包括按照保密制度的规定不得知悉该项秘密的甲方其他职员）知悉属于甲方或者虽属于他人但甲方承诺有保密义务的技术秘密或其他商业秘密信息，也不得在履行职务之外使用这些秘密信息。

3.乙方承诺，在为甲方履行职务时，不得擅自使用任何属于他人的技术秘密或其他商业秘密信息，亦不得擅自实施可能侵犯他人知识产权的行为。若乙方违反上述承诺而导致甲方遭受第三方的指控，乙方应当承担甲方为申诉而支付的一切费用；甲方因此而承担侵权赔偿责任的，有权向乙方追偿。上述申诉费用和侵权赔偿费用可以从乙方的工资报酬中扣除。

4.乙方承诺，其在甲方任职期间，非经甲方事先同意，不应与甲方生产、经营同类产品或提供同类服务的其他企业、事业单位、社会团体内担任任何职务，包括股东、合伙人、董事、监事、经理、职员、代理人、顾问，等等。

5.乙方因职务上的需要而持有或保管的一切记录有甲方秘密信息的文件、资料、图表、笔记、报告、信件、传真、磁带、磁盘、仪器以及其他任何形式的载体均归甲方所有，而无论这些秘密信息有无商业上的价值，若记录有秘密信息的载体是由乙方自备的，则视为乙方已同意将这些载体物的所有权转让给甲方，甲方应当在乙方返还这些载体时给予乙方相当于载体本身价值的经济补偿。

6.乙方应当于离职时，或者于甲方提出请求时返还全部属于甲方的财物，包括记载有乙方秘密信息的一切载体。但当记录有秘密信息的载体是由乙方自备的，且秘密信息可以从载体上消除或复制出来时，可以由甲方将秘密信息复制到甲方享有所有权的其他载体上，并把原载体上的秘密信息消除。在此种情况下，乙方无须将载体返还，甲方也无须给予乙方经济补偿。

7.不得刺探或以其他不正当手段（包括利用计算机进行检索、浏览和复制、采用磁盘、胶片和电子邮件等）获取与本职工作无关的甲方的技术秘密或其他商业秘密。

8.不允许（包括出借、赠与、出租、转让等行为）或协助任何第三方使用甲方已掌握和使用的技术秘密或其他商业秘密。

9.应主动采取加密措施对职务所涉及的技术秘密或其他商业秘密进行保护，防止被第三者知悉及使用。如乙方发现因为自身主观或客观过失而造成甲方的技术秘密或其他商业秘密泄露，应及时向甲方陈述其过程并采取应急措施。

10.无论乙方是否仍在甲方任职，若甲方认为有必要，乙方应协助甲方在其他国家或地区获得、维护、保护与这些创造发明有关的法律权益。

11.未经甲方书面同意，乙方不得擅自带任何人或团体参观甲方工作场所。

第五条　保密的期限

1.在乙方任职期限内，其保密期限与甲乙双方签订的劳动合同期限一致。

2.乙方离职之后仍对共在甲方任职期间接触、知悉的属于甲方或者虽属于第三方但甲方承诺有保密义务的技术秘密和其他商业秘密信息，承担如同任职期间一样的保密义务和不能擅自使用有关秘密信息的义务，而无论乙方因何种原因离职，乙方离职后，承担保密义务的期限依据相关法规或双方约定来界定保密期限的终止日期。若离职时没有书面明确规定的，则保密期限直到本文中涉及的所有技术信息和经营信息公开发布为止。

3.若因工作需要，甲方委派乙方到国外或国内进行与工作内容相关的培训、考察、参观或展览会等，获悉的内容及资料涉及甲方的技术秘密或其他商业秘密，其保密期限以最新的培训服务协议和劳动合同为依据，保密期限以新规定的期限为依据。

第六条　违约责任

1.由于乙方的违约行为而造成甲方直接或间接经济损失或严重后果的，乙方应当承担违约责任，具体规定如下：

（1）损失赔偿额为甲方因乙方的违约行为所受到的实际经济损失以及可举证之期待利益损失。

（2）如果甲方的损失难以计算，损失赔偿额为不低于乙方因违约行为所获得的全部利润的合理数额，或者不低于甲方商业秘密许可使用费的合理数额。

（3）甲方因调查和追究乙方的违约行为而支付的合理费用以及因此导致劳动合同解除而给甲方造成的人员录用费、培训费等的损失也应当包含在损失赔偿额之内。

（4）因乙方的违约行为同时侵犯了甲方的商业秘密权利的，甲方可以选择根据本协议要求乙方承担违约责任，或者根据国家有关法律、法规要求乙方承担侵权责任。

2.乙方离开甲方公司后不遵守双方签订的竞业限制或竞业禁止协议等相关规定，给甲方造成直接或间接经济损失的，经通知、规劝仍不改正或情节严重引发恶意竞争的，除支付合同所约定的赔偿金外，另外应对所造成的其他经济损失做出赔偿。

第七条　争议

因履行本协议发生争议的，双方应本着友好协商的方式予以解决，若协商、调解不成或者一方不愿意协商、调解的，任何一方都有权由向甲方所在地的劳动仲裁机构申请仲裁。对仲裁裁决不服的，可以向人民法院提起诉讼。

第八条　效力和变更

1.本协议自双方签字之日起生效；

2.对本协议进行的任何修改必须经过双方的书面同意；

3.协议未尽事宜由双方协商解决，协商不成，可向甲方所在地的劳动仲裁机构申请仲裁，诉诸法律解决。

第九条　其他

本合同列明的通讯地址、电话、电子邮箱或其他联系方式均为本合同下的通知送达方式。一方如迁址或者其他联系方式变更，应当及时以书面形式通知对方，否则，如因联系方式变更而导致有关事项通知或者文件送达延误的不利后果，应由自行变更方负责。

第十条　本协议一式两份，甲、乙双方各执一份，每份具有同等的法律效力。

甲方：(签章)________________　乙方：(签名)______________

公司代表人：(签字)__________　身份证号码：______________

______年______月______日　______年______月______日

签字地点：____________________

范例5

临时工聘用劳动协议

甲方：______________（以下简称甲方）

乙方：______________（以下简称乙方）

根据《中华人民共和国劳动法》及其他相关法律、法规，甲乙双方在自愿、平等的基础上，经双方协商一致，签订本临时工聘用协议。

第一条　聘用期限为_____年，自_____年___月___日起至_____年_____月_____日止。聘用期满，本协议终止。

第二条　工作内容

1.乙方的工作岗位：_________

2.乙方的工作任务：_________

第三条　劳动报酬

1.基本工资：乙方在工作期间内的工资标准，经双方商定，基本工资为_________元人民币/月。

2.周末加班补贴_________元人民币/月。

甲方依据国家有关工资支付的规定，于每月_____日左右发放薪资（逢节假日可顺延）。

第四条　社会保险和福利

因乙方与其原单位仍保留正式劳动关系（原用工合同已注明乙方自愿离岗），按照国家相关规定，乙方的社会养老保险等由乙方与其原单位缴纳，甲方不再为乙方缴纳社会养老保险等。

第五条　教育、培训与劳动保护

1.甲方对乙方有进行职业道德、安全生产和安排上岗前培训及职业技术培训的义务，如需乙方从事特种作业，应经过专门培训后持证上岗。

2.按国家规定的作息时间，乙方未休息的，甲方应给与乙方补休或支付额外工资，并保证乙方每周不少于一天的休息时间。

3.根据行业特点,甲方可灵活安排乙方的工作时间。

第六条　劳动纪律与违约责任

1.甲方对乙方加强劳动纪律教育,向乙方宣传劳动纪律、法规和本单位的规章制度。

2.乙方必须服从甲方的领导、管理和教育,自觉执行和维护本单位的规章制度、遵守劳动纪律。

3.如乙方违反法律或公司的相关制度,甲方可依法或依照本公司的规定给予乙方批评教育或纪律处分。如情节严重造成法律后果的,一切法律责任及赔偿责任由乙方全部承担,且甲方有权将乙方交由司法处理。

4.乙方与甲方签订本协议之前,确保已与原单位办理内退(或离职)手续,并保证不因原单位事宜而影响乙方在甲方的工作,与乙方原单位发生的纠纷或造成的损失均由乙方自行承担。

第七条　解除、终止劳动协议的条件

1.经甲乙双方协商同意可以依法变更、修改、解除、终止本聘用协议。

2.有下列情形之一的,甲方可以随时解除本协议:

(1)乙方在工作期间被证明不符合甲方临时用工条件的;

(2)乙方严重违反劳动纪律或用人单位规章制度的,或乙方严重失职、营私舞弊,对甲方利益造成重大损害的;

(3)乙方被依法追究刑事责任的,法律、法规规定的其他情形。

3.若乙方离职,必须提前一个月以书面形式向甲方申请,经甲方同意并办妥离职手续后方可离开公司。

4.聘用期满,本协议自行终止。

第八条　双方约定事项

1.安全责任:乙方外出应遵守交通规则,保障自身、公司的财产安全;因乙方个人因素及管理失误而造成的损失由乙方承担。

2.甲乙双方在签订本协议时,双方均具有完全行为能力,对各自的权利、义务清楚、明白,并愿意按规定处罚违反本协议的一方,违约的一方愿意接受。

3.本协议书写与印刷文字均具有同等效力。

4.乙方与其原单位签订的聘用合同作为本协议的附件，以证明甲乙双方的临时雇用关系。

第九条 本协议未尽事宜由甲乙双方协商解决。本协议一式二份，甲乙双方各执一份。本协议经双方签字盖章后生效。

甲方：(盖章)________ 乙方姓名：________ 身份证号码：________

法定代表人：________ 户口住址：________

或委托代理人(签字、盖章)______ 家庭电话：______手机：________

______年______月______日 ______年______月______日

范例 6

停薪留职合同书

订立合同双方：

甲方：________________(单位)

代表人：____________ 职务：____________

乙方：____________，性别：____________，出生日期：____________。

根据国家劳动人事部[1983]61 号“关于企业职工要求‘停薪留职’问题的通知”的文件精神，为合理安排企业过剩人员，准许部分职工停薪留职，自谋职业，从事有益于社会的劳动，乙方自愿申请停薪留职，另谋职业，经与甲方协商，特订立本合同，以便共同遵守。

第一条 停薪留职期限：从______年______月______日起到______年______月______日止，共为______年。

第二条 在停薪留职期间，甲方应保留乙方的国营职工的工籍，并连续计算其工龄。在停薪留职期间，如遇工资调整，按工资调整政策予以评定，评定的附加条件是乙方履行本合同，如符合条件，甲方应予乙方升级，待合同期满后，乙方回原单位工作时，按调整后的工资级别执行。

第三条 停薪留职后，乙方可以从事各种正当的经营活动，需要办理的手续由本人自理，如确需由甲方出具证明的，甲方可以证明其实属停薪留职人员。

第四条 停薪留职后，乙方不享受甲方所提供的工资、奖金、劳保福利、医疗费、粮食副食补贴等待遇。

第五条 在停薪留职期间，乙方按基本工资的______%向甲方缴纳劳动保险金______元，于每月______日前缴纳，逾期6个月连续不按期缴纳的，甲方可以对乙方按自动离职予以处理。

第六条 停薪留职期间，如乙方因病、残而基本丧失劳动能力的，甲方按退职办法予以处理。

第七条 停薪留职期间，乙方必须遵纪守法，如从事非法活动，符合《企业职工奖惩条例》规定的开除条件，甲方有权按规定将乙方予以开除。

第八条 停薪留职期满，乙方愿意回原单位工作，须在一个月前提出申请，以便甲方按时予以安排工作；停薪留职期满后一个月内，乙方未申请回原单位的，甲方可以按自动离职予以处理。

第九条 本合同在履行期间，如合同条款与党和国家的有关方针、政策和法规有抵触，按党和国家的有关方针、政策和法规执行。

第十条 其他：____。

本合同自乙方停薪留职期限起算之______日起生效，在合同执行期间，双方不得随意变更或解除合同，本合同如有未尽事宜，应根据国家的有关政策规定进行协商，作出补充规定，补充规定与本合同具有同等效力。

本合同正本一式两份，甲乙双方各持一份，具有同等的法律效力。

甲方：__________________________单位（盖章）

代表人：________________________（盖章）

乙方：__________________________（盖章）

______年______月______日起订

最新适用版

第三章 借款合同

撰写要领

一、借款合同概述

借款合同是当事人一方将一定种类和数额的货币的所有权转移给他方，他方于一定期限内返还同种类、同数额货币的合同。其中，提供货币的一方称贷款人，受领货币的一方称借款人。

二、借款合同的法律特征

（一）借款合同的标的物是金钱，因此，借款合同通常只会发生迟延履行的情况，不会发生不能履行的情况。

（二）借款合同通常为有偿合同（有息借款），但也可以是无偿合同（无息借款）。

（三）借款合同通常为要式合同，应当采用书面形式，但自然人之间签订的借款合同的形式可以由当事人双方约定。

三、借款合同的常见漏洞与风险防范

签订借款合同时可能出现一些漏洞，要注意防范。

（一）有的人在借款合同上只签字，不盖章，或者加盖没有法律效力的印章。所以，签订借款合同时要核实印章与借款人是否一致。盖章单位的印章应该与单位的名称保持一致，法人代表或委托代理人应在合同上签字或者加盖私章，签字或盖章都必须清晰可辨。

（二）借款人故意不写自己的全称或漏写，导致借款人与实际用款人不一致。所以，在签订合同时，必须要求借款人写全称，并与营业执照和印章对照。

（三）担保和抵押不实。担保是还款的保证，必须认真核查，保证人则必须有担保的资格和经济实力，保证的种类要加以明确，抵押物必须是国家许可抵押并且容易变现的财产。

（四）有的借款人在填写还贷来源时作弊，造成还款困难，所以，签订借款合同时要着重审查还款来源。

（五）有的人在填写借款合同中的违约责任条款时，模糊填写自己的违约责任或者增加履行违约责任的条件和时限，所以，在签订借款合同时要对违约情况加以细分，有针对性地确定不同情况下的违约责任，对合同中写明的或者潜在的对方违约责任的条件和时限要格外注意。

另外，在签订借款合同时，还有许多需要注意的细节问题，例如合同签订后，如果需要对其中的个别文字进行订正，应该经过双方一致同意，并在订正处加盖各自的公章并注明修订的日期等等。

范文经典

范例 1

私人借款合同

借款人：________________　　电话：__________________

住址：__________________　　邮政编码：______________

贷款银行：______________　　电话：__________________

法定代表人：____________　　传真：__________________

地址：__________________　　邮政编码：______________

借款人即抵押人（以下简称甲方）：________________________

贷款人即抵押权人（以下简称乙方）：______________________

保证人即售房单位（以下简称丙方）：______________________

甲方因购买或建造、翻建或大修自有自住住房，根据市公积金管理中心和《职工住房抵押贷款办法》的规定，向乙方申请借款，愿意以所购买或建修的住房作为抵押，乙方经审查同意后发放贷款。在抵押住房的房地产权证交乙方收押之前，丙方愿意为甲方提供保证。为明确各自的权利和义务，甲乙丙三方遵照有关法律规定，经协商一致，订立本合同，共同遵守执行。

第一条　借款金额

甲方向乙方借款人民币(大写)____________元。

第二条　借款用途

甲方借款用于购买、建造、翻建、大修坐落于_______区(县)______街道(镇)_______路(村)_________弄(号)_______室的住房。

第三条　借款期限

借款合同期限从_____年____月___日至_____年____月____日止。

第四条　贷款利率

贷款利率按签订本合同时公布的利率确定年利率为_______%(月利率为_____%)。若借款期限内利率发生变更,按中国人民银行规定办理。

第五条　存入自筹资金

甲方应在本合同签订后在乙方开立活期储蓄存款户(储蓄卡账户),将自筹资金存入备用。如需动用甲方本人、同户成员、非同户配偶和非同户血亲公积金抵充自筹资金的,须提供当事人书面同意的证明,交乙方办理划款手续,甲方已将自筹资金支付给售房单位做首期房贷并有收据的可免存。

第六条　贷款拨付

向售房单位购买住房或通过房地产交易市场购买私房的甲方在此不可撤销授权予乙方,在办理住房抵押登记获得认同(乙方确定)之日起的5个营业日内将贷款金额连同存入的自筹资金全数以甲方购房款的名义转入售房单位或房地产交易市场在银行开立的账户。

甲方建造、翻建、大修自住住房的,在本合同生效后自筹资金用完或将要用完时,由乙方主动将贷款资金划入甲方在乙方开立的活期储蓄存款户储蓄卡账户,按工程进度支用。

第七条　贷款偿还

贷款本金和利息,采用按月等额还款方式。

贷款从发放的次月起按月还本付息,根据等额还款的计算公式计算每月等额还贷款本息,去零进元确定每月还本息额,最后一次本息结清。

1.第一期(合同签订时)每月还本息额为:人民币(大写)____万____仟_____佰_____拾_____元整。

2.第二期至以后各期每月还本息额根据当年银行公布的个人住房公积金贷款利率计算，以乙方书面通知为准，同时变动分期每月还本息额。

甲方需合同本人、同户成员、非同住配偶和直系血亲公积金用于偿还贷款本息的，可在每年的______月份办理一次，手续与本合同第五条公积金抵充自筹资金相同。储蓄卡，信用卡还款：

甲方必须办理中国建设银行上海市分行储蓄卡、信用卡，委托乙方以自动转账方式还本付息的足额款项，存入储蓄卡账户或信用卡账户，保证乙方能够实施转账还款。

当因甲方原因而造成用卡还款失败时，甲方必须持现金到原贷款经办行还款。

甲方提前将未到期贷款本金全部还清，乙方不计收提前还款手费，也不退回按原合同利率收取的贷款利息。

第八条　贷款担保

本合同项下甲方购买的住房由丙方提供阶段性保证，在未将房地产权证交乙方收押前，如发生借款人违约连续3个月拖欠贷款本息，罚息及相关费用，丙方须在接到乙方发出《履行保证责任通知书》后的10日内负责代为清偿。保证期限从贷款发生之日起至乙方取得房地产权证收押之日为止。

在保证期间，借款合同的甲、乙双方协议变更借款合同内容，应事先征得丙方的书面同意。

本合同项下甲方购买、建造、翻建、大修的住房作为借款的抵押担保，由甲、乙方另行签订《住房抵押合同》。甲方购买期房的，应将购房预售合同交由乙方保管。

第九条　合同公证

甲、乙、丙三方自本合同签订之日起的10日内向公证机关办理本合同和甲、乙方签订的住房抵押合同公证。

第十条　合同的变更和解除

本合同生效后，任何一方不得擅自变更和解除本合同。

甲方如将本合同项下的权利、义务转让给第三方，应符合有关规定，并应事先经一方书面同意（如在保证期间应征得丙方同意），其转让行为在受让方和乙方重新签订借款合同后生效。

第十一条　甲、乙双方的权利和义务

甲方有权要求乙方按合同约定发放贷款；

甲方必须按约定用途使用乙方贷款，未经乙方书面同意，甲方不得将乙方贷款挪作他用。

乙方应按合同规定期限及时发放贷款。

第十二条　违约责任

甲方在执行本合同期间，未按月偿还贷款本息为逾期贷款，乙方按规定对其欠款每______天计收万分之______的罚息，并由甲方在活期储蓄或储蓄卡账户内存入一个月的贷款数，保证按时归还乙方贷款。

如甲方连续6个月未偿还贷款本息和相关费用，或被发现申请贷款时提供资料不实以及未经乙方书面同意而擅自将抵押住房出租、出售、交换、赠与等方式处分抵押住房的，乙方有权提前收回贷款本息，直至处分抵押住房，如不足以偿还欠款的，没有继续向甲方追偿欠款的权利。

甲方未将乙方贷款按合同约定使用而挪作他用，对挪用部分按规定每天计收万分之十二的罚金。

第十三条　本合同争议解决方式

在履行本合同过程中发生争议时，可以通过协商解决，协商不成，可以向乙方所在的人民法院起诉。在协商或诉讼期间，本合同不涉及争议部分的条款仍须履行。

第十四条　其他约定事项(略)

第十五条　本合同自甲、乙、丙三方签订后生效，丙方保证责任至甲方所购商品房的《房地产权证》和《房地产其他权证证明》交乙方执管后终止。甲、乙双方承担责任至合同项下贷款本息和相关费用全部清偿完毕后终止。

第十六条　本合同正本一式5份，甲、乙、丙各执一份，公证机关、房地产登记机构各执一份，副本按需确定，其中送城市公积金管理中心一份。

甲方：(私章)__________　　乙方：(私章)______________

(签字)：______________　　法定代表人：(签章)________

______年______月______日　　______年______月______日

丙方:(公章)______________

法定代表人(签章)__________

(或其授权代理人)__________

_____年_____月_____日

范例2

借款抵押合同

抵押人:_______________　　企业性质:__________

立协议人:______________

抵押权人:______________　　银行:______________

为了明确抵押人与抵押权人各自的责任、权益和义务,恪守信用,根据《中华人民共和国经济合同法》等有关法律、法规和《贷款抵押管理规定(试行)》,特签订本《抵押协议》,以兹共同遵守。

第一条　抵押人自愿以"抵押物清单"(附后)所列之财产设定抵押权,担保借款人与___________银行于_____年___月___日签订之借款合同,按期履行债务偿还借款。该贷款种类为_________,金额为_______万元人民币,用于_________。贷款期限为___年___月至___年___月,借款合同编号为_______。

第二条　当借款人不能依合同约定按期偿还借款时,抵押权人有权依照我国法律规定以抵押物折价或者以变卖抵押物的价款优先得到偿还。

第三条　抵押人对"抵押物清单"中所列财产依照国家法律规定拥有(所有权或经营管理权),并在抵押期内将所有抵押财产的产权证书交由抵押权人占管。

第四条　_______抵押物在此之前已设有抵押,抵押额为:___万元人民币;抵押期限为_________。

第五条　经双方协商,此项抵押的抵押额为_____万元人民币,抵押率为___%,抵押期限为___年,随_____号借款合同变更、解除或终止。抵押人在已设定抵押物的抵押价值额内不得重复抵押。在抵押价值额外再行设定抵押权的，应在再行设定抵押数之前以书面通知抵押权人。

第六条　根据协商，双方占管抵押物采取下列方式：

1.下列抵押物由抵押人占管、使用：

抵押物名称	型号	数量

2.下列抵押物及有关文件由抵押权人占管：

抵押物名称	型号	面值	单位	数量

产权证书：____________，共___________件；

保险单：____________，共___________张；

保险金额：____________万元人民币；

证明文件：___________，共___________份。

3.下列抵押物就地封存，不得使用：

抵押物名称	型号	数量

第七条　抵押人对自己占管的抵押物，在抵押期间负责维修、保养、保证抵押物的完好，并随时接受抵押权人的检查和验证。抵押人未征得抵押权人的书面同意，不得以出租、出售、转借等形式处分自己所占管的抵押物。抵押权人发现抵押人对所占管的抵押物保管不当或有减损其价值的行为时，抵押权人有权要求抵押人恢复原状或提供其他等价的财产充当抵押物。抵押人不予执行的，抵押权人可以停止发放新贷款或收回部分直至全部贷款。

第八条　抵押权人占管之抵押物，如因抵押权人过错造成抵押物及有关文件损坏、遗失的，由抵押权人承担责任并赔偿损失。

第九条　抵押权人占管、保管抵押物及有关文件、凭证，按照有关规定由抵押人向抵押权人交纳保管费________元人民币，于本协议生效后30日内结清。

第十条　本抵押所保证的借款合同期满，借款人未按合同约定偿还全部贷款本息的，或在抵押期间抵押人依法被宣告破产的，抵押权人有权依照国家有关法律、法规采取________方式处分抵押物。处分抵押物所得价款，按下列顺序分配：

1.支付处分抵押物所需费用(含税金)；

2.支付抵押人欠交抵押权人占管抵押物的保管费用；

3.偿还借款人所欠抵押权人全部贷款本息；

4.支付应由借款人支付贷款银行的其他有关费用；

5.清偿上述款项后，所余金额交还抵押人。

处分抵押物所得金额不足以偿还借款人所欠抵押权人贷款本息的，抵押权人仍有权追索债务。

第十一条　借款人按借款合同规定偿还全部贷款本息后，抵押权人将自己占管的抵押物及有关文件退还抵押人。

第十二条　抵押人应按照规定办理抵押物的财产保险，保险期不得短于抵押期，保险费用由抵押人支付。在抵押期间，抵押权人为抵押财产保险的第一受益人。如遇意外损失，财产保险赔偿首先交由抵押权人处理。

第十三条　在抵押期间，各种抵押物的孳息归财产所有人或经营管理权人所有。

第十四条　其他约定：

1.____。

2.____。

3.____。

(说明：其他约定中应包括抵押期间财产保险赔偿处理方式和有价证券到期是否兑付等约定)

第十五条　双方当事人必须全面履行本《抵押协议》所规定的权利与义务，任何一方不得擅自变更或者解除。

第十六条　本《抵押协议》为____号借款合同的补充文件。一式____份，抵押人与抵押权人各持____份。

股份制企业、合资合营企业、承包经营企业董事会或发包人审核意见：

（签字、盖章）________________　　______年____月____日

抵押人（公章）：__________　　抵押权人（公章）：_________

法定代表人（签字）：________　　法定代表人（签字）：______

______年____月____日　　______年____月____日

范例3

房产抵押借款合同

抵押权人：_______________________________________

地址：________________邮编：__________电话：__________

法定代表人：__________职务：____________

抵押人：____________

地址：________________邮编：__________电话：________

法定代表人：__________职务：________

抵押物业地址：________邮编：________电话：________

抵押权益之房产买卖合同：________购房________字第________号

第一条　总则

抵押权人与抵押人于______年____月____日会同担保人签定本房产抵押贷款合约（下称“合约”）。抵押人（即借款人）同意以其与担保人于______年____月____日签订的房产买卖合同（即抵押权益之房产买卖合同）的全部权益抵押于抵押权人，并同意该房产买卖合同项下的房产物业（即抵押物业），在售房单位发出入住通知书（收楼纸）后，立即办理房产抵押手续，以该物业抵押于抵押权人，赋予抵押权人以第一优先抵押权，并愿意履行本合约全部

条款。抵押权人(即贷款人)同意接受抵押人以上述房产买卖合同的全部权益及房产买卖合同项下的房产物业作为本合约项下贷款的抵押物,并接受担保人承担本合约项下贷款的担保责任，抵押权人向抵押人提供一定期抵押贷款,作为抵押人购置抵押物业的部分楼款。经三方协商,特定立本合约,应予遵照履行。

第二条　释义

在此贷款合约内,除合约内另行定义外,下列名词的定义如下:

“营业日”:指抵押权人公开营业的日子。

“欠款”:指抵押人欠抵押权人的一切款项,包括本金、利息及其他有关费用。

“房产买卖合同之全部权益”:指抵押人(即购房业主)与担保人签订的“房产买卖合同”内所应拥有的全部权益。

“房产物业建筑期”:指售房单位发出入住通知书日期之前,视为房产物业建筑期。

第三条　贷款金额

1.贷款金额:人民币________元;

所有已归还(包括提前归还)的款项,不得再行提取。

2.抵押人在此不可撤销地授权予抵押权人将上述贷款金额全数以抵押人购楼款名义存入售房单位账户。

第四条　贷款期限

贷款期限为______年,由抵押权人贷出款项日起计,期满时,抵押人应将贷款本息全部清还,但在期限内,如抵押人发生违约行为,抵押权人可据实际情况随时通知抵押人归还或停止支付或减少贷款金额,抵押人应当即履行。

第五条　利息

1.贷款利率按________银行贷款最优惠利率加______厘(年息)计算。

2.上述之优惠利率将随市场情况浮动,利率一经公布调整后立即生效,抵押权人仍保留随时调整贷款利率的权利。

3.本合约项下之贷款利率按贷款日利率或根据抵押权人书面通知按市

场情况而调整的利率。

4.在合约有效期内，按日贷款余额累计利息，每年以365天计日。

5.如贷款利率有调整时，由抵押权人以书面通知抵押人调整后的利率。

第六条　还款

1.本合约项下贷款本金及其相应利息，抵押人应分________期，自款项贷出日计，按月清还借款本息，每期应缴付金额(包括因利率调整带来的应缴金额改变)由抵押权人以书面通知抵押人，如还款日不是营业日，则该分期付款额须于还款日起延迟一个营业日缴交。

2.抵押权人有权调整及更改每期应付金额或还款期数。

3.抵押人必须在________银行开立存款账户，对与本抵押贷款有关的本息和一切费用应照付该账户，若因此而引致该账户发生透支或透支增加，须由抵押人承担偿还责任。

4.所有应付予抵押权人的款项应送________银行。

5.抵押人不能从中抵扣、反索任何款项。如果在中国现时或将来有关法律规范下，不得不抵扣或反索任何款项(包括税款)，则抵押人须立即向抵押权人补偿额外款项，致使抵押权人所得相当于在无须反索的情况所应得不折不扣的款项。

第七条　逾期利息及罚息

1.每月分期付款应缴的金额应按照规定期数及日期摊还；尚有逾期欠交期款等情况，抵押人必须立即补付期款及逾期利息，逾期利息的利率由抵押权人决定，按月息2%至5%幅度计收。

2.抵押人如逾期还款，除缴付逾期利息外，抵押权人有权在原利率基础上向抵押人加收20%至50%的罚息。

3.抵押人须按照上述指定利率，按照付逾期未付款项的利息，直至款项结清为止，无论在裁判确定债务之前或之后，此项利息均按日累积计算。

第八条　提前还款

1.在征得抵押权人同意的条件下，抵押人可按下列规定办理提前还款手续：

(1)抵押人可在每月的分期还款日，提前部分或全部偿还实贷款额，每次提前偿还金额不少于________万元整的倍数；所提前偿还的款额将按例序渐次减低原贷款额。

（2）抵押人必须在预定提前还款日一个月前给抵押权人一个书面通知，该通知一经发出，即不可撤销。

（3）抵押人自愿提早缴付本合约规定的部分或全部款项，抵押人应予抵押权人相等于该部分或全部款项一个月利息的补偿金。

2.抵押人和担保人同意，在发生下列所述任何情况时，抵押权人有权要求抵押人立即提前清还部分或全部实际贷款额，或立即追付担保人：

（1）抵押人及/或担保人违反本合约任何条款。

（2）抵押人及/或担保人本身对外的借款、担保、赔偿、承诺或其他借债责任，因：

a.违约被勒令提前偿还；

b.到期而不能如期偿还。

（3）抵押人及/或担保人本身发生病变（包括精神不健全）、死亡、合并、收购、重组或因法院或政府机关或任何决意通过要解散、清盘、破产、关闭或指定接管人或信托人等去处理所有或大部分其所属之财产。

（4）抵押人及/或担保人被扣押令或禁止令等威胁，要对其不动产、物业或财产等有不利影响，而该等威胁又不能在发生后30天内完满解除。

（5）抵押人及/或担保人不能偿还一般债权人的欠债，在清盘、倒闭时不能清偿债项或将要停止营业。

（6）如抵押人及/或担保人因在中国法律规范下变得不合法或不可能继续履行本合约所应负责任。

（7）如抵押人及/或担保人因业务上经营前景或其所拥有财产出现不利变化，而严重影响其履行本合约所负责任的能力。

（8）抵押人及/或担保人财产全部或任何重要关键部分被没收征用、被强制性收购（不论是否有价收购）或遭到损毁破坏。

（9）抵押人没有事先得到抵押权人书面同意而擅自更改其股权结构。

（10）抵押人舍弃该抵押房产。

如发现上述任何事项或可能导致上述事项的事故已经发生，抵押人及/

或担保人应立即书面通知抵押权人，除非上述事项在抵押权人得知时已获得完满解决，否则抵押权人可在该等事项发生后任何时间以任何形式处分抵押物或根据本合同内第十三条担保人及担保人责任条款第一条第二点的担保期限内追付担保人。抵押权人在运用上述权力及权利时而令担保人及/或抵押人受到不能控制的损失，抵押权人概不负责。

第九条　手续费及其他费用

1.抵押人应按贷款金额缴付5%的手续费，在贷款日一次付清，并必须绝对真实地提供本合约涉及的一切资料；若在签约后发现抵押人所提供的资料与事实不符，抵押权人有权立即收回该笔贷款及利息，并对依约所收手续费不予退还。

2.抵押贷款文件费，抵押人在贷款日一次支付______币________元整。

3.公证费用及抵押登记费用：有关本合约所涉及的公证及抵押登记等费用，全部由抵押人负责支付。

4.抵押人如不依约付清本合约内规定的一切款项，引致抵押权人催收或因为任何原因使抵押权人决定通过任何途径或方式追索，一切因此引起的费用（如处理押品的各种手续费、管理费、各种保险费等）概由抵押人负责偿还，并从各项费用确实支付之日起到收到之日止，同样按日累积计算逾期利息。

第十条　贷款先决条件

1.抵押人填写房产抵押贷款申请表，该申请表须经担保人确认。

2.抵押人提供购置抵押物的购房合约。

3.以抵押人名义向抵押权人指定或认可的保险公司投保不少于重新购置抵押物金额的全险；保险单须过户________银行，并交由该行保管。

4.本合约由抵押人、抵押权人、担保人各方代表签署并加盖公章。

5.本合约须由________公证机关公证。

第十一条　房产抵押

1.本合约项下的房产抵押是指：

（1）房产物业建筑期内抵押人的权益抵押：

a.是指抵押人（即购房业主）与______________（即售房单位）签订并经

________市公证处公证的“房产买卖合同”中，由抵押人将依据该购房合约其所应拥有的权益以优先第一地位抵押于抵押权人；如因抵押人或担保人未能履行还款责任或担保义务，抵押权人即可取得抵押人在该“房产买卖合同”内的全部权益，以清偿所有欠款；

b.该抵押权益之房产买卖合同须交由抵押权人保管。

（2）抵押房产物业：

a.是指抵押人（即购房业主）与________（即售房单位）签订的“房产买卖合同”中，抵押人购买的已建成（即可交付使用）的抵押房产物业（资料详见附表）；

b.抵押人须将上述第2项（1）点之抵押房产列在本合约的附表二内，以优先第一地位抵押于抵押权人作为所欠债务的押品；

c.抵押人（即购房业主）现授权抵押权人在接获担保人（售房单位）发出的入住通知书后即代其向________市房产管理机关申领房产权证书，并办理抵押登记手续。

2.抵押房产物业的保险：

抵押人须在规定时间内到抵押权人指定的保险公司并按抵押权人指定的险种投保，保险标的为上述抵押房产，投保金额不少于重新购置抵押房产金额的全险，在贷款本息还清之前，抵押人不得以任何理由中断保险，如抵押人中断保险，抵押权人有权代为投保，一切费用由抵押人负责支付；由此而引起的一切损失，抵押人须无条件全部偿还抵押权人，抵押权人有权向抵押人索偿。

（1）抵押人须在规定时间内将保险单过户于抵押权人，保险单不得附有任何有损于抵押权人权益和权力的限制条件，或任何不负责赔偿的金额。

（2）保险单正本由抵押权人执管，并由抵押人向抵押权人支付保管费。

（3）抵押人不可撤销地授权予抵押权人为其代表人，按受保险赔偿金，并不可撤销地授权予抵押权人为该赔偿金的支配人。此项授权非经抵押权人书面同意，不可撤销。

（4）若上述保险赔偿金额数不足以赔付抵押人所欠抵押权人的欠款时，抵押权人有权向抵押人及/或担保人追偿，直至抵押人还清所欠款项。

（5）若该房产在本合约有效期内受到损坏，而保险公司认为修理损坏部分符合经济原则者，则保单项下赔偿金将用于修理损坏部分。

3.抵押房产物业登记

（1）物业建筑期的购房权益抵押：向房产管理机关办理抵押备案。抵押人“房产买卖合同”及由售房单位出具的“已缴清楼价款证明书”等交由抵押权人收执和保管。

（2）物业建成入住后即办理房产物业抵押登记，抵押物业的《房产权证书》交由抵押权人收执和保管，登记费用由抵押人支付。

4.抵押解除

（1）一旦抵押人依时清还抵押权人一切款项，并履行合约全部条款及其他所有义务后，抵押权人须在抵押人要求及承担有关费用的情况下解除在抵押合约中对有关抵押房产的抵押权益，并退回抵押物业的《房产权证书》及《房产买卖合同》。

（2）抵押人在履行上述第1点条款下，由抵押权人具函________市房产管理机关，并将房产权证书交于抵押人向________市房产管理机关办理抵押物的抵押登记注销手续。

5.抵押物的处分

（1）如抵押人不支付本合约规定的任何款项或不遵守本合约各项明文规定的条款或发生任何违约事项时，抵押权人可以立刻进入及享用该楼宇的全部或收取租金和收益，或以抵押权人认为合适的售价或租金及年期，售出或租出该房产的全部或部分及收取租金和收益。抵押权人可雇用接管人或代理人处理上述事宜，而其工资或报酬则由抵押人负责。该接管人或代理人将被当做抵押人的代理人，而抵押人须完全负责此接管人或代理人的作为及失职之责。

（2）获委任的接管人能享有以下权利：

a.要求住户缴付租金或住用费及发出有效的租单及收据，并有权以诉讼、控告、扣押或其他方式追讨欠租或住用费；此等要求、收据或追讨事宜将以抵押人或抵押权人名义而发出，而付款人将不需要问及接管人是否有权力行使；

b.接管人可依据抵押权人的书面通知而将其所收到的款项投保于该房产的全部或部分及其内部附着物及室内装修。

(3)依照第十一条第五项条款,抵押权人不需要征询抵押人或其他人士的同意,有权将该房产全部或部分按法律有关规定处分,抵押权人有权签署有关该房产买卖的文件及契约及取消该项买卖,而一切因此而引起的损失,抵押人不需负责。

(4)抵押权人可于下列情形运用其处分该房产的权利:

a.抵押权人给予抵押人通知,要求还款(不论届期与否)而抵押人在一个月内未能遵守该项通知的,全数偿还给抵押权人;

b.抵押人逾期 30 天仍未清缴全部应付款项;

c.抵押人违反此合约之任何条款;

d.抵押人系个人而遭遇破产,或经法院下令监管财产,或抵押人为公司组织而被解散或清盘;

e.抵押人的任何财产遭受或可能遭受扣押或没收;

f.抵押人舍弃该房产。

(5)当抵押权人依照上述权利而出售该房产予买主时,买主不需查询有关上述之事宜,亦不需理会抵押人是否欠抵押权人债项或该买卖是否不当。即使该买卖有任何不妥或不规则之处,对买主而言,该买卖仍然当做有效及抵押人有权将该房产售给买主。

(6)抵押权人有权发出收条或租单予买主或租客,而买主及租客不需理会抵押权人收到该笔款项或租金的运用,若由于该款项或租金的不妥善运用招致损失,概与买主及租客无关。

(7)抵押权人或按抵押物处分条款委派接管人或代理人,须将由出租或出售该房产所得的款项按下列次序处理。

a.用以偿付因出租或出售该房产而支出的一切费用(包括缴付接管人或代理人的费用及报酬);

b.用以扣缴所欠的一切税款及抵押人根据此合约一切应付的费用及杂费(包括保险费及修补该房产的费用);

c.用以扣还抵押人所欠贷款及应付利息,扣除上述款项后,如有余款,抵押权人须将余款交付抵押人或其他有权收取的人，出售该房产所得价款，如不够偿还抵押人所欠一切款项及利息，抵押权人有权另行追索抵押人及/或担保人。

(8)抵押权人在运用其权力及权利时而令抵押人受到不能控制的损失，抵押权人概不负责。

(9) 抵押权人可以书面方式发出还款要求或其他要求或有关抵押房产所需的通知书，该书面通知可以邮递方式寄往抵押人最后所报的住宅或办公地址或投留在该房产内，而该要求或通知书将被认为于发信或投留之后7天生效。

第十二条　抵押人声明及保证

抵押人声明及保证如下：

1.抵押人保证按本合约规定，按时按金额依期还本付息。

2.抵押人同意在抵押权人处开立存款账户，并不可撤销地授权予抵押权人对与本抵押贷款有关的本息和一切费用可照付账户。

3.向抵押权人提供的一切资料均应真实可靠，无任何伪造和隐瞒事实之处；上述抵押房产在本合约签订前未抵押予任何银行、公司和个人。

4.抵押房产的损毁，不论任何原因，亦不论任何人的过失，均须负责赔偿抵押权人的损失。

5.未经抵押权人同意，抵押人不得将上述抵押房产全部或部分出售、出租、转让、按揭、再抵押、抵偿债务、舍弃或以任何方式处理；如上述抵押房产的全部或部分发生毁损，不论何原因所致，亦不论何人的过失，均由抵押人负全部责任，并向抵押权人赔偿由此而引起的一切损失。

6.抵押人使用该房产除自住外，托管或租与别人居住时，必须预先通知抵押权人，并征得抵押权人书面同意后方可进行；如将该房产出租，抵押人必须与承租人订立租约，租约内必须订明：抵押人背约时，由抵押权人发函日起计一个月内，租客即须迁出。

7.准许抵押权人及其授权人在任何合理的时间内进入该房产，以便查验。

8.更改地址时立即通知抵押权人。

9.立即清付该房产的各项修理费用，并保障该房产免受扣押或涉及其他法律诉讼；

10.在抵押期间应缴付地税、有关部门对该房产所征收的任何税项、管理费、水费、电费及其他一切杂费；以及遵守居民公约内的条文，并须赔偿抵押权人因抵押人不履行上述事宜的损失。

11.在抵押权人认为必要时，向抵押权人指定的保险公司投保买房产保险或抵押人的人寿保险，该投保单均以抵押权人为受益人。

12.当有任何诉讼、仲裁或法院传讯，正在对抵押人有不利影响时，保证及时以书面通知抵押权人。

13.如担保人代抵押人偿还全部欠款，抵押人同意抵押权人将抵押物业权益转给担保人，并保证对该转让无异议。

14.若担保人按本合约有关规定代抵押人还清所有欠款，抵押权人应将抵押人名下的抵押物业的权益转让予担保人。

15.担保人在取得该抵押物业的权益后，抵押人同意担保人可以以任何方式处分该抵押物业（包括以抵押人名义出售该物业），以赔偿担保人因代抵押人偿清欠款而引起的损失及一切有关（包括处理抵押物业）费用；若有不足，担保人可向抵押人索偿，抵押人须承诺所有不足数额负责赔偿于担保人。

16.抵押人确认担保人取得抵押物业权益及处分抵押物业的合法地位，由于处理抵押物业而导致抵押人的一切损失，抵押人放弃对担保人追索的权利。

17.按照抵押权人的合理请求，采取一切措施及签订一切有关文件，以确保抵押权人的合法权益。

第十三条　担保人及担保人责任

1.担保人：____________，地址：__________，（营业执照）：__________

是本合约项下抵押权益的房产买卖合同的卖方（即售房单位），也是本合约项下贷款抵押人的介绍人及担保人，承担无条件及不可撤销担保责任如下：

（1）担保额度：以本合约项下贷款本息及与本合约引起的有关诉讼费用为限。

（2）担保期限：以本合约生效日起至抵押人还清或担保人代还清本合约

项下贷款本息及一切费用之日止。

2.担保人责任：

(1)担保人自愿承担本合约项下贷款的担保责任。

(2)如抵押人未能按抵押权人的规定或通知履行还款责任，或抵押人发生任何违约事项，抵押权人即以双挂号投邮方式书面通知担保人履行担保责任，并于发函日起计30天内履行担保义务，代抵押人清偿所欠抵押权人的一切欠款。

(3)担保人保证按抵押权益房产买卖合同所列售房单位责任，准时/按质完成抵押物业的建造工程，抵押权人对此不负任何(包括可能对抵押人或其他任何人)责任。

(4)担保人同意抵押人将其房产买卖合同的权益抵押予抵押权人，承认抵押权人在抵押人清偿本合约项下贷款全部借款本息之前，拥有该房产买卖合同中抵押人的全部权益，并保证该权益不受任何人(包括担保人)侵犯。

(5) 担保人保证与抵押权人紧密合作，使本合约各项条款得以顺利履行，特别是在发出入住通知书(收楼纸)后，将尽力协助办理物业抵押有关手续，以保障抵押权人的利益。

(6) 担保人因履行担保义务后而取得本合约项下的抵押权益房产买卖合同或抵押物业，担保人有权以任何公平或合理的方式予以处分，以抵偿代抵押人清偿欠款本息所引起的损失，如因处理该抵押物引致任何纷争或损失，概与抵押权人无关。

(7) 担保人在此的担保责任是独立附加不受抵押权人从抵押人处获得楼房或其他抵押，担保权益所代替，若抵押人违约，抵押权人无须先向抵押人追及或处置抵押物业，即可强制执行担保人在本合约项下的担保责任直至依法律程序向法院申请强制执行。

第十四条　抵押权人责任

抵押权人基于抵押人确切履行本合约全部条款及担保人愿意承担本合约项下贷款担保责任的条件：

1.按合约有关规定，准时提供一定期质押贷款予抵押人，该贷款将以抵押人购楼款名义转入售房单位账户。

2.抵押人向抵押权人还清本合约规定的贷款总额连利息及其他应付款项之后(包括转归该房产权于抵押人的费用)若同时已全部遵守及履行本合约各项条款者，抵押权人将该抵押权益的房主买卖合同或房产权证书转归抵押人,同时解除担保人的担保责任。

3.若抵押人未能履行还款义务,而由担保人代清还所积欠一切欠款后,抵押权人即将抵押人抵押于抵押权人的抵押物业权益转让给担保人，担保人对该抵押物业的处理与抵押权人无涉。

4.本合约由各方签署,经________市公证处公证,由抵押人签署提款通知书交于抵押权人收执并经抵押权人已收齐全部贷款文件后两天内，抵押权人须将贷款金额全数以抵押人购楼款名义存入售房单位指定账户，否则抵押权人须偿付利息予担保人,利息计算按第五条第一项办理,由于抵押人或担保人出现各种导致抵押权人未能贷出款项的情况发生，抵押权人概不负责,且有关各项费用恕不退还。

第十五条　其他

1.对本合约内任何条款,各方均不得以口头形式或其他形式修改、放弃、撤销或终止。

2.在本合约履行期间,抵押权人对抵押人任何违约或延误行为施以的任何宽容、宽限或延缓履行本合约享有的权益和权力,均不能损害、影响或限制抵押权人依本合约和有关法律规定的债权人应享有的一切权益和权力。

3.如抵押人不履行本合约所载任何条款时,抵押权人可不预告通知,将抵押人存在抵押权人处的其他财物自由变卖,以抵偿债务;如抵押人尚有其他款项存在抵押权人处,抵押权人亦可拨充欠数。

4.本合约规定的权利可以同时行使,也可以分别行使,亦可以累积;上述权利、利益和赔偿办法并不排除法律规定的其他赔偿办法。

5.抵押人、担保人与抵押权人与本合约有关的通知、要求等,应以书面形式进行,电传、电报一经发出,信件在投邮7天后,及任何以人手送递的函件一经送出,即被视为已送达对方。

6.抵押权人无须征求抵押人和担保人同意,可将抵押权人在本合约项下的权益转让他人;但抵押人和担保人未征得抵押权人的书面同意,不得将其在本合约项下的任何还款及其他责任或义务转让于第三者；抵押人或担保人的继承人或接办人仍须向抵押权人或抵押权人的承让人继续负起本合约项下的还款及其他责任。

7.本合约所提及的抵押权人，亦包括抵押权人的继承人、承让人；抵押人亦包括经抵押权人同意的抵押人继承人、接办人。

8.本合约不论因何种原因而在法律上成为无效合约，或部分条款无效，抵押人和担保人仍应履行一切还款责任。若发生上述情况，抵押权人有权终止本合约，并立即向担保人和抵押人追偿欠款本息及其他有关款项。

9.抵押权人向抵押人和担保人付还欠款时，只需提供抵押权人签发之欠款数目单（有明显错误者例外），即作为抵押人和担保人所欠的确数证据，抵押人和担保人不得提出异议。

第十六条 适用法律及纠纷的解决

1.本合约按中华人民共和国法律订立，受中华人民共和国法律保护。

2.在争议发生时，按下述第( )项解决：

a.向________仲裁委申请仲裁；

b.向__________________人民法院起诉。

3.如抵押人来自海外或中国台湾等地区，或为该地区居民，抵押权人有权在抵押人的来处或居住地执行本合约内由抵押人给抵押权人权力，及向抵押人进行追索，包括仲裁、诉讼和执行仲裁或诉讼之裁决，如抵押权人决定在上述地区执行上述权力，进行追索、仲裁、诉讼等行动，抵押人和担保人必须承认本合约同时受该地区的法律保障，不得提出异议，如本合约内任何规定在该地区法律上被认为无效或被视为非法，并不影响其他规定的效力。

第十七条 附则

1.本合约须由三方代表签字，并经________市公证机关公证。

2.本合约经________市公证机关公证后，以抵押权人贷出款项的日期作为合约生效日。

3.本合约内所述附表（一）、附表（二）及抵押人（即购房业主）与担保人（即售房单位）所签订的房产买卖合同（附件三），为本合约不可分割的部分。

4.本合约用中文书写，一式两份，均具有同等效力；抵押人、抵押权人、担保人各执一份、公证处存档一份。

第十八条　签章

本合约各方已详读及同意遵守本合约全部条款。

签章：______________

抵押人：____________

签署：______________

抵押权人：__________

代表人签署：________

担保人：____________

代表人签署：________

_______年_____月_____日

登记机关：________________

抵押登记编号(________)楼花字第________号

抵押登记日期：_______年________月________日

范例 4

委托贷款借款合同

委托人：_______________(以下简称甲方)

贷款人：_______________(以下简称乙方)

借款人：_______________(以下简称丙方)

丙方向甲方申请借款，甲方经审查同意后委托乙方发放贷款，为明确各自的权利、义务，甲、乙、丙三方遵照《中华人民共和国合同法》、《贷款通则》等有关法律、法规和规章，经协商一致，订立本合同，以资共同履行。

第一条　借款种类：____________。

第二条　借款金额：________，以实际发放额为准。

第三条　借款期限

借款期限为两年，贷款起算点以甲方向乙方支付贷款的票据记载日期为准。

第四条　借款用途：本借款用途限于________。

第五条　借款条件：在办理借款前，甲、乙、丙三方应在银行开立账户，用于办理存、提款、还款等事宜。

第六条　提款方式：借款人提出申请后即时办理。

第七条　还款方式：见第八条、第十七条的约定。

第八条　利息的计付：本合同项下贷款，根据甲、丙方确定的利率______‰（年息）计算利息，到期一次付清。在本合同有效期内，如有特殊情况，甲、丙方经协商重新确定利率，甲方应向乙方提交《委托贷款利率调整通知单》，从调整之日起，即按新的利率计收利息。

第九条　手续费：按照乙、丙双方签订的《金融服务协议》执行。

第十条　甲方声明与承诺：

1.甲方自行承担委托贷款的风险及经济责任。

2.委托贷款未到期或到期后未收回，甲方不要求乙方支付部分或全部委托资金。

第十一条　乙方声明与承诺

1.委托贷款到期后，乙方工作内容仅限于依照甲方要求协助甲方出具并代为邮寄利息清单和贷款催收通知单。

2.乙方不承担贷款风险，只负责代为发放，款到账后立即按约定划出，不承担贷款损失的赔偿责任。

第十二条　丙方声明与承诺

1.在执行合同过程中，丙方应按甲方要求及时、全面、真实准确地向________银行说明用款情况，配合甲、乙双方的借款、催收工作。

2.按时足额清偿借款本息。

3.按照约定的用途使用借款。

第十三条　借款展期

本合同项下的借款不予展期，但经甲、乙、丙各方协商后均同意的除外。

第十四条　借款担保

由甲、丙双方确定。

第十五条　合同的变更、解除

本合同生效后，甲、乙、丙任何一方需要变更或解除本合同时，应经各方协商一致，并由甲、乙、丙三方达成书面协议。

第十六条　违约责任

1.丙方未按期支付利息，甲方对逾期的借款在逾期期间按日利率________‰计收罚息，该罚息由乙方代收。

2.丙方未按本合同约定用途使用借款，甲方有权对挪用的借款在挪用期间按日利率________%计收罚款，该罚款由乙方代收。

第十七条　甲、乙、丙三方商定的事项

1.此笔借款本金的归还见本条第二款的约定，利息按合同约定及时、足额交至乙方在________银行开立的账户，乙方应立即将上述款项划至甲方账户，并出具相关票据。

乙方名称：________________　　甲方名称：________________

开户行：________________　　开户行：________________

账号：________________　　账号：________________

2.商定的其他事项：

(1)本合同项下委托贷款本金的偿付由甲、丙商定后通知乙方。

(2) 甲、乙方同意委托贷款由________银行根据丙方申请以及______(其他情况)进行划转使用。

第十八条　争议解决

甲、乙、丙三方在履行本合同过程中发生争议时，可以通过协商或者调解解决，协商不成的提交________仲裁委员会裁决。

第十九条　通知方式

1.与合同各方有关事项的通知均应以书面形式按本合同列明的地址送达对方，此地址如有变动，应于10日内通知签约各方。

2.按上述地址发送时，在下列日期前视作送达：______年____月____日邮寄送达的为投寄挂号信邮戳之日；专程送达的为收件人签收之日。

第二十条　合同生效

本合同自甲、乙、丙各方法定代表人(负责人)或授权代理人签字盖章之日起生效，至本合同项下委托贷款本息及有关费用完全清偿时终止。

本合同生效后，任何一方不得因任何理由不履行本合同。

第二十一条　其他本合同一式3份，甲、乙、丙三方各执一份，效力同等。

甲方(盖章)：__________　　乙方(盖章)：__________

授权代理人：__________　　法定代表人：__________

住所地：__________　　住所地：__________

电话：__________　　电话：__________

丙方(盖章)：__________

法定代表人：__________

住所地：__________

电话：__________

范例5

建设工程借款合同

借款方：______________________________

地址：__________邮编：__________电话：__________

贷款方：______________________________

法定代表人：__________职务：__________

地址：__________邮编：__________电话：__________

根据国家法律规定，借款方为进行基本建设所需贷款，经贷款方审查发放。为明确双方责任，恪守信用，特签订本合同，以兹共同遵守。

第一条　借款用途：______________________________。

第二条　借款金额：借款方向贷款方借款人民币(大写)______元，预计用款为一年____元人民币；____年____元人民币；____年____元人民币；____年____元人民币；____年____元人民币。

第三条　借款利率：自支用贷款之日起，按实际支用数计算利息，并计算复利。在合同规定的借款期内，年息为____%。如果借款方不按期归还贷款，逾期部分加收利率20%。

第四条　借款期限：借款方保证从____年____月起至____年____月止，就国家规定的还款资金偿还全部贷款，预定为____年____元人民币；____年____元人民币；____年____元人民币；____年____元人民币；____年____元人民币。贷款逾期不还的部分，贷款方有权限期追回贷款，或者商请借款单位的其他开户银行代为扣款清偿。

第五条　因国家调整计划、产品价格、税率以及修正概算等原因，需要变更合同条款时，由双方签订变更合同的文件作为本合同的组成部分。

第六条　贷款方保证按照本合同的规定供应资金。因贷款方责任未按期提供贷款，应按违约数额和延期天数付给借款方违约金。违约金的计算与银行规定的加收借款方的罚息计算相同。

第七条　贷款方有权检查、监督贷款的使用情况，了解借款方的经营管理、计划执行、财务活动、物资库存等情况。借款方应提供有关的统计、会计报表及资料。

如果借款方不按合同规定使用贷款，贷款方有权收回部分贷款，并对违约使用部分按照银行规定加收罚息。借款方提前还款的，应按规定减收利息。

第八条　对于本合同条款以外的其他事项，双方须遵照《中华人民共和国合同法》的有关规定办理。

第九条　本合同经过签章后生效，贷款本息全部清偿后失效。本合同一式5份，签章各方各执一份，报送主管部门、总行、分行各一份。

借款方：__________（盖章）　　贷款方：__________（盖章）

代表人：__________　　代表人：__________

______年____月____日　　______年____月____日

最新
适用版

第四章 租赁合同

撰写要领

一、租赁合同概述

租赁合同是出租人将租赁物交付给承租人使用、收益，承租人支付租金的合同。提供物的使用或收益权的一方为出租人，对租赁物有使用或收益权的一方为承租人。租赁物必须是法律允许流通的动产和不动产。

二、租赁合同的法律特征

（一）租赁合同是转移租赁物使用收益权的合同。在租赁合同中，承租人是为了取得租赁物的使用收益权，出租人也是只转让租赁物的使用收益权，而不转让其所有权；租赁合同终止时，承租人须向出租人返还租赁物。

（二）租赁合同是双务、有偿的合同。

（三）租赁合同是诺成合同。租赁合同的成立并不以租赁物的交付为生效要件，当事人只要依法达成协议，租赁合同即告成立。

三、租赁合同的常见漏洞与风险防范

（一）对当事人的主体资格要审查。出租人必须是所有权或者使用权人，如果租赁物是共有的，要经过共有人的书面同意。若是使用权人出租，必须有租赁合同和允许转租的书面证明。

（二）是否转租要有约定。出租人是否允许承租人转租，应在租赁合同中加以明确。若承租人未经出租人同意转租的，出租人有权解除合同。

（三）不能超过法律规定的租赁期限。根据《中华人民共和国合同法》第214 条的规定，租赁期限不得超过 20 年，超过 20 年的，超过部分无效。

范文经典

范例1

房屋租赁合同

出租方(甲方):______________

承租方(乙方):______________

依据《中华人民共和国合同法》及有关法律、法规的规定,甲乙双方在平等、自愿的基础上,就房屋租赁的有关事宜达成协议如下:

第一条　房屋基本情况

该房屋坐落于北京市____________区(县)____________。该房屋为:楼房________室________厅________卫,平房____间,建筑面积________平方米,使用面积________平方米,装修状况________,其他条件为________。

第二条　房屋权属状况

该房屋权属状况为第________种:

1.甲方对该房屋享有所有权的,甲方或其代理人应向乙方出示房屋所有权证,证书编号为:________。

2.甲方对该房屋享有转租权的,甲方或其代理人应向乙方出示房屋所有权人允许甲方转租该房屋的书面凭证,该凭证为:________。

第三条　房屋用途

该房屋用途为:________。乙方保证,在租赁期内未征得甲方书面同意以及按规定经有关部门审核批准前,不能擅自改变该房屋的用途。

第四条　交验身份

1.甲方应向乙方出示(□身份证/□营业执照)及________等真实有效的身份证明。

2.乙方应向甲方出示(□身份证/□营业执照)及________等真实有效的

身份证明。

第五条　房屋改善

1.甲方应在本合同签订后______日内对该房屋做如下改善：________，改善房屋的费用由（□甲方/□乙方）承担。

2.甲方（□是/□否）允许乙方对该房屋进行装修、装饰或添置新物。装修、装饰或添置新物的范围是：________，双方也可另行书面约定。

第六条　租赁期限

1. 房屋租赁期自______年____月____日至______年____月____日，共计______年____个月。（期限超过20年的，超过部分无效。）

2.租赁期满，甲方有权收回该房屋。乙方有意继续承租的，应提前______日向甲方提出（□书面/□口头）续租要求。征得同意后，甲乙双方重新签订房屋租赁合同。如乙方继续使用租赁房屋甲方未提出异议的，本合同继续有效，租赁期限为不定期，双方均有权随时解除合同，但应提前________日（□书面/□口头）通知对方。

第七条　租金

1.租金标准：____元人民币/（□月/□季/□半年/□年），租金总计：____元人民币（大写：____元人民币）。该房屋租金____（□年/□月）不变，自第____（□年/□月）起，双方可协商对租金进行调整，有关调整事宜由双方另行约定。

2.租金支付时间：______________

3.租金支付方式：（□甲方直接收取/□甲方代理人直接收取/□甲方代理人为房地产经纪机构的，乙方应在________银行开立账户，通过该账户支付租金，房地产经纪机构不得直接向乙方收取租金，但乙方未按期到______银行支付租金的除外。房地产经纪机构应于本合同签订之日起3个工作日内应将其中一份合同送交银行。）

4.甲方或其代理人收取租金后，应向乙方开具收款凭证。

第八条　房屋租赁保证金

1.甲方交付该房屋时，乙方（□是/□否）向甲方支付房屋租赁保证金，具体金额为：________元人民币（大写：________元人民币）。

2.租赁期满或合同解除后，房屋租赁保证金除抵扣，应由乙方承担的费用、租金以及乙方应承担的违约赔偿责任外，剩余部分应如数返还乙方。

第九条　其他费用

租赁期内，与该房屋有关各项费用的承担方式为：

1.乙方承担(□水费/□电费/□电话费/□电视收视费/□供暖费/□燃气费/□物业管理费/□__________)等费用。乙方应保存并向甲方出示相关缴费凭据。

2.房屋租赁税费以及本合同中未列明的其他费用均由甲方承担。

第十条　房屋的交付及返还

1.交付：甲方应于______年______月______日前将房屋按约定条件交付给乙方。《房屋附属设施、设备清单》经双方交验签字盖章并移交房门钥匙及________后视为交付完成。

2.返还：租赁期满或合同解除后，乙方应返还该房屋及其附属设施。甲乙双方验收认可后在《房屋附属设施、设备清单》上签字盖章，甲乙双方应结清各自应当承担的费用。

乙方添置的新物可由其自行收回，而对于乙方装饰、装修的部分，具体处理方法为(□乙方恢复原状/□乙方向甲方支付恢复原状所需费用/□乙方放弃收回/□归甲方所有但甲方折价补偿)。

返还后对于该房屋内乙方未经甲方同意遗留的物品，甲方有权自行处置。

第十一条　房屋及附属设施的维护

1.租赁期内，甲方应保障该房屋及其附属设施处于适用和安全的状态。乙方发现该房屋及其附属设施有损坏或故障时，应及时通知甲方修复。甲方应在接到乙方通知后的________日内进行维修。逾期不维修的，乙方可代为维修，费用由甲方承担。因维修房屋影响乙方使用的，应相应减少租金或延长租赁期限。

2.对于乙方的装修、改善和增设的他物，甲方不承担维修的义务。

3.乙方应合理使用并爱护该房屋及其附属设施。因乙方保管不当或不合理使用，致使该房屋及其附属设施发生损坏或故障的，乙方应负责维修或承担赔偿责任。如乙方拒不维修或拒不承担赔偿责任的，甲方可代为维修或购置新物，费用由乙方承担。

4. 对于该房屋及其附属设施因自然属性或合理使用而导致的损耗，乙方不承担责任。

第十二条　转租

1.除甲乙双方另有约定以外，乙方需事先征得甲方书面同意，方可在租赁期内将该房屋部分或全部转租给他人。

2.乙方转租该房屋，应按规定与接受转租方订立书面转租合同，并向房屋租赁管理行政机关办理房屋租赁合同登记备案手续。

3.转租方对该房屋及其附属设施造成损坏的，应由乙方向甲方承担赔偿责任。

第十三条　所有权变动

1.租赁期内，甲方转让该房屋的，甲方应当提前____日书面通知乙方，乙方在同等条件下享有优先于第三人购买的权利。

2.租赁期内，该房屋所有权发生变动的，本合同在乙方与新所有权人之间具有法律效力。

第十四条　合同的解除

1.经甲乙双方协商一致，可以解除本合同。

2.有下列情形之一的，本合同终止，甲乙双方互不承担违约责任：

(1)该房屋因城市建设需要被依法列入房屋拆迁范围的。

(2)因地震、火灾等不可抗力致使房屋毁损、灭失或造成其他损失的。

(3)甲方有下列情形之一的，乙方有权单方解除合同：

a.未按约定时间交付该房屋达________日的；

b.交付的房屋不符合合同约定而严重影响乙方使用的；

c.不承担约定的维修义务而致使乙方无法正常使用该房屋的。

d.交付的房屋危及乙方安全或者健康的；

e.其他：__________________________。

(4)乙方有下列情形之一的，甲方有权单方解除合同，收回该房屋：

a.不支付或者不按照约定支付租金达________日的；

b.欠缴各项费用达________元的；

c.擅自改变该房屋用途的；

d.擅自拆改变动或损坏房屋主体结构的；

e.擅自将该房屋转租给第三人的；

f.利用该房屋从事违法活动的；

g.其他：________________。

第十五条　违约责任

1.甲方有本合同第十四条第(3)点约定的情形之一的，应按月租金的%向乙方支付违约金。

2.因甲方未按约定履行维修义务造成乙方人身、财产损失的，甲方应承担赔偿责任。

3.租赁期内，甲方需提前收回该房屋的，应提前____日通知乙方，将已收取的租金余额退还乙方并按月租金的________%支付违约金。

4.乙方有本合同第十四条第(4)款约定的情形之一的，应按月租金的____%向甲方支付违约金。

5.乙方擅自对该房屋进行装修、装饰或添置新物的，甲方可以要求乙方恢复原状或者赔偿损失。

6.租赁期内，乙方需提前退租的，应提前________日通知甲方，并按月租金的______%支付违约金。

7.甲方未按约定时间交付该房屋或者乙方不按约定支付租金但未达到解除合同条件的，以及乙方未按约定时间返还房屋的，应按________标准支付违约金。

8.其他：________________。

第十六条　无权代理

由甲方代理人代为签订本合同并办理相关事宜的，甲方代理人和乙方应在甲方开具的授权委托书或出租代理合同的授权范围内确定本合同具体条款，甲方代理人超越代理权或代理权终止后的代理行为未经甲方书面追认的，对甲方不发生法律效力。

第十七条　合同争议的解决办法

本合同项下发生的争议，由双方当事人协商解决或申请调解解决。协商或调解不成的,依法向________人民法院起诉,或按照另行达成的仲裁条款或仲裁协议申请仲裁。

第十八条　其他约定事项

本合同经甲乙双方签字盖章后生效。本合同(及附件)一式________份,其中甲方执________份,乙方执________份,房屋租赁管理行政机关备案一份。本合同生效后,双方对合同内容的变更或补充应采取书面形式作为本合同的附件,附件与本合同具有同等的法律效力。

出租方(甲方)签章:__________　承租方(乙方)签章:__________

住所:______________________　住所:______________________

证照号码:__________________　证照号码:__________________

法定代表人:________________　法定代表人:________________

电话:______________________　委托代理人:________________

出租方代理人(签章):________　电话:______________

住所:______________________　电话:______________

签约时间:________年________月________日

签约地点:__________________

范例 2

门面房租赁合同

出租方(以下简称甲方):______________________________

承租方(以下简称乙方):______________________________

根据《中华人民共和国合同法》及相关法律法规的规定,甲乙双方在平等、自愿的基础上,就甲方将房屋出租给乙方使用,乙方承租甲方房屋事宜,为明确双方权利与义务,经协商一致,订立本合同。

第一条　甲方保证所出租的房屋符合国家对租赁房屋的有关规定。

第二条　房屋的坐落、面积、装修、设施情况:

1.甲方出租给乙方的房屋位于(省、市)_______(区、县)__________;

门牌号为__________。

2.出租房屋面积共__________平方米(□建筑面积/□使用面积/□套内面积)。

3.该房屋现有装修及设施、设备情况详见合同附件。

该附件作为甲方按照本合同约定交付乙方使用和乙方在本合同租赁期满交还该房屋时的验收依据。

第三条　甲方应提供房产证(或具有出租权的有效证明)、身份证明(营业执照)等文件,乙方应提供身份证明文件。双方验证后可复印对方文件备存,所有复印件仅供本次租赁使用。

第四条　租赁期限、用途

1.该房屋租赁期共______个月。自______年____月____日起至______年____月____日止。

2.乙方向甲方承诺,租赁该房屋仅作为________使用。

3.租赁期满,甲方有权收回出租房屋,乙方应如期交还。

如乙方要求续租,则必须在租赁期满______个月之前书面通知甲方,经甲方同意后,重新签订租赁合同。

第五条　租金及支付方式

1.该房屋每月租金为______元人民币(大写:____万____仟____佰____拾____元人民币整),租金总额为____元人民币(大写:____万____仟____佰____拾____元人民币整)。

2.房屋租金支付方式如下:______________________________。

甲方收款后应提供给乙方有效的收款凭证。

第六条　租赁期间相关费用及税金

1.甲方应承担的费用:

(1)租赁期间,房屋和土地的产权税由甲方依法交纳,如果发生政府有关部门征收本合同中未列出项目但与该房屋有关的费用,应由甲方负担。

(2)____。

2.乙方交纳以下费用:

(1)____

(2)____

乙方应按时交纳自行负担的费用。

甲方不得擅自增加本合同未明确由乙方交纳的费用。

第七条　房屋修缮与使用

1.在租赁期内,甲方应保证出租房屋的使用安全。该房屋及所属设施的维修责任除双方在本合同及补充条款中约定外,均由甲方负责(乙方使用不当除外)。

甲方提出进行维修须提前____日书面通知乙方,乙方应积极协助配合。

乙方向甲方提出维修请求后,甲方应及时提供维修服务。

对乙方的装修及装饰部分,甲方不负有修缮的义务。

2.乙方应合理使用其所承租的房屋及其附属设施,如因使用不当而造成房屋及设施损坏的,乙方应立即负责修复或经济赔偿。

如乙方改变房屋的内部结构、装修或设置对房屋结构有影响的设备,设计规模、范围、工艺、用料等方案均须事先征得甲方的书面同意后方可施工。租赁期满后或因乙方责任导致退租的,除双方另有约定外,甲方有权选择以下权利中的一种:

(1)依附于房屋的装修归甲方所有;

(2)要求乙方恢复原状;

(3)向乙方收取恢复工程实际发生的费用。

第八条　房屋的转让与转租

1.租赁期间,甲方有权依照法定程序转让该出租的房屋,转让后,本合同对新的房屋所有人和乙方继续有效。

2.未经甲方同意,乙方不得转租、转借承租房屋。

3.甲方出售房屋,须在____个月前书面通知乙方,在同等条件下,乙方有优先购买权。

第九条　合同的变更、解除与终止

1.双方可以协商变更或终止本合同。

2.甲方有以下行为之一的,乙方有权解除合同:

(1)不能提供房屋或所提供房屋不符合约定条件,严重影响居住;

(2)甲方未尽房屋修缮义务,严重影响居住的。

3.房屋租赁期间,乙方有下列行为之一的,甲方有权解除合同,收回出租房屋;

(1)未经甲方书面同意,转租、转借承租房屋;

(2)未经甲方书面同意,拆改、变动房屋结构;

(3)损坏承租房屋,在甲方提出的合理期限内仍未修复的;

(4)未经甲方书面同意,改变本合同约定的房屋租赁用途;

(5)利用承租房屋存放危险物品或进行违法活动;

(6)逾期未交纳按约定应当由乙方交纳的各项费用,已经给甲方造成严重损害的;

(7)拖欠房租累计______个月以上。

4.租赁期满前,乙方要继续租赁的,应当在租赁期满____个月前书面通知甲方。如甲方在租期满后仍要对外出租的,在同等条件下,乙方享有优先承租权。

出租方(甲方)签章:__________　承租方(乙方)签章:________

住所:____________　住所:____________________

证照号码:______________　证照号码:________________

法定代表人:____________　法定代表人:______________

电话:____________　委托代理人:______________

出租方代理人(签章):________　电话:____________

住所:______________________　电话:____________

签约时间:______年____月____日

签约地点:________________________________

范例3

写字楼租赁合同

甲方(出租方):____________________

乙方(承租方):____________________

甲方为支持乙方开展业务，甲方愿意将管理权属于自己的房屋出租给乙方使用,根据《中华人民共和国合同法》及有关规定,经双方协商一致,特订立如下条款,以便共同遵守。

第一条　出租房屋坐落地址:____________________________。

第二条　房屋面积

使用面积(按建筑面积计,下同)_____平方米,内含厨房_____间、卫生间_____间;房内设备有:电表____个、检漏开关____个、电话线____条、电话机____台(号码:__________)、洗手盆____个、抽水马桶____个、淋浴器____个、光管____支、插座____个。

第三条　租用期限

乙方租用期为_____年，即从____年____月____日起至____年____月____日止。

第四条　费用及交纳期限

1.乙方每月向甲方缴纳房租为人民币____拾____万____仟____佰____拾元(小写:______元人民币),在当月15日前交清,交纳地点为甲方财务部。

2.甲方向乙方提供电话使用(不代办查阅电话费用明细账)、供水、供电、电梯、保安,公共设施的管理、维修及公共场所清洁卫生等综合服务,甲方向乙方收取综合服务费,按________元/月·平方米的标准收取,即每月收取综合服务费____仟____佰____拾元人民币(小写:__________元人民币),乙方必须在当月15日前交清,交纳地点为甲方财务部。

3.乙方使用工作用房期间,其水电费、电话费由乙方负担,乙方当月的水电费和电话费按水电及电信部门收取的金额在下一个月15日前由甲方代收，收费地点为甲方财务部。

第五条　甲方的责任

1.甲方负责对工作用房的维修（如属乙方使用不当而造成需维修的项目，其发生的费用由乙方负责），确保工作用房的使用安全。

2. 甲方为乙方提供电话通讯设备（以下简称 TEL），TEL 的所有权归甲方，乙方只有使用权。

3.本协议期满，甲方在乙方已办妥退房手续，并交齐所有有偿费用，按时迁出后，将本协议规定的保证金退还乙方（不计利息）。

4.在本协议有效期限内，甲方向乙方收取的租金及保证金、综合服务费的标准不变。

5.甲方不承担因乙方对工作用房进行装修拆改，或因不可抗力的原因导致毁损工作用房和造成乙方财产、人身安全等损失的责任。

第六条　乙方的责任

1.本协议在甲乙双方签字后生效。乙方在本协议生效后 5 天内向甲方交付履约保证金____拾____万____仟____佰____拾____元人民币（小写：____元人民币）；电话及通话保证金____万____仟____佰____拾____元人民币（小写：______元人民币）（国际长途：3000 元/部；国内长途：2000 元/部；市内：1000 元/部）。乙方若中途退房，保证金归甲方所有。

2.乙方依约交付租金、综合服务费、水电费、电话费，逾期不交者须缴付滞纳金，即乙方每逾期一天应按应交费用总金额的 30%向甲方缴付滞纳金。

3.乙方使用的工作用房只准用于开办独立核算的企业，不得将其转让、转租、擅自改变使用用途。

4.乙方不得私自拆改工作用房。若需对房间装修的，乙方须按《______市________综合管理规定》执行（附件一），到甲方综合管理部办理填报《申请表》等手续，经甲方批准后方可组织施工。否则，乙方装修视作违约，应自行拆除，恢复原状，同时一切费用由乙方支付。本协议终止后，其墙面（含门、窗）、天花、灯具、地板、招牌底、防盗网等不动产均无偿归甲方，乙方不得自行拆除，否则，乙方必须在将其所使用的工作用房恢复原状后方可取回保证金。房间的建筑和各种设施若因乙方装修拆改或使用不当、或人为损坏，或下水道堵塞所造成的损失，均由乙方赔偿。

5.乙方不得私自拆装电话，或转让、转租给他方使用，否则甲方有权收回乙方的电话机，并按电信局有关规定处以罚款。若乙方对电话有任何损坏，均由乙方负责维修和赔偿。

6.乙方在使用期内必须自觉遵守国家有关法律、法令，依法经营。注意防火安全、计划生育、治安管理，若乙方违反上述条例，应承担一切经济法律责任。

7.乙方拖欠甲方的租金、综合服务费达 1 个月，则作乙方自行终止协议处理，乙方应在接到甲方通知 3 天内自行迁出，并补交所欠甲方的一切费用。若乙方不按时迁出，则从协议终止日起计收逾期金，每逾期一天按本协议所定的日租金、综合服务费金额的两倍计收。

8.乙方在本协议期满后续签新协议时，交费标准按新协议执行，且须在本协议终止前一个月到甲方办理续签（新协议）手续，逾期作不续签处理。乙方如无意续签，则应在本协议终止前一个月内到甲方办理退房手续，并于本协议终止后 5 天内迁出。如未及时迁出，保证金归甲方，并由甲方向乙方收取违约金，每逾期一天按本协议所定的日租金额和综合服务费的两倍计收。

9.本协议期满或乙方需中途退房，应按规定办妥退房手续，乙方须到甲方综合管理部填写《退房验收情况登记表》，在甲方验收合格后，乙方才能搬出甲方大院，否则甲方不予放行。

10.乙方须办理进驻甲方工作用房的手续，程序按《______市高新技术创业服务中心综合管理规定》办理，乙方应如实填写《进驻企业人员登记表》，并向甲方提交有关资料。

第七条　其他：______________________________。

第八条　本协议书与甲方《__________综合管理规定》同时使用，具有同等的法律效力。

第九条　本协议书未尽事宜一律按《中华人民共和国合同法》有关规定执行。经双方协商后签订补充协议，与本协议有同等效力。

第十条　本协议在执行过程中若发生争议，双方应协商解决；协商不成的，可通过人民法院解决。

第十一条　以上条款若与国家新颁的法令有抵触之处，即按国家法令的新规定执行。本协议书一式4份，经双方法定代表人签字盖章后生效，甲乙双方各执两份。

甲方（签章）：__________　　乙方（签章）：________

电话：________________　　电话：______________

签约日期：____年____月____日　　签约日期：____年____月____日

范例4

展览场地租赁合同

展场经营单位（下称“甲方”）：____________

地址：____________

电话：____________

传真：____________

承租展场单位（下称“乙方”）：________________

注册地址：__________________

办公地址：__________________

电话：____________

传真：____________

根据中华人民共和国有关法律、法规和本市有关规定，甲、乙双方遵循自愿、公平和诚实信用原则，经协商一致订立本合同，以兹共同遵守。

第一条　合同主体

1.甲方系依法取得坐落于__________展览场地租赁经营权的法人。

2.乙方系本合同约定的展会的主办单位。

第二条　生效条件

本合同经双方签署生效，对依法需经政府部门审查的展会，本合同应自展会取得政府部门审查批准后生效。

第三条　租赁场地

甲方同意乙方租用位于______、总面积为______平方米的场地(下称“租赁场地”),用于乙方举办_______(展会全称)。

第四条　租赁期限

1.租赁期限为____年____月____日至____年____月____日,共____天。

其中,进场日期:自____年____月____日至____年____月____日;

展览日期:自____年____月____日至____年____月____日;

撤离场地日期:____年____月____日。

2.乙方每日使用租赁场地的时间为上午______至下午______。乙方和参展商可以在前述时间之前____小时内进入展馆，在前述时间之后____小时内撤离展馆。

3.乙方需在上述时间之外使用租赁场地,应提前通知甲方。乙方超时使用租赁场地的,应向甲方支付超时使用费用,双方应就具体使用与收费标准协商约定。

第五条　展览服务

1.租赁期间,双方可就以下方面选择约定租赁费用范围内的基本服务:

(1)照明服务:________________

(2)清洁服务:________________

(3)验证检票:________________

(4)安保服务:________________

(5)监控服务:________________

(6)咨询服务:________________

(7)其他服务:________________。

2.如乙方需甲方提供上述基本服务之外的服务或向甲方租赁各项设备,应与甲方协商,并由乙方向甲方支付费用,具体内容和收费标准应列明清单。

第六条　租赁费用

1.租金的计算如下:

场地类型:____

租金/平方米/天：______________________________

面积(平方米)：________________________________

天数：______________________________________

共计：______________________________________

展览室内场地：________________________________

人民币/平方米/天或美元/平方米/天：________________

人民币或美元：________________________________

展览室外场地：________________________________

人民币/平方米/天或美元/平方米/天：________________

人民币或美元：________________________________

总计：______________________________________

人民币或美元：________________________________

2.如果租赁场地的实际使用面积大于合同约定面积，则租金根据实际使用的总面积作相应的调整，结算方式可由双方另行协商，签订补充协议。

3.乙方按如下方式支付租金：

支付日期：________________________________

签定本合同之日起________天内

____年____月____日(进场日期前____天)____________________

____年____月____日(进场日期前____天)____________________

展场租费比例：____________________________

应付款人民币或美元：______________________

人民币或美元：____________________________

人民币或美元：____________________________

人民币或美元：____________________________

4.所有支付款项汇至如下账户：

以人民币支付：____________________________

银行账号：________________________________

银行名称：________________________________

银行地址：________________________________

开户名称：________________________________

以美元支付：（按支付当日中国人民银行公布的外汇汇率中间价）

银行账号：________________________________

银行名称：________________________________

银行地址：________________________________

开户名称：________________________________

5.对依法须经政府部门审查的展会因无法获得政府部门批准导致本合同无法生效的，乙方应通知甲方解除本合同，并按照下列规定向甲方支付补偿金。甲方在扣除补偿金后如有剩余租金，应返还乙方。

解除合同时间：________________________________

补偿金：________________________________

租赁期限前______个月以上

已付租金的______%

租赁期限前______个月至______个月

已付租金的______%

租赁期限前______个月至______个月

已付租金的______%

租赁期限前______个月至______个月

已付租金的______%

第七条　场地、设施使用

1.乙方应在租赁期开始前________天向甲方提供经双方共同选择约定的下列文件：

（1）一式________份的设计平面图，该平面图至少应包括下列内容：

a.电力及照明的用量、每个区域容量的布置图及分布供应点位置；

b.电话位置分布图；

c.用水区域或用水点；

d.压缩空气的要求和位置；

e.卫星电视/网络设置图；

f.甲方展馆内部及其周围红线范围内的其他布置设计。

(2)一份与展览有关的活动的时间表,包括展览会、开幕仪式、进馆、撤馆、货运以及设备使用等的时间。

(3)一份参展企业名录和工作人员数,并注明国内和国外参展商。

(4)一份使用公共设施的内容,包括设备、家具、礼仪设施、贵宾室和其他服务。

(5)货运单位和装修单位名录及营业执照复印件。

(6)所有参展的展品清单,特别需要注明的是有关大型设备、大电流操作的展品及会产生震动、噪声的展品清单。

(7)____。

2.为展览进行搭建、安装、拆卸、运输及善后工作及费用由乙方自行承担。乙方进行上述活动时不得影响其他承租人、展览者在公共区域的活动。

3.乙方不得变动或修改甲方的展馆的布局、建筑结构和基础设施,或对其他影响上述事项的任何部分进行变动或修改。在租赁场地的租赁期限内,乙方如需在甲方展馆内的柱子、墙面或廊道等建筑物上进行装修、设计或张贴,须事先得到甲方书面许可。

4.租赁期间,双方应保持租赁场地和公共区域的清洁和畅通,乙方负责对其自身财产进行保管。

5. 甲方有权使用或许可第三方使用甲方场地中没有租借给乙方的场地,但不得影响乙方正常使用租赁场地。

6.乙方对租赁期限内由乙方造成的对租赁场地、设施和公共区域的任何损害承担责任。

7.如果两个或两个以上的展览同期举办,登记大厅、广告阵地、货运通道等公共区域将由有关各方根据实际的租赁场地按比例共享。

第八条　保证与承诺

1.甲方保证与承诺:

(1)确保乙方在租赁期内正常使用租赁场地。

(2)按本合同约定的服务内容和标准提供服务。

(3)在甲方人员因工作需要进入租赁场地时,保证进入人员持有甲方出具的现行有效证件,并在进入前向乙方出示。

(4)协调乙方与同期举办的其他展览单位之间对公共区域的使用。

(5)配合乙方或有关部门维护展会秩序。

(6)____。

2.乙方保证与承诺:

(1)在租赁期前________天取得举办展会所需的工商、消防、治安等政府部门的批准文件并交甲方备案。

(2)在进场日期前________天向甲方提供________份展位平面图。

(3)不阻碍甲方人员因工作需要持有甲方现行有效证件进入乙方租赁场地。

(4)租赁期限届满,在撤离场地日期内将租赁场地恢复原状,返还向甲方租赁的物品并使其保持租赁前的状况。

(5)未经甲方书面同意,不在甲方建筑物内进行广告发布。发布广告如果涉及需要有关政府部门批准的,则负责申请办理相关审批并承担相关费用。若不能获得政府部门批准而导致展览无法如期举办,则承担相应的法律后果。

(6)对乙方雇员或其参展者在租赁期内对甲方实施的侵权行为承担连带赔偿责任。

(7)____。

第九条　责任保证

1.乙方应妥善处理与参展商之间的争议。在乙方与参展商发生争议且双方无法协商解决时,争议双方可共同提请甲方出面进行调解,甲方无正当理由不得拒绝主持调解。调解期间,任何一方明确表示不愿继续接受调解,甲方应立即终止调解,甲方的调解非争议解决的必经程序。调解不成的,调解中任何一方的承诺与保证均不作为确认争议事实的证据。在调解中,甲方应维护展会秩序,乙方应配合甲方维护展会秩序。

2.乙方应于租赁期开始前30天按照本合同规定的租金总额的30%向上海市会展行业协会支付责任保证金,以保证乙方在与参展商发生争议并出现下列情况时承担相应责任:

(1)争议双方经和解达成协议,乙方承诺承担相应的赔偿或补偿责任;

(2)经审判或仲裁机关调解,争议双方达成调解,乙方承诺承担相应的赔偿或补偿责任;

(3)审判或仲裁机关对争议作出终审或终局裁决,乙方被裁决构成对参展商合法权益的侵害,应当承担相应的赔偿责任。

3.乙方在支付责任保证金后3天内应向甲方提供责任保证付款凭证。

第十条　知识产权

乙方为推动其展览进行对甲方名称、商标和标识的使用,须事先征得甲方书面同意。如有违反,甲方保留追究乙方侵权责任的权利。

第十一条　保险

1.乙方应在进场日期之前向保险公司投保展馆建筑物责任险、工作人员责任险及第三者责任险,将甲方列为受益人之一,并向甲方提供保险单复印件。

2.保险公司的理赔不足以支付甲方所受损失的,甲方有权对乙方进行追偿。

第十二条　违约责任

1.甲方有下述行为之一的,乙方有权单方面解除本合同,并按照本合同第十二条第4款向甲方主张违约金:

(1)未按本合同的规定向乙方提供租赁场地,经乙方书面催告仍未提供的;

(2)未按本合同第五条第1款提供基本服务,经乙方书面催告仍未提供的;

(3)未按本合同第八条第1款第(5)项维护展会秩序,致使展会因秩序混乱而无法继续进行的;

(4)______________________________。

2.乙方未按期支付到期租金,应按日向甲方支付逾期付款金额万分之________的违约金,付至实际付款或解除本合同之日。

3.乙方有下述行为之一的,甲方有权单方面解除本合同,并按照本合同第十二条第4款向乙方主张违约金:

(1)未按本合同规定支付场地租金、设备租赁、额外服务及超时场地使用等各项应付费用，经甲方催告后________天内仍未支付的；

(2)国际性展会违反本合同规定，擅自变更展题，经甲方催告后仍未纠正的；

(3)未按第八条第2款第(1)项中的规定向甲方提供办展所需的相关政府部门的批准文件，经甲方催告后仍未纠正的；

(4)违反本合同规定，擅自使用甲方的名称、商标或标识，经甲方催告后仍未纠正的；

(5)未按本合同第九条第2款支付责任保证金，经甲方催告后仍未纠正的；

(6)____。

4.本合同第十二条第1款和第3款规定的违约金列明如下：

违约行为发生时间：________________

违约金：____________________________

租赁期限前________个月以上

已付租金的________%

租赁期限前________个月至________个月

已付租金的________%

租赁期限前________个月至________个月

已付租金的________%

租赁期限前________个月至________个月

已付租金的________%

租赁期限前________个月至租赁期届满

已付租金的________%

以上违约金不足以赔偿守约方损失的，违约方应就超额部分损失向守约方承担赔偿责任。

5.守约方根据第十二条第1款和第3款单方面解除本合同，应在违约行为发生后____天内书面通知违约方，否则视为守约方放弃合同解除权，但不影响守约方向违约方追偿违约金和赔偿责任。

6.甲方违约的，应在收到乙方解除本合同书面通知之日起________天内返还乙方已付租金，并支付违约金。乙方违约的，甲方应在乙方收到甲方解除本合同书面通知之日起________天内将已扣除乙方应付违约金后的剩余租金返还乙方。

7.除本合同第十二条第1款和第3款约定外的其他违约行为造成守约方损失,违约方应当承担赔偿责任。

第十三条　变更与解除

1.除本合同另有约定外,本合同未经双方协商一致,不得变更与解除。

2.国际性展会变更展题,须取得政府审批机关的批准,并向甲方提供。

3.双方协商变更或解除本合同的,变更或解除方应提前________天以书面形式通知相对方,相对方应于收到通知后________天内以书面形式答复变更或解除方,逾期不答复的,视为同意变更或解除本合同。违反本条规定提出协商变更或解除的,相对方有权拒绝。

第十四条　争议解决

因执行本合同而产生或与本合同有关的争议,双方应通过友好协商解决,协商应于一方向另一方书面提出请求后立即举行。如在提出请求后30天内无法通过协商解决,双方可选择下列第________种方式解决:

(1)向________仲裁委员会申请仲裁,仲裁裁决为终局裁决并对双方均有约束力。

(2)依法向________人民法院提起诉讼。

第十五条　不可抗力

1.本合同履行期间,任何一方发生了无法预见、无法预防、无法避免和无法控制的不可抗力事件,以致不能履行或不能如期履行合同,发生不可抗力事件的一方可以免除履行合同的责任或推迟履行合同。

2.本合同第十五条第1款规定的不可抗力事件包括以下范围:

(1)由自然原因引起的事件,如地震、洪水、飓风、寒流、火山爆发、大雪、火灾、冰灾、暴风雨等;

(2)由社会原因引起的事件,如战争、罢工、政府禁令、封锁等;

(3)____。

3.发生不可抗力的一方应于不可抗力发生后________天内以书面形式通知相对方,通报不可抗力详尽情况、提交不可抗力影响合同履行程度的官方证明文件。相对方在收到通知后____天内以书面形式回复不可抗力发生方，逾期不回复的，视为同意不可抗力发生方对合同的处理意见。

4.在展会尚未开始前发生不可抗力致使本合同无法履行，本合同应当解除，已交付的租金费用应当返还，双方均不承担对方的损失赔偿。

5.在展会进行中发生不可抗力致使本合同无法履行，本合同应当解除，已交付的租金费用应当按________返还，双方均不承担对方的损失赔偿。

6.发生不可抗力致使本合同需迟延履行的，双方应对迟延履行另行协商，签订补充协议。若双方对迟延履行无法达成一致，应按第十五条第 4 款和第 5 款中的规定解决。

第十六条　适用法律

本合同的订立、履行、终止及其解释适用中华人民共和国现行法律。

第十七条　信息披露

甲方可以网页等形式对外公布本合同约定的展览会名称、馆号和展览日期等相关信息。若乙方调整展会名称、展览日期等内容，应及时书面通知甲方；因乙方未通知甲方而致使甲方对外公布的展会名称、展览日期与乙方调整后的不一致，甲方不承担相关责任。

第十八条　保密

双方对基于本合同获取的相对方的办展资料、客户资源等商业信息均有保守秘密的义务。除非相对方书面同意或法律强制性规定，双方均不得以任何形式对外披露该等信息。

第十九条　通知

本合同规定和与本合同有关的所有联络均应按照收件的一方于本合同确定之地址或传真发出。如上述联络直接交付(包括通过邮件递送公司递交)，则在交付时视为收讫；如通过传真发出，则在传真发出即时视为收讫，但必须有收件人随后的书面确认为证；如通过预付邮资的挂号邮件寄出，则在寄出 7 天后视为收讫。

第二十条　其他

本合同一式______份，甲乙双方各执______份，具有同等的法律效力。

本合同未尽事宜，经双方友好协商，可订立补充条款或协议，作为本合同附件,具有同等的法律效力。

甲方(签章):____________　　乙方(签章):____________

______年______月______日　　______年______月______日

范例 5

柜台租赁合同

出租人:____________________

承租人:____________________

第一条　出租人将以下柜台出租给承租人使用，承租人按约定从事经营活动。

序号	名称	位置	质量	柜台长度	占用面积（不含柜台）	用途	配套设施

第二条　租赁期限:从______年______月______日,出租人将柜台交付承租人使用,到______年______月______日收回。

第三条　租金及交付的时间、方式

租金每月(大写)__________元人民币。

租金每______个月交一次，第一次租金于协议生效后______天内交给出租人,第二次租金于______交清,以后交付方式以此类推。

第四条　租赁柜台的用途是:________________________。

第五条　租赁柜台的维修

由出租人维修的,出租人在接到承租人通知后______日内维修好。如出租人未尽维修义务,承租人可自行维修,维修费用由出租人负担。

由承租人维修的,修理费由__________人负担。

第六条　出租人______(是/否)允许承租人对柜台进行改善或增设他物。协议期满,对柜台的改善或增设他物的处理是:__________________

第七条　出租人______(是/否)允许承租人转租租赁柜台。出租人同意转租的，转租协议终止期不得超过原租赁协议期限，因第三人造成损失的，承租人应当赔偿损失。

第八条　协议解除的条件：______________________________。

第九条　违约责任：__________________________________。

第十条　协议争议的解决方式：本协议在履行过程中发生的争议，由双方当事人协商解决，也可由当地工商行政管理部门调解。协商或调解不成的，按下列第______种方式解决：

1.提交______仲裁委员会仲裁；

2.依法向人民法院起诉。

第十一条　其他约定事项：______________________________。

甲方(签章)：__________　　乙方(签章)：__________

代表：________________　　代表：________________

电话：________________　　电话：________________

签约日期：______年____月____日　签约日期：______年____月____日

范例6

汽车租赁合同

出租方：________________

承租方：________________

第一条　出租方的权利

1.拥有租赁车辆所有权。

2.依合同向承租方计收租金及约定费用。

第二条　出租方的义务

1.向承租方交付技术状况为一级标准、设备齐全的租赁车辆，以及租赁车辆行驶所需的有效证件。

2.交接租赁车辆时如实提供车辆状况信息。

3.免费提供租赁车辆保养以及承租方按操作规程使用租赁车辆出现的

故障维修服务。

4.提供本市行政区域内故障、事故的24小时救援服务。

5.承担不低于80%的因交通事故或盗抢造成的租赁车辆现值损失。

6.承担保险公司相关条款范围内的第三者责任险。

7.对所获得的承租方信息负有保密义务。

第三条　承租方的权利

1.按合同的约定拥有租赁车辆使用权。

2.有权获知保证安全驾驶所需的车辆技术状况及性能信息。

3.有权获得出租方为保障租赁车辆使用功能所提供的相应服务。

第四条　承租方的义务

1.如实向出租方提供驾驶本、身份证、户口本、营业执照等身份证明资料。

2.按合同约定交纳租金及其他费用。

3.按车辆性能、操作规程及相关法律、法规的规定使用租赁车辆。

4.妥善保管租赁车辆、维持车辆原状。未经出租方允许，不得擅自修理车辆，不得擅自改装、更换、增设他物。

5.协助出租方按规定期限对租赁车辆进行车检及维修保养。

6.承担不高于20%的因交通事故或盗抢而造成的租赁车辆现值损失；承担因交通事故引发的其他责任。

7.保护出租方车辆所有权不受侵犯。不得转卖、抵押、质押、典当、转借、转租租赁车辆。

8.租赁车辆发生交通事故、被盗抢时，应立即向公安、交管等部门报案并在12小时内通知出租方，并协助出租方办理相关手续。

9.保证租赁车辆为合同登记的驾驶员驾驶。在租赁期内，如承租方登记的信息发生变化，应及时通知出租方。

10.租赁期满，应按时返还租赁车辆及有效证件。

第五条　租金、保证金

1. 租金单位为____元/年、____元/季、____元/月、____元/天、____元/小时，租金标准由双方约定。

2.承租方用保证金提供担保的，保证金不得用于充抵租金，合同履行完毕后，保证金应退还承租方。双方经约定，也可采取其他方式担保。

第六条　意外风险

1.双方约定的意外风险责任，出租方可向保险公司投保或以其他方式承担。对约定分担的意外风险未投保的，风险损失的计算、赔付，参照机动车辆保险条款及赔付程序进行。

2.因政府政策发生重大变化、不可抗力以及其他无法归咎于承、租双方的原因造成的损失，双方依照有关法规和公平原则协商解决。

第七条　出租方的违约责任

出租方未能履行向承租方提供合同约定的车辆、服务等义务时，应承担下列违约责任：

1.经道路运输管理部门认可的专业检测机构认定租赁车辆达不到一级标准的，承租方有权解除合同，并要求出租方承担违约责任。

2.不能按约定提供故障维修、救援时，承租方有权解除合同，出租方应退还租赁车辆停驶期间租金并支付停驶期间租金20%的违约金。

3.维修、救援后，租赁车辆仍无法恢复使用功能的，出租方应提供相当档次的替换车或采取其他措施。

4.因承租方原因而造成车辆损坏的，出租方应严格依照汽车维修规定的标准收取修车费用。

第八条　承租方的违约责任

承租方不能按合同约定交纳费用、使用租赁车辆、保管租赁车辆、归还租赁车辆时，应承担下列违约责任：

1.逾期交纳租金的，每逾期一日按应交付租金总额的0.5%交纳滞纳金。逾期归还租赁车辆的，除继续计收租金外，应交纳逾期应交租金20%的违约金。

2.提前解除合同归还租赁车辆的，应按未履行部分租期租金总额的20%向出租方支付违约金，已交纳租金的，出租方在扣除违约金后应将余款退还承租方。

3.承租方有下列行为的，出租方有权解除合同并收回租赁车辆：

(1)提供虚假信息。

(2)拖欠租金或其他费用。

(3)转卖、抵押、质押、转借、典当、转租租赁车辆或确有证据证明存在上述行为的。

(4)确有证据证明承租方利用租赁车辆从事违法犯罪活动的。

4.不按车辆性能或操作程序使用而造成的租赁车辆修理、停运损失，承担因过失被保险公司拒绝赔偿的损失。

5.擅自改装、更换、增设他物等改变租赁车辆原状造成的损失。

6.未协助出租方按时参加车检或维修保养而造成的损失。

7.非出租方原因而导致车辆被第三方扣押的责任。

8.违反交通安全法规时，应在被告知的5日内接受处罚。如拒绝接受处罚，合同中登记的驾驶员将作为违章责任人被提交公安交通管理部门处理。

第九条　担保条款

如采用保证人提供担保的方式，保证人应就承租方履行本合同的义务负连带保证责任。

第十条　特别约定

承、租双方可对本合同内容以书面形式予以增加、细化作为补充条款，但不得违反有关法规及政策规定，不得违反公平原则。补充条款中含有不合理的减轻或免除本合同条款中规定应由出租方承担的责任内容的，仍以本合同为准。

1.承租方如要求延长租期，须在合同到期前提出续租申请，出租方有权决定是否续租。

2.本合同项下发生的争议，双方应协商或向××市汽车租赁行业组织、各级消费者协会等部门申请调解解决；协商或调解解决未果的，可向有管辖权的人民法院提起诉讼或向双方选定的仲裁机构提请仲裁。

出租方(盖章)：＿＿＿＿＿＿　　承租方(盖章)：＿＿＿＿＿＿

住所：＿＿＿＿＿＿＿＿＿＿　　住所：＿＿＿＿＿＿＿＿＿＿

电话：＿＿＿＿＿＿＿＿＿＿　　电话：＿＿＿＿＿＿＿＿＿＿

委托代理人(签字)：＿＿＿＿　　委托代理人(签字)：＿＿＿＿

＿＿＿年＿＿月＿＿日　　＿＿＿年＿＿月＿＿日

保证人(盖章)：＿＿＿＿＿＿

住所：______________

电话：______________

委托代理人（签字）：________年______月______日

××市汽车租赁合同登记表

合同编号：

承租方			电话		
住址\地址					
证件名称		证件号码			
经办人			电话		
住址\地址					
保证人			电话		
住址\地址					
驾驶员	驾驶证号		档案编号		电话
车牌号	车型	颜色	燃料标号	租金标准	保证金
起租时间		应还时间		租期	限驶里程
超程费	超时费	预付租金		付款方式	下次付款日期
合同变更记录					
特别约定：					
签订合同前请仔细阅读合同条款；本合同自签订之日（时）起生效					
出租方（签章）： 经办人： 签订日期：　年　月　日		承租方（签章）： 经办人： 签订日期：　年　月　日		保证人（签章）： 经办人： 签订日期：　年　月　日	

范例 7

建筑施工物资租赁合同

合同编号：________

出租人：________　签订地点：________

承租人：________　签订时间：________年______月______日

根据《中华人民共和国合同法》的有关规定，按照平等互利的原则，为明确出租人与承租人的权利义务，经双方协商一致，签订本合同，以兹共同遵守。

第一条　租赁物资的品名、规格、数量、质量：____________________

____

第二条　租赁物资的用途及使用方法：__________________________

____

第三条　租赁期限：自___年___月___日至___年___月___日，共计_____天。承租人因工程需要延长租期，应在合同届满前_____日内重新签订合同。

第四条　租金、租金的支付方式和期限

收取租金的标准：____

租金的支付方式和期限：__________________________________

第五条　押金（保证金）

经双方协商，出租人收取承租人押金____元人民币。承租人交纳押金后办理提货手续。在租赁期间不得以押金抵作租金；租赁期满，承租人返还租赁物资后，押金退还承租人。

第六条　租赁物资交付的时间、地点及验收方法：________________

第七条　租赁物资的保管与维修

1.承租人对租赁物资要妥善保管。租赁物资返还时，双方检查验收，如因保管不善而造成租赁物资损坏、丢失的，要按照双方议定的《租赁物资缺损赔偿办法》，由承租人向出租人偿付赔偿金。

2.租赁期间，租赁物资的维修及费用由__________人承担。

第八条　出租人变更

1.在租赁期间，出租人如将租赁物资所有权转移给第三人，应正式通知承租人，租赁物资新的所有权人即成为本合同的当然出租人。

2.在租赁期间，承租人未经出租人同意，不得将租赁物资转让、转租给第三人使用，也不得变卖或做抵押品。

第九条　租赁期满，租赁物资的返还时间为：__________________

第十条　本合同解除的条件：______________________________

第十一条　违约责任

1.出租人的违约责任：

(1)未按时提供租赁物资，应向承租人偿付违约期租金________%的违约金。

(2)未按质量提供租赁物资，应向承租人偿付违约期租金______%的违约金。

(3)未按数量提供租赁物资，致使承租人不能如期正常使用的，除按规定如数补齐外，还应偿付违约期租金______%的违约金。

(4)其他违约行为：____

2.承租人的违约责任：

(1)不按时交纳租金，应向出租人偿付违约期租金______%的违约金。

(2)逾期不返还租赁物资，应向出租人偿付违约期租金____%的违约金。

(3)如有转让、转租或将租赁物资变卖、抵押等行为，除出租人有权解除合同、限期如数收回租赁物资外，承租人还应向出租人偿付违约期租金____%的违约金。

(4)其他违约行为：____

第十二条　本合同在履行过程中发生的争议，由双方当事人协商解决，也可由当地工商行政管理部门调解；协商或调解不成的，按下列第______种方式解决：

1.提交______仲裁委员会仲裁；

2.依法向人民法院起诉。

第十三条　其他约定事项：____________

第十四条　本合同未作规定的，按照《中华人民共和国合同法》的规定执行。

第十五条　本合同一式_____份，合同双方各执_____份。

出租人：(章) 法定代表人： (签名) 委托代理人： (签名) 电话： 传真： 开户银行： 账号： 邮政编码：	承租人：(章) 法定代表人： (签名) 委托代理人： (签名) 电话： 传真： 开户银行： 账号： 邮政编码：	鉴(公)证意见： 鉴(公)证机关(章) 经办人： _____年____月____日

监制部门：______________　　　　印制单位：____________

范例8

停车场租赁合同

甲方(出租方)：______________

乙方(租借方)：______________

根据有关法律、法规之规定，甲乙双方在平等、自愿、协商一致的基础上就停车场租用事宜，双方经协商一致，达成停车场租用合同，合同如下：

第一条　乙方向甲方租借停车用地为________平方米，地点：______。

第二条　交租方式由银行办理转账入户，账户为：______________。

第三条　出租金额应按月计算，每月________日定为交租日期，租金为每月________元人民币，交租期限不得超过每月的________日。

第四条　乙方逾期付款，每逾期1日按________计算利息。

第五条　乙方对其车辆自己行使保管责任。

第六条　乙方除了停放其车队的车辆外，还有权对外经营车辆保管业务。

第七条　乙方自行办理消防、公安、工商、税务等一切相关的法律手续。

第八条　乙方延迟两个月未交清租金，合同自动解除，甲方收回场地。

第九条　水电费由乙方自理。

第十条　乙方对该土地仅作停车用地使用，并没有出售权，在使用期间不得擅自改变土地用途。甲方不得在租借途中擅自改变土地使用或违约，否则要负责租借方的一切经济损失。

甲方（盖章）：______________　　乙方（盖章）：______________

法定代表人（签字）：________　　法定代表人（签字）：________

签订地点：________　　签订地点：________

签约日期：______年____月____日　签约日期：______年____月____日

最新
适用版

第五章 赠与合同

撰写要领

一、赠与合同概述

赠与合同是赠与人将自己的财产无偿给予受赠人，受赠人表示接受赠与的合同。赠与合同是无偿转让财产所有权的合同，是基于亲属关系、友谊关系或道德上的原因而产生的，与其他转移财产所有权的合同具有本质上的不同，因此在法律适用上有着相对特殊的规则。

二、如何办理赠与合同公证

根据《赠与公证细则》，办理赠与合同公证，由赠与人住所地或赠与行为地公证处管辖，涉及不动产的由不动产所在地公证处管辖。当事人应亲自到公证处提出申请，亲自到公证处确有困难的，公证人员可到其居住地办理。

办理赠与合同公证，申请人应当提交下列证件、证明材料：

（一）赠与人、受赠人为公民的，应提交《户口簿》、《居民身份证》；受赠人为无民事行为能力或限制民事行为能力的，其代理人应提交有监护权的证明；

赠与人、受赠人为法人的，提交法人资格证明、法定代表人资格证明及本人《居民身份证》；赠与人、受赠人为其他组织的，应提交有关部门制发的主体资格证明、负责人资格证明及本人《居民身份证》；

（二）被赠与财产清单和财产所有权证明；

（三）赠与合同文本；

（四）赠与标的为共有财产的，须提交共有人同意赠与的书面证明；

（五）公证员认为应当提交的其他证件、证明材料。

根据《公证服务收费管理办法》、《关于调整公证服务收费标准的通知》等规定，办理赠与合同公证收费按财产受益的2%收取，不足200元的，按200元收取。

三、订立赠与合同的注意事项

签订赠与合同应当注意的问题有：

（一）赠与标的必须是赠与人所有的或者赠与人有权处分的财产或者某

种权利。赠与人不能把不属于自己或者自己无权处分的财产和权利赠送他人，否则构成侵害他人权益的行为。如果是共有财产的，还应当取得共有权人的同意。

（二）权利转移涉及有关部门批准的，应当在合同中订立清楚。例如，赠与房屋合同就需要到房管部门办理房屋所有权转移手续，没有办理手续的，其转让无效。

（三）合同中要写清楚赠与人有权处理赠与财产的证明文件，确保赠与行为的合法有效。

（四）如赠与人对赠与已作过深思熟虑，为避免纠纷，可以采取公证的方式。法律规定经过公证的赠与不得撤回，其主要原因在于赠与人对赠与已作过深思熟虑，故应使其受其意思表示的约束，并且公证是由国家公证机关所实施的，具有权威性与较强的证明力，不应由当事人随意否认其效力。

（五）如受赠人已婚，应当在赠与合同中注明是否只归一方所有。《婚姻法》第18条第（三）项规定“赠与合同中确定只归夫或妻一方的财产为个人财产，否则是夫妻共同财产”；《最高法院关于适用（婚姻法若干问题解释二）》第22条规定“结婚后，父母为双方购置房屋出资，该出资应认定为对夫妻双方赠与。如赠与财物未明确给一方的情况下，则应认定为共同财产。”

范文经典

范例1

房屋赠与合同

甲方（赠与人）：________________

住所：__________身份证号码：____________

乙方（受赠人）：________________

住所：______________身份证号码：____________

甲方自愿将其下所有的不动产房产赠与乙方。按照合同法等有关法律规定，双方自愿达成赠与房产合同如下：

第一条　甲方自愿将其房产赠与乙方，乙方自愿接受该房屋。该房屋具体状况如下：

1.坐落于________市________区________，建筑面积：______平方米；

2.赠与房屋的所有权证证号为：________________；

3.土地使用权取得的方式：____________。

该房屋占用范围内的土地使用权随该房屋一并赠与。

该房屋的相关权益随该房屋一并赠与。

第二条　因甲方______________原因，此房产所购的所有房款和税费均已由乙方代甲方支付，由甲方购得该房产并取得该房产所有权证。经协商一致，甲方愿将该房屋赠与乙方，并在乙方能办理过户手续时积极协助办理。

第三条　甲方保证房屋在此赠与合同签订前以及合同签订后一直到过户完毕期间，该房屋权属状况完整和其他具体状况完整，并保证房屋不受他人合法追索。

第四条　甲方没经乙方同意，不得将此房产抵押、转卖或出租给他人，否则抵押、转卖或出租行为无效。如因上述行为而造成乙方不能取得赠与房产的，甲方应如数补偿或退还乙方代为支付的所有房款和代交的其他所有税费。

第五条　甲方赠与乙方房产，本合同在双方签订并经公证处公证后不可撤销。

第六条　在乙方能办理该房屋过户手续时，甲方应按约定积极协助乙方转移办理过户手续。

第七条　甲、乙双方定于____________时正式办理过户该房屋，双方定于__________前向有关部门申请办理相关附属设施和相关权益的更名手续。在乙方领取《房屋所有权证》后，按有关规定向土地管理部门申请办理该房屋土地使用权变更手续。甲方未按规定履行以上义务的，则按下列约定承担违约责任：______________。

第八条　甲、乙双方确认，虽然房屋所有权证未作记载，但依法对该房屋享有共有权的权利人均以书面同意将该房屋赠与给乙方。

第九条　本契约未尽事宜，甲、乙双方可另行订立补充条款或补充协议。补充条款或补充协议以及本契约的附件均为本契约不可分割的部分。

第十条　本合同自甲乙双方签订之日到公证处公证之日起生效。

第十一条　甲、乙双方在履行本合同中若发生争议,应协商解决。协商不成的,提交____________仲裁委员会仲裁。

第十二条　本合同一式________份,其中甲方留执________份,乙方留执________份,为公正,留执公证处________份,为申请房屋所有权转移登记提交房屋权属登记机关一份。

第十三条　甲、乙双方约定补充条款如下:____________________。

附件一:房屋平面图。

(略)

甲方(签章):____________　　乙方(签章):____________

身份证号码:____________　　身份证号码:____________

地址:____________　　地址:____________

联系电话:____________　　联系电话:____________

签约日期:____年____月____日　　签约日期:____年____月____日

范例 2

动产赠与合同

甲方(赠与人):__________________

乙方(受赠人):__________________

甲乙双方就赠送____________(写明赠与标的物)事宜达成协议如下:

第一条　赠与财产

甲方将其所有的________(写明标的物)赠送给乙方,其所有权证明为:________写明证明甲方所有权的证据名称)

第二条　赠与财产的状况

1.名称:____________

2.数量：__________

3.质量：__________

4.价值：__________

5.(是/否)有瑕疵：__________

第三条　赠与目的：__________

第四条　赠与物的交付

1.交付时间：__________

2.交付地点：__________

3.交付方式：__________

第五条　手续办理

乙方应在________期限内办理所有权转移的手续，逾期不办的，视为拒绝赠与。

第六条　赠与的撤销

1.乙方有下列情形之一的，甲方有权撤销赠与：

(1)严重侵害甲方或者甲方的近亲属；

(2)对甲方有扶养义务而不履行的；

(3)不履行赠与合同约定的义务；

(4)________________________。

2.甲方在赠与财产的权利转移之前可以撤销赠与。

3.具有救灾、扶贫等社会公益、道德义务性质的赠与合同或者经过公证的赠与合同，不适用前款。

第七条　交付

具有救灾、扶贫等社会公益、道德义务性质的赠与合同或者经过公证的赠与合同，甲方不交付赠与的财产的，乙方可以要求交付。

第八条　赠与物的损毁

因甲方故意或者重大过失而致使赠与的财产毁损、灭失的，甲方应当承担损害赔偿责任。

第九条　赠与物的瑕疵

赠与的财产有瑕疵的，甲方不承担责任。附义务的赠与，赠与的财产有瑕疵的，甲方在附义务的限度内承担责任。甲方故意不告知瑕疵或者保证无瑕疵而造成乙方损失的，应当承担损害赔偿责任。

第十条　通知

1.根据本合同需要，一方向另一方发出的全部通知以及双方的文件往来及与本合同有关的通知和要求等，必须用书面形式，可采用________（书信、传真、电报、当面送交等）方式传递。通过以上方式无法送达的，方可采取公告送达的方式。

2.各方通讯地址如下：__________。

3.一方变更通知或通讯地址，应自变更之日起______日内以书面形式通知对方，否则由未通知方承担由此而引起的相关责任。

第十一条　合同的变更

本合同履行期间，发生特殊情况时，甲乙任何一方需变更本合同的，要求变更一方应及时书面通知对方，征得对方同意后，双方在规定的时限内（书面通知发出________天内）签订书面变更协议，该协议将成为合同不可分割的部分。未经双方签署书面文件，任何一方无权变更本合同，否则，由此而造成对方的经济损失由责任方承担。

第十二条　合同的转让

除合同中另有规定外或经双方协商同意外，本合同所规定双方的任何权利和义务，任何一方在未经征得另一方书面同意之前不得转让给第三者。任何转让，未经另一方书面明确同意，均属无效。

第十三条　不可抗力

1.如果本合同任何一方因受不可抗力事件影响而未能履行其在本合同下的全部或部分义务，该义务的履行在不可抗力事件妨碍其履行期间应予中止。

2. 声称受到不可抗力事件影响的一方应尽可能在最短的时间内通过书面形式将不可抗力事件的发生通知另一方，并在该不可抗力事件发生后________日内向另一方提供关于此种不可抗力事件及其持续时间的适当证据及合同不能履行或者需要延期履行的书面资料。声称不可抗力事件导致其对本合同的履行在客观上成为不可能或不实际的一方，有责任尽一切合理的努力消除或减轻此等不可抗力事件的影响。

3.不可抗力事件发生时，双方应立即通过友好协商决定如何执行本合同。不可抗力事件或其影响终止或消除后，双方须立即恢复履行各自在本合同项下的各项义务。如不可抗力及其影响无法终止或消除而致使本合同任何一方丧失继续履行合同的能力，则双方可协商解除合同或暂时延迟合同的履行，且遭遇不可抗力一方无须为此承担责任。当事人迟延履行后发生不可抗力的，不能免除责任。

4.本合同所称“不可抗力”是指受影响一方不能合理控制的、无法预料或即使可预料到也不可避免且无法克服，并于本合同签订日之后出现的，使该方对本合同全部或部分的履行在客观上成为不可能或不实际的任何事件，此等事件包括但不限于自然灾害如水灾、火灾、旱灾、台风、地震，以及社会事件如战争（不论曾否宣战）、动乱、罢工，政府行为或法律规定等。

第十四条　对于合同争议的处理

1.本合同受中华人民共和国法律管辖并按其进行解释。

2.本合同在履行过程中发生的争议，由双方当事人协商解决，也可由有关部门调解。协商或调解不成的，按下列第________种方式解决：

（1）提交________仲裁委员会仲裁；

（2）依法向人民法院起诉。

第十五条　合同的解释

本合同未尽事宜或条款内容不明确，合同双方当事人可以根据本合同的原则、合同的目的、交易习惯及关联条款的内容按照通常理解对本合同作出合理解释。该解释具有约束力，除非解释与法律或本合同相抵触。

第十六条　补充与附件

本合同未尽事宜依照有关法律、法规执行，法律、法规未作规定的，甲乙双方可以达成书面补充合同。本合同的附件和补充合同均为本合同不可分割的组成部分，与本合同具有同等的法律效力。

第十七条　合同的效力

1.本合同自双方或双方法定代表人或其授权代表人签字并加盖单位公章或合同专用章之日起生效。

2.本合同自__________日起生效(可以写自公证之日起生效)。有效期为________年,自____年____月____日至____年____月____日。

3.本合同正本一式______份,双方各执______份,具有同等的法律效力。

甲方(盖章):_________________　　乙方(盖章):______________

委托代理人(签字):__________　　委托代理人(签字):________

______年____月____日　　______年____月____日

鉴(公)证意见:

经办人:___________________　　鉴(公)证机关(章)

______年____月____日

(注:除国家另有规定外,鉴(公)证实行自愿原则)

范例 3

捐赠合同

赠与人:______________

受赠人:______________

为鼓励广大学生刻苦学习成为优秀人才,经赠与人与受赠人友好协商,由赠与人在受赠人处设立奖学金,双方当事人为明确相互之间的权利义务关系,签订本合同。

第一条　捐赠目的

赠与人在受赠人处设立奖学金,目的在于鼓励学生全面发展,成为国家栋梁之才、造福于人民。

第二条　捐赠金额

赠与人设立________奖学金的基金为人民币______万元。

第三条　捐赠金额的交付

赠与人于______年____月____日通过银行汇款至受赠人_______银行

账户，受赠人应当及时进行查验。

第四条　奖学金的管理与发放

1.在奖学金设立的同时，由赠与人与受赠人共同组成奖学金管理委员会对该基金进行管理和发放。

2.奖学金的基金由受赠人负责在银行开设专门账户，每次定期储蓄一年，利息用于发放奖学金。发放后，剩余的利息仍存入奖学金专门账户，基金总额达到设立时的200%，可以将发放奖学金数额提高一倍。发放后剩余的利息亦再存入该奖学金的专门账户，基金总额达到设立时的300%后，全部利息均用于发放奖学金，奖学金数额相应提高。

3.奖学金每年发放一次，时间为每年9月份；每次奖励________名优秀学生，每人奖学金为________元人民币。

4.奖学金发放标准，凡获得奖学金者必须符合下列标准：

（1）大学在校的专科生、本科生和研究生；

（2）学习成绩优秀、其中专科生与本科生学习成绩须列全院（系）前5名，研究生须有质量较高的论文发表；

（3）品质良好，本学年内未受到任何校纪处分。

5.奖学金评定办法

凡符合第4款所列标准者即有获奖资格。入围后，由奖学金管理委员会根据入围者提供的有关材料进行评议，然后采用无记名投票的方式评选出获奖者，当场揭晓，并张榜公布。

第五条　奖学金为永久性奖学金，受赠人不得擅自挪用。

第六条　捐赠的撤销

（1）受赠人在评选过程中弄虚作假，使不应获奖者获奖、与设立目的不符的；

（2）受赠人擅自将奖学金挪作他用的。

第七条　争议的解决方式

与本合同有关的一切争议，首先应通过双方友好协商解决。协商不成，任何一方当事人可以向仲裁委员会申请仲裁。

第八条　合同的成立与生效

本合同在自受赠人表示接受本赠与时起成立并生效。

第九条　其他

1.本合同如有未尽事宜，一律按照《中华人民共和国合同法》、《中华人民共和国公益事业捐赠法》及有关规定，经双方协商一致，作出补充规定，补充规定与本合同具有同等的法律效力。

2.本合同签订之后须经公证机关公证之后，使得成立与生效。

3.本合同正式文本一式两份，双方各执一份。

甲方：________（签章）　　　　乙方：________（签章）

地址：______________　　　　地址：______________

联系电话：________　　　　联系电话：________

签约地点：________

签约时间：________年____月____日

公证意见：________

公证机关（章）

经办人：________________

________年____月____日

有效期限：________年____月____日至______年____月____日

范例4

债权及股票附负担赠与契约书

甲方（赠与者）：____________

乙方（受赠者）：____________

甲、乙双方协商同意，就赠与事宜达成如下合同，共同遵守。

第一条　甲方自愿将第二条记载债权及股票赠与乙方，而乙方愿遵守契约负担义务受赠。

第二条　本件赠与物标示如下：

1.债权标示：

（1）债务人：____________住址：____________

(2)债权额:人民币________万________仟元整。

(3)利息按每百元日息________分________厘。

(4)清偿期限:________年________月________日。

(5)利息支付期每月末日。

前项债权包括该债权附随的一切权利在内为赠与。

2.股票标示:

(1)____________股份有限公司设____________。

(2)面额人民币:________仟________佰元股票________张。

(3)股票字号:________________。

前项股票包括其利益在内为赠与。

第三条　甲方于本契约成立时将前条所列债权及股票的权利全部转移予乙方取得收益。

第四条　甲方与债务人________关于________年______月______日所订立的金钱借贷契约私证书及有关权利证明文件以及股票________张,即日全部交付乙方收执完毕。

第五条　甲方保证赠与标的债权尚有效存在,而以该债务人________无抵消或减轻及债的消灭等原因,或其他瑕疵在前无讹。

第六条　本赠与契约成立后,由甲方负责将债权赠与要旨以认证通知债务人____________。

第七条　甲方对于股票的赠与,于本契约成立后亦应负责向______股份有限公司申请过户手续。

第八条　乙方受赠甲方本赠与标的财产后,如甲方逝世时,乙方应负担其丧葬费的义务。

第九条　乙方违背前条义务时,甲方的继承人可撤销赠与,乙方不得提出异议。

第十条　本契约一式两份,当事人各执一份为凭。

甲方(签章):______________　　乙方(签章):______________

身份证号码:______________　　身份证号码:______________

地址:____________________　　地址:____________________

联系电话：________________　　联系电话：________________

签约日期：______年____月____日　签约日期：______年____月____日

范例 5

遗赠合同

甲方（遗赠人）：__________

乙方（受赠人）：__________

经甲、乙双方协商同意，就遗赠事宜达成如下合同，共同遵守。

第一条　甲方所有的________（写明遗赠财产的基本情况），在甲方死亡后赠送给乙方，其所有权的证明为：________（写明证明甲方拥有所有权的证据名称，如赠与房屋，就应有房产所有权证）。

第二条　乙方应于每月 10 日前给付甲方生活费________元人民币，医疗补助费________元人民币（可以约定其他费用）。

第三条　乙方应在甲方去世后 30 日内办理赠与财产的所有权转移手续。逾期不办的，视为拒绝遗赠，其遗产可按法定继承处理。

第四条　甲方应负对遗赠财产的维护责任，不得随意处理遗赠的财产。如果甲方故意将财产损坏或者送给他人的，乙方有权要求甲方修理、更换或者收回；甲方拒不修理、更换或者收回的，乙方有权终止协议。

第五条　乙方应当按时给付甲方费用。逾期给付的，甲方有权要求乙方履行协议。如果连续 3 个月不给付费用的，甲方有权终止协议。

第六条　本协议自________日起生效（可以写自公证之日起生效）。本协议一式两份，双方各执一份。

甲方（签章）：____________　　乙方（签章）：____________

身份证号码：____________　　身份证号码：____________

地址：________________　　地址：________________

联系电话：____________　　联系电话：____________

签约日期：____年____月____日　签约日期：____年____月____日

最新适用版

第六章 承揽合同

撰写要领

一、承揽合同概述

承揽合同是日常生活中除买卖合同外最为常见和普遍的合同。《中华人民共和国合同法》对承揽合同界定为“承揽人按照定作人的要求完成工作、交付工作成果，定作人给付报酬的合同”。在承揽合同中，完成工作并交付工作成果的一方为承揽人，接受工作成果并支付报酬的一方称为定作人。

二、承揽合同的法律特征

（一）承揽合同是诺成合同、不要式合同

承揽合同的成立仅需双方就主要条款达成合意即可，合意的表现不拘形式，书面、口头均可。订立合同后，如需交付标的物，该交付行为也不是使合同成立的行为，而是履行合同的行为，是定作人履行已经成立的合同义务的行为。

（二）承揽合同是双务、有偿合同

根据《中华人民共和国合同法》规定，在承揽合同中，承揽人负有完成工作并支付工作成果的义务，而定作人则负有支付报酬的义务，因两者的义务是相互的，所以承揽合同是双务合同，承揽合同中一方要获得对方的给付，必须向对方做相应给付，因此承揽合同也是有偿合同。

（三）承揽合同一般是固有继续性合同

继续性合同是与一时性合同相对应的概念，二者以时间因素在合同履行中所处的地位为区分标准。继续性合同是指合同内容非一次性给付就告完结，而是持续实现的合同，主要特征在于时间因素在合同履行上居于重要地位，总给付报酬的内容取决于对方为给付行为时间的长短。承揽合同一般都不能即时履行，因为承揽人的工作常常需要持续一段时间，这点与劳动合同、合伙合同、租赁合同、保管合同、仓储合同一样，属于固有的继续性合同。

三、承揽合同的分类

根据《中华人民共和国合同法》规定，承揽合同“包括加工、定作、修理、复制、测试、检验等工作”。因承揽合同的包容性极强，法律对承揽合同的规

定实际上是对一大类合同的规定，这是承揽合同与其他典型合同的区别。要确定一个合同是不是承揽合同，最基本方法是看当事人的基本权利义务的类型。在日常生活中，几类极为普通和常见的承揽合同是：加工合同、定作合同、修理合同等。

四、承揽合同的常见漏洞与风险防范

《中国人民共和国合同法》中风险负担的确定是以标的物交付为主要标准的，具体到承揽合同中，风险负担的确定因原材料和工作成果而不同。

（一）原材料的风险负担

1.定作人提供材料时的风险负担。由定作人提供的材料发生毁损灭失，承揽人对此是否承担毁损灭失的风险，《中国人民共和国合同法》对此虽然没有作出明确的规定，但一般都采纳交付移转风险规则。一旦定作人将其提供的材料移交给承揽人以后，尽管该材料的所有权没有发生移转，但是定作人对该材料不能直接占有和控制，从而无法防范风险的发生，而材料处于承揽人控制之下，承揽人能够有效地防范风险的发生，更何况，如果在承揽人控制之下发生了原材料的毁损灭失，承揽人对此是否尽到了保管义务很难判断，所以在承揽人占有期间仍要定作人来承担材料毁损灭失的风险是不合理的。

另外，从《中国人民共和国合同法》对买卖合同中风险负担所采取交付主义的规则看，由定作人提供材料的风险应当以交付为标准确定，即在交付承揽人之前由定作人承担，在交付承揽人之后由承揽人承担。《中国人民共和国合同法》第二百六十五条规定："承揽人应当妥善保管定作人提供的材料以及完成的工作成果，因保管不善造成毁损、灭失的，应当承担损害赔偿责任。"

2.承揽人提供材料时的风险负担。承揽人提供材料时，在承揽工作所需的原材料转化为工作成果之前与定作人无关，原材料毁损、灭失的风险由承揽人自己承担是无疑的。因为承揽人提供材料的目的是为了获取报酬和材料费，对材料的保管与其有切身利益。从风险和利益应相一致的原则出发，由承揽人承担风险是非常合理的。

（二）工作成果的风险负担

根据《中国人民共和国合同法》的规定，承揽合同工作成果的风险负担以交付为标准确定。在交付前由承揽人承担，在交付后由定作人承担，因此确定工作成果的风险负担实际上就是确定工作成果是否交付，定作人自提货物的，以承揽人通知定作人的提货日期为交付日期，但应考虑定作人必要的在途时间、提货地点为承揽人完成工作的地方，或者双方约定的其他地方；承揽人送货上门的，定作人实际接收的日期为交付日期，交付地点为定作人所在地，或者当事人双方约定的其他地点；承揽人代办托运的，以承运签发单上记载的日期为交付日期，运输部门接收货物的地点为交付地点。定作人受领迟延实际上是一种违约行为，因定作人受领迟延所产生的风险应由定作人承担。根据这一原则来确定工作成果的风险负担，避免了确定工作成果所有权时的烦琐，更为简便易行。

范文经典

范例 1

加工合同

合同编号：______________

签订地点：____________　　签订时间：______年____月____日

定作人：______________

法定代表人：__________　　职务：___________

地址：________________　　邮编：___________

联系电话：____________

承揽人：______________

法定代表人：__________　　职务：____________

地址：________________　　邮编：____________

联系电话：____________

定作人提供原材料委托承揽人加工________，经双方平等、友好协商，特订立本合同，以便共同遵守。

第一条　合同标的:加工物

加工物名称	规格型号	计量单位	数量	价款或酬金	
				单价	总价
合计人民币金额(大写):					

第二条　加工物的质量要求、技术标准:________________。加工物需要封存样品的,应当由双方代表当面封签,并妥为保存,作为验收的依据。

第三条　定作人提供的原材料规格、数量、质量和期限

材料名称	规格型号	计量单位	数量	质量	提供日期	消耗定期	单价	总金额

第四条　承揽人对原材料的检验

承揽人应在定作人提供原材料之日起______日内根据合同规定的质量标准对原材料自行进行检验,或委托有关机构对原材料进行检验,定作人提供的原材料不符合要求的,承揽人应在检验结果出具之日起______日内通知定作人调换或补齐。承揽人没有按时对原材料检验或向定作人提出异议的,视为原材料符合要求,承揽人对定作人提供的原材料不得擅自更换。

第五条　定作人提供技术资料、图纸的时间、办法和保密要求

1.定作人应当在______年______月______日之前向承揽人提供技术资料、图纸等。

2.承揽人在依照定作人的技术资料、图纸进行工作期间,发现技术资料或图纸存在不合理的地方,应当及时通知定作人,定作人应当在______日内回复,提出修改意见。承揽人在规定的时间内未得到答复,有权停止工作并及时通知定作人,因此而造成的损失由定作人赔偿。

3.承揽人对于加工物的技术资料和图纸应当严格遵守保密义务,不得

向任何第三方透露，加工物完成后未经定作人许可，不得留存技术资料、图纸和复制品。

第六条　承揽人委托第三人工作的事项

承揽人不可以（或可以）将加工物的主要工作交由第三人完成。如果允许第三人完成加工物的工作，该第三人（是/否）需要得到定作人的认可，可以交由第三人完成的工作是：

第七条　定作人协助承揽人的事项和要求：＿＿＿＿＿＿＿＿＿＿

第八条　加工物的交付方式、期限和地点：＿＿＿＿＿＿＿＿＿＿

1. 承揽人应当在＿＿＿年＿＿月＿＿日之前将加工物交付给定作人，或定作人应当在＿＿＿年＿＿月＿＿日之前到承揽人处提取加工物。

任何一方要求提前或延期交（提）加工物，应当在事先与对方达成协议，并按协议执行。

2.交（提）加工物日期的计算：承揽人交付加工物，自己运输的，以承揽人实际交付定作人的日期为准；交承运部门运输的，以承运部门签收的日期为准；定作人自提加工物的，以定作人实际提取的时间为准。

3.承揽人自己运输交付加工物的，交付的地点为定作人的营业地或定作人指定的地点；交承运部门运输的，以承运部门的营业地为交付地。定作人提取加工物的，交付地为承揽人营业地或加工物所在地。

4.承揽人交付加工物的，运输费用由承揽人承担；定作人提取加工物的，运输费用由定作人承担。

第九条　加工物包装要求及费用负担：＿＿＿＿＿＿＿＿＿＿＿＿

第十条　加工物验收标准和方法

1.定作人按照合同第二条规定的质量要求、技术标准或样品作为验收标准。

2. 定作人应当在＿＿＿年＿＿月＿＿日之前验收承揽人所加工的成品。验收前，承揽人应当向定作人提交必需的技术资料和有关质量证明。

3.由于加工物的质量缺陷，短期内检验难以发现，经双方协商，加工物的保证期限为＿＿年＿＿月＿＿日至＿＿年＿＿月＿＿日，除定作人使用或保管不当等原因而造成质量问题的以外，由承揽人负责保修或退换。

4.如双方对加工物的质量检验发生争议，可由国家法定质量监督检验机构提供检验证明。

第十一条　交付定金或预付款的数额及时间

定作人应在______年____月____日之前向承揽人交付定金（预付款）人民币______元。

定作人不履行合同的，无权请求返还定金。承揽人不履行合同的，应当双倍返还定金。

第十二条　价款或酬金：____________________；

结算方式及期限：__________________________

第十三条　承揽人的违约责任

1.未按合同规定的质量交付加工物，定作人同意利用的，应当按质论价；不同意利用的，承揽人应当负责修理或调换，并承担逾期交付的责任；经过修理或调换后仍不符合合同规定的质量，定作人有权拒收，由此而造成的损失由承揽人赔偿。

2.交付的加工物数量少于合同规定的数量，定作人仍然需要的，应当照数补齐，补交部分按逾期交付处理；少交部分定作人不再需要的，有权解除合同，因此造成的损失由承揽人赔偿。

3.未按合同规定包装加工物，定作人返修或重新包装的，应承担因此而支付的费用。定作人不要求返修或重新包装而要求赔偿损失的，承揽人应当偿付定作人该不合格包装物低于合格包装物的价值部分。因包装不符合同规定造成加工物毁损、灭失的，由承揽人赔偿损失。

4.逾期交付加工物，应当向定作人支付违约金，每逾期 1 天，按酬金总额的____%支付违约金。

5.不能交付加工物或不能全部交付加工物的，应当按未交付的加工物价款总值的______%或酬金总额的______%向定作人支付违约金。

6.异地交付的定作物不符合合同规定的，暂由定作人代为保管的，应当偿付定作人实际支付的保管、保养费。

7.实行代运或送货的加工物，承揽人错发到达地点或接收单位（人），除按合同规定负责运到指定地点或接收单位（人）外，并承担因此多付的运杂费和逾期交付加工物的责任。

8.由于保管不善而致使定作人提供的原材料、设备、包装物及其他物品毁损、灭失的，承揽人应当赔偿定作人因此而遭受的损失。

9.未按合同规定的办法和期限对定作人提供的原材料进行检验，或经检验发现原材料不符合要求而未按合同规定的期限通知定作人调换、补齐的，由承揽人对工作质量、数量承担责任。

10.擅自调换定作人提供的原材料，定作人有权拒收加工物，承揽人应赔偿定作人因此而遭受的损失。如定作人要求重作或重新修理，应当按定作人的要求办理，并承担逾期交付的责任。

11.承揽人违反保守秘密的义务，给定作人造成损失的，承担赔偿责任。

第十四条　定作人的违约责任

1.中途变更加工物的数量、规格、质量或设计等，给承揽人造成损失的，应当赔偿承揽人的损失。

2.中途解除合同的，应偿付承揽人未履行部分定作物价款______%的违约金。

3.未按合同规定的时间和要求向承揽人提供原材料、技术资料、包装物等或未完成必要的辅助工作和准备工作，承揽人有权解除合同，定作人应当赔偿承揽人因此而造成的损失；承揽人不要求解除合同的，除交付加工物的日期得以顺延外，定作人应当偿付承揽人停工待料的损失。

4.超过合同规定期限领取加工物的，除按本条第五款规定支付违约金外，还应当承担承揽人实际支付的保管、保养费。定作人超过领取期限6个月不领取加工物的，承揽人有权将加工物变卖，所得价款在扣除报酬、保管、保养费后退还给定作人；变卖加工物所得少于报酬、保管、保养费时，定作人还应补偿不足部分；如加工物不能变卖，应当赔偿承揽人的损失。

5.无故拒绝接收加工物的，应当赔偿承揽人因此而造成的损失。

6.超过合同规定日期付款的，每逾期一天，按酬金总额的______‰支付违约金。

7.变更交付加工物地点或接收单位（人），应承担因此而多支出的费用。

第十五条　提供担保的方式：________________________________

第十六条　留置权:定作人未按时支付承揽人报酬的,承揽人有(没有)留置加工物的权利。

第十七条　合同的解除

1.定作人可以随时解除合同,但应及时书面通知承揽人并承担由此给承揽人造成的损失。

2.定作人提供的原材料不符合规定的要求,致使承揽人无法完成加工物的,承揽人可以书面通知定作人解除合同,并要求定作人赔偿损失。

3.因定作人不履行协助义务而致使承揽人无法完成加工物的,经承揽人催告后,定作人在合理期限内仍不履行的,承揽人有权解除合同,并要求赔偿损失。

4.因承揽人完成的加工物不符合质量要求,经承揽人修理或更换后仍不符合要求的,定作人有权解除合同并要求承揽人赔偿损失。

第十八条　不可抗力

在合同规定的履行期限内,由于不可抗力而致使加工物或原材料毁损、灭失的,承揽人在取得合法证明后可免予承担违约责任,但应当采取积极措施,尽量减少损失,如在合同规定的履行期限以外发生的,不得免除责任。

在定作人迟延接受或无故拒收加工物期间发生不可抗力而致使加工物或原材料毁损、灭失的,定作人应当承担责任,并赔偿承揽人由此而遭受的损失。

第十九条　合同争议的处理

本合同项下发生的争议,由双方当事人协商解决或申请调解解决;协商或调解不成的,按下列第______种方式解决:(只能选择一种)

1.提交__________仲裁委员会仲裁;

2.依法向__________人民法院提起诉讼。

第二十条　双方协商的其他条款

本合同执行期间,双方不得随意变更和解除合同,合同如有未尽事宜,应由双方共同协商,作出补充协议,补充协议与本合同具有同等的法律效力。

第二十一条　合同的生效

本合同自______年____月____日起生效(或自双方签字盖章时生效)。本合同正本一式两份,具有同等的法律效力,定作人和承揽人各执一份。

定作人：＿＿＿＿承揽人：＿＿＿＿鉴(公)证意见：＿＿＿＿
单位名称(章)：＿＿＿单位名称(章)：＿＿＿＿＿＿
单位地址：＿＿＿＿单位地址：＿＿＿＿＿＿
法定代表人：＿＿＿法定代表人：＿＿＿鉴(公)证机关(章)：＿＿
委托代表人：＿＿＿委托代表人：＿＿＿经办人：＿＿＿＿
电话：＿＿＿＿＿电话：＿＿＿＿＿　＿＿年＿＿月＿＿日
邮政编码：＿＿＿＿邮政编码：＿＿＿＿＿
签署日期：＿＿＿＿签署日期：＿＿＿＿＿
＿＿年＿月＿日　　＿＿＿年＿月＿日

范例 2

定作合同

合同编号：＿＿＿＿＿

签订地点：＿＿＿＿　　签订时间：＿＿＿年＿＿月＿＿日
定作人：＿＿＿＿
法定代表人：＿＿＿＿　　职务：＿＿＿＿
地址：＿＿＿＿　　邮编：＿＿＿＿
联系电话：＿＿＿＿
承揽人：＿＿＿＿
法定代表人：＿＿＿＿　　职务：＿＿＿＿
地址：＿＿＿＿　　邮编：＿＿＿＿
联系电话：＿＿＿＿

定作人委托承揽人加工＿＿＿＿，经双方平等、友好协商，达成一致协议，持订立本合同，以兹共同遵守。

第一条　定作物

名称	规格型号	单位	数量	报酬		交货期限
				单位	金额	

第二条　承揽人提供的材料

序号	名称	规格	商标	计量单位	用料数量	质量	单价	金额

第三条　定作人对承揽人提供的材料检验标准、方法、时间及提出异议的期限：

定作人于______年____月____日之前对承揽人提供的材料采用______的方法进行检验，其检验的标准为：__________________________________。

定作人可以在检验后______日内对材料的选用提出异议，要求承揽人更换或重新选定材料。

第四条　定作物的技术标准、质量要求：_________________________

第五条　承揽人对定作物的质量负责的期限及条件：_____________

第六条　定作人提供技术资料、图纸样品、工艺要求等的时间、办法及保密要求：____________________________________

定作人应该在______年_____月____日之前提供技术资料、图纸样品及工艺要求。承揽人对定作人提供的技术资料、图纸样品和工艺要求保守秘密，未经定作人许可，不得留存复制品或技术资料，不能让第三人获悉有关的技术资料和图纸及样品。

第七条　图纸、技术资料之异议期

承揽人发现定作方提供的图纸、技术要求不合理的，应在收到图纸、技术资料后______日内向定作人提出书面异议，定作人应在收到书面异议后的______日内答复。

第八条　定作物的包装

要求：____________；包装费用由______________负担。

____

第九条　定作人是/否允许第三人完成定作物的主要工作。可以交由第三人完成的工作是：____________；承揽人可以将其承揽的辅助工作交由第三人完成。

承揽人将其承揽的主要工作交由第三人完成的，应当就该第三人完成的工作成果向定作人负责。

第十条　定作人协助承揽人的事项与要求：________________

第十一条　定作物交付的方式、期限和地点：________________

第十二条　定作物检验标准、方法、地点及期限：______________

第十三条　预付款或定金，定作人应在_____年____月____日前向承揽人预付材料款_____元人民币，或交付定金_____元人民币。

第十四条　报酬及材料费的结算方式及期限：________________

第十五条　定作人的监督

承揽人在工作期间应当接受定作人必要的监督检验，但定作人不得因监督检验而妨碍承揽人的正常工作。

第十六条　合同解除

1.定作人可以随时解除合同，但应及时书面通知承揽人并承担由此给承揽人造成的损失。

2.因定作人怠于履行协助义务，致使承揽人无法完成加工物的，承揽人有权解除合同，并要求定作人支付已经发生的加工费用。

3.因承揽人加工的成品质量不符合要求，经过修理、更换等仍然无法达到规定的质量要求的，定作人有权解除合同，并要求承担人承担违约责任。

4.承揽人延期交付定作物，经定作人催告在合理期限内仍然无法交付的，定作人可以解除合同，并要求承揽人承担违约责任。

5.没有经过定作人的同意，承揽人擅自将承揽的主要工作交与第三人完成的，定作人有权解除合同，并要求承揽人赔偿损失。

第十七条　留置权

定作人未向承揽人支付报酬或者材料费的，承揽人是/否可以留置定作物。

第十八条　违约责任

除不可抗力的原因外，任何一方不履行合同，都要承担违约责任。

1.承揽人的违约责任：不能交付定作物或完不成工作，偿付不能交付定作物或不能完成工作部分价款总值的____%或酬金总额____%的违约金。

2.定作人的违约责任：中途变更定作物的数量、规格、质量和设计等，赔偿承揽人因此而造成的损失;中途解除合同,属承揽人提供原材料的,偿付未履行部分价款总值____%的违约金。

第十九条　不可抗力

1. 声称受到不可抗力事件影响的一方应尽可能在最短的时间内通过书面形式将不可抗力事件的发生通知另一方,并在该不可抗力事件发生后______日内向另一方提供关于此种不可抗力事件及其持续时间的适当证据及合同不能履行或者需要延期履行的书面资料。声称不可抗力事件导致其对本合同的履行在客观上成为不可能或不实际的一方有责任尽一切合理的努力消除或减轻此等不可抗力事件的影响。

2.不可抗力事件发生时,双方应立即通过友好协商决定如何执行本合同。不可抗力事件或其影响终止或消除后,双方须立即恢复履行各自在本合同项下的各项义务。如不可抗力及其影响无法终止或消除而致使合同任何一方丧失继续履行合同的能力,则双方可协商解除合同或暂时延迟合同的履行,且遭遇不可抗力一方无须为此承担责任。当事人迟延履行后发生不可抗力的,不能免除责任。

第二十条　合同的变更

本合同履行期间,发生特殊情况时,任何一方需变更本合同的,要求变更一方应及时书面通知对方,征得对方同意后,双方在规定的时限内(书面通知发出______天内)签订书面变更协议,该协议将成为合同不可分割的部分。未经双方签署书面文件,任何一方无权变更本合同,否则,由此而造成的对方的经济损失由责任方承担。

第二十一条　合同争议解决方式:

本合同项下发生的争议由双方当事人协商解决,也可以由当地工商行政部门调解,协商或调解不成的,按下列第______种方式解决:

1.提交______仲裁委员会仲裁;

2.依法向______人民法院起诉。

第二十二条　补充协议

本合同执行期间,双方不得随意变更和解除合同,合同如有未尽事宜,应由双方共同协商,作出补充协议,补充协议与本合同具有同等法律效力。

第二十三条　合同生效

本合同自______年____月____日起生效(或自双方签字盖章时生效)。有效期为______年,自______年____月____日至______年____月____日。

本合同正本一式两份,具有同等的法律效力,定作人和承揽人各执一份。

定作人:__________承揽人:__________鉴(公)证意见:________

单位名称(章):______单位名称(章):____________

单位地址:__________单位地址:______________

法定代表人:________法定代表人:______鉴(公)证机关(章):_____

委托代表人:________委托代表人:______经办人:______________

电话:______________电话:__________　　______年____月____日

邮政编码:__________邮政编码:____________

签署日期:__________签署日期:____________

______年____月____日　　　　　　　______年____月____日

范例3

汽车维修合同

托修方:__________　签订时间:__________　合同编号:________

承修方:__________　签订地点:________

一、车辆型号:

车种		牌照号		发动机	型号	
车型		底盘号			编号	

二、车辆交接期限(事宜):

送修				接车			
日期		方式		日期		方式	
地点				地点			

三、维修类别及项目：

预计维修费总金额(大写)：________(其中工时费)：________。

四、材料提供方式：________。

五、质量保证期：________________。

维修车辆自出厂日起，在正常使用情况下，________天或行驶______公里以内出现维修质量问题由承修方负责。

六、验收标准及方式：________。

七、结算方式及期限：________________。

现金________转账________银行汇款________期限________。

八、违约责任及金额：________________

九、如需提供担保，另立合同担保书，作为合同附件。

十、解决合同纠纷的方式：本合同在履行过程中发生争议，由当事人双方协商解决。协商不成，当事人双方同意由______仲裁委员会仲裁(当事人双方未在合同中约定仲裁机构，事后又未达成书面仲裁协议的，可向人民法院起诉)。

十一、双方商定的其他条款____________________________________。

托修方单位名称(公章)：________　承修方单位名称(公章)：______

单位地址：____________________　单位地址：__________________

法定代表人：__________________　法定代表人：________________

代表人：______________________　代表人：____________________

电话：________________________　电话：______________________

开户银行：____________________　开户银行：__________________

账号：________________________　账号：______________________

邮政编码：____________________　邮政编码：__________________

说明：

1.承、托修方签订书面合同的范围：汽车大修、主要总成大修、二级维护及维修费在1000元以上的。

2.本合同正本一式两份，经承、托修方签章生效。

3.本合同维修费是概算费用，结算时凭维修工时费、材料明细表，按实际发生金额结算。

4.承修方在维修过程中发现其他故障需增加维修项目及延长维修期限时，承修方应及时以书面形式（包括文书、电报）通知托修方，托修方必须在接到通知后________天内给予书面答复，否则视为同意。

5.承、托修方签订本合同时，应以《汽车维修合同实施细则》的规定作为依据。

注：本合同一式____份，承、托修双方各一份，维修主管部门各____份。

监制：________________　印制：________________

范例4

修缮修理合同

合同编号：____________

签订地点：________　　签订时间：______年____月____日

定作人：________　法定代表人：________　职务：____________

地址：____________　邮编：__________　联系电话：________

承揽人：________　法定代表人：________　职务：____________

地址：____________　邮编：__________　联系电话：________

第一条　修缮修理项目

项目名称	内容	单价	数量	报酬	总计

第二条　材料的提供

名称：____

商标及生产厂家：____

规格型号：____

计量单位：____

数量：____

质量：____

提供人：______________________________________

提供日期：____________________________________

消耗：____

定额材料费：__________________________________

单价金额：____________________________________

合计人民币金额：______________________________

第三条　材料的检验标准、方法、时间、地点及提出异议的期限：____

第四条　修缮修理时间：从____年____月____日至____年____月____日

第五条　修缮、修理项目的技术标准、质量要求：________________

第六条　定作人提供技术资料、图纸的时间、方法及保密要求：______

第七条　图纸、技术资料的异议

承揽人发现定作人提供的图纸、技术要求不合理的，应在_____日内向定作人提出书面异议，定作人应在收到书面异议后的_____日内答复。

第八条　第三人工作

定作人是否允许第三人完成修缮、修理项目的主要工作，可以交由第三人完成的工作是：____________________________________。

第九条　定作人协助承揽人的事项与要求：____________________

第十条　修缮、修理项目交付的时间、方式及地点：______________

第十一条　修缮、修理项目验收标准、方法及时间：______________

第十二条　预付款和或定金：______________________

定作人应在____年____月____日前向承揽人预付材料费____元人民币或交付定金____元人民币。

第十三条　结算方式及期限：______________________________

第十四条　保修期限：____________________________________

第十五条　合同解除：

1.定作人可以随时解除合同，但应及时书面通知承揽人并承担由此给承揽人造成的损失。

2.因定作人怠于履行协助义务，致使承揽人无法完成修理、修缮工作的，承揽人有权解除合同，并要求定作人支付已经发生的费用。

3.因承揽人修理、修缮的质量不符合要求，经过修理、更换等仍然无法达到规定的质量要求的，定作人有权解除合同并要求承担人承担违约责任。

4.承揽人延期交付修理、修缮物，经定作人催告，在合理期限内仍然无法交付的，定作人可以解除合同，并要求承揽人承担违约责任。

5.没有经过定作人的同意，承揽人擅自将承揽的主要工作交与第三人完成的，定作人有权解除合同，并要求承揽人赔偿损失。

第十六条　留置权约定

定作人未向承揽人支付报酬或者材料费的，承揽人是/否可以留置定作物。

第十七条　违约责任

除不可抗力的原因外，任何一方不履行合同，都要承担违约责任。

1.承揽人的违约责任：不能交付修理、修缮物或完不成工作，偿付不能交付不能完成工作部分价款总值的____%或酬金总额____%的违约金。

2.定作人的违约责任：中途变更修理修缮物的规格、质量和设计等，赔偿承揽人因此而造成的损失；中途解除合同，属承揽人提供原材料的，偿付未履行部分价款总值____%的违约金。

第十八条　不可抗力

1.声称受到不可抗力事件影响的一方应尽可能在最短的时间内通过书面形式将不可抗力事件的发生通知另一方，并在该不可抗力事件发生后____日内向另一方提供关于此种不可抗力事件及其持续时间的适当证据及合同不能履行或者需要延期履行的书面资料。声称不可抗力事件导致其对本合同的履行在客观上成为不可能或不实际的一方，有责任尽一切合理的努力消除或减轻此等不可抗力事件的影响。

2.不可抗力事件发生时，双方应立即通过友好协商决定如何执行本合同。不可抗力事件或其影响终止或消除后，双方须立即恢复履行各自在本合同项下的各项义务。如不可抗力及其影响无法终止或消除而致使合同任何一方丧失继续履行合同的能力，则双方可协商解除合同或暂时延迟合同的履行，且遭遇不可抗力一方无须为此承担责任。当事人迟延履行后发生不可抗力的，不能免除责任。

第十九条　合同的变更

本合同履行期间发生特殊情况时，任何一方需变更本合同的，要求变更一方应及时书面通知对方，征得对方同意后，双方在规定的时限内（书面通知发出______天内）签订书面变更协议，该协议将成为合同不可分割的部分。未经双方签署书面文件，任何一方无权变更本合同，否则，由此而造成的对方的经济损失由责任方承担。

第二十条　合同争议解决方式

本合同项下发生的争议由双方当事人协商解决，也可以由当地工商行政部门调解，协商或调解不成的，按下列第____种方式解决：

1.提交__________仲裁委员会仲裁；

2.依法向__________人民法院起诉。

第二十一条　补充协议

本合同执行期间，双方不得随意变更和解除合同，合同如有未尽事宜，应由双方共同协商，作出补充协议，补充协议与本合同具有同等的法律效力。

第二十二条　合同的生效

本合同自____年____月____日起生效（或自双方签字盖章时生效）。有效期为______年，自____年____月____日至____年____月____日。

本合同正本一式两份，具有同等的法律效力，定作人和承揽人各执一份。

定作人：____________承揽人：______________鉴（公）证意见：____

单位名称（章）：______单位名称（章）：___________

单位地址：__________单位地址：______________

法定代表人：________法定代表人（公）：_____发证机关（章）：____

委托代表人：________委托代表人：_________经办人：__________

电话：______________电话：____________　____年____月____日

邮政编码：__________邮政编码：__________

签署日期：__________签署日期：__________

____年____月____日　　____年____月____日

最新适用版

第七章 运输合同

撰写要领

一、运输合同概述

以运输的对象为标准，运输合同分为旅客运输合同和货物运输合同。旅客运输合同是承运人与旅客关于承运人将旅客及其行李安全运输到目的地，旅客为此支付运费的协议。货运合同是指承运人将托运人交付的货物运送到约定地点，托运人支付运费的合同。

二、运输合同的法律特征

运输合同的法律特征有：

（一）合同的标的是运输行为，它不是被运送的旅客、货物，而是运输行为本身。因此，运输合同属于劳务合同。

（二）运输合同多是格式合同，一般具有标准合同的性质。运输合同的主要内容，特别是运费等主要内容都是由国家交通运输部门直接规定的，双方当事人无权通过约定予以变更。

（三）运输合同是有偿合同，并多为诺成性合同。

（四）货物运输合同的主体具有特殊性。货物运输合同的主体与一般合同关系的主体不同，除直接参与签订合同的委托人和承运人外，通常还有第三人，即收货人。

三、运输合同的主要条款

一般来说，运输合同应包含以下基本内容：

（一）托运人、收货人和承运人名称（姓名）、地址（住所）、电话、邮政编码。

（二）货物名称、性质、重量、数量、体积。

（三）装货地点、卸货地点、运距。

（四）货物的包装方式。

（五）承运日期和运达期限。

（六）运输质量与装卸责任。

（七）货物价值，是否保价、保险。

(八)运输费用的结算方式。

(九)违约责任。

(十)解决争议的方法等。

由于履行合同过程中会有许多不确定的因素出现，所以在签订合同的时候,条款要尽量做到合法、完备。

范文经典

范例 1

客运包车合同

合同编号：________

合同签订地点：________

甲方(旅行社或单位)：________　　法定代表人：________

地址：____________　　联系电话：________

乙方(客运公司)：________　　法定代表人：________

地址：________　　联系电话：________

为保障双方的合法权益、明确各自的权利义务,根据《中华人民共和国合同法》、《中华人民共和国交通安全法》及有关规定,甲乙双方本着平等自愿、诚实守信、互惠互利的原则,经过平等协商,达成以下协议：

第一条　合同适用及双方陈述与保证

1.本合同适用于旅行社、法人单位、社会团体及其他组织因旅游、会务、接待需要,向客运公司包车使用车辆的行为。

2.甲方为合法的旅行社、法人单位和社会团体等组织,具有履行合同义务、承担民事责任的资格和能力。

3.乙方为经合法审批并领取营业执照的客运公司。

4.本合同可一次约定使用,也可作为长期约定,约定期限内甲乙双方可就车辆使用具体事宜以传真等书面确认单方式确认,但双方的权利与义务不得违反本合同约定。

第二条　包车事项

1.包车事由：________________

2.包车时间：自____年____月____日____时至____年____月____日____时。

3.包车行程：自____省____市____县至____省____市____县，为____（单、双）程包车，约______公里，其中：

主要途径地点：________________________________

上客地点：________________________________

下客地点：________________________________

4.包车人数（不含包车司乘人员）共____人，工作人员____人及随身行李物品。

5.承运车辆：

车辆类型	数量	车牌号	费用标准

第三条　包车费用

1.包车费用总计为人民币________元（大写：________元整）。

2.包车期间产生的路桥费、停车（保管）费、油费及司机的食宿费用、差旅费用由________方负责。

第四条　结算方式

包车费按以下第____种方式结算：

1.甲方出车前付清全部款项。

2.甲方于合同签订后______日内付______元人民币，合同履行完毕日付清余款______元人民币。

第五条　甲方的权利和义务

1.甲方必须提前____日以传真等书面形式向乙方提供用车计划，包括团队名称、人数、国籍、所需车型、座位数、行驶路线、包车时间、接团时间及地点、联系人、联系电话、服务要求等，以双方书面形式确认为准。

2.甲方有权对乙方提供的车辆进行核实，如不符合合同约定，可拒绝使用，并要求乙方改换与合同约定相符的车辆。

3.合同履行期间，甲方不得擅自变更行驶路线及目的地（除特殊情况外），如遇甲方行程发生变化时，甲方应及时通知乙方，并协商确定变化后的包车费用。

4.在车辆行驶过程中应尊重乙方驾驶员的工作，不能要求驾驶员违章驾驶、不能强迫驾驶员改变行程等，否则造成的后果由甲方负责。驾驶员在执行甲方团队任务时，所产生的住宿、用餐或其他费用由双方协议商定（特殊情况另行约定）。

5.甲方在乙方未按合同约定提供车辆降低服务标准，在单方毁约的情况下，有权要求赔偿相应的损失。

第六条　乙方的权利和义务

1.乙方须为已取得道路客运经营许可的企业，提供的车辆须依法取得《道路运输证》，经交通、公安部门年审检验合格，行车前已进行了安全例检并持有安检合格单，足额投保承运人责任险、交强险等法定保险，取得了交通部门核发的客运标志牌及法律、法规规定的客运车辆应当具备的其他条件。

2.乙方所派驾驶员应符合交通行政主管部门规定的客运驾驶员条件，驾驶员应严格按照甲方团队运行计划提供服务，服从甲方委派的负责人按照团队运行计划做出的安排，不得私自改变行驶线路（除特殊情况外），不得搭载无关人员，不得索要“小费”或提出无理要求，不得有违反行业规范和职业道德的行为。

3.乙方应确保车辆及随车设施（话筒、影视播放机、空调、冰箱、窗帘、座椅等）完好。

4.车辆在运行途中发生故障______小时以内不能修复的，乙方征得甲方同意后就近安排相同或相近类别车辆接替。

5. 乙方接到甲方发送的团队运行计划后认为超过车辆核定人数或不符合道路运输安全规定的，应当在确认前提出异议。甲方旅游团队人数超过车辆核定的载客人数或甲方委派的负责人私自增加载客人数以及甲方团队运行计划违反了道路运输安全管理规定的，乙方及其委派的驾驶员有权拒绝承运。

6.乙方及其驾驶人员有义务采取合理的安全保障措施以保护车内旅客人身安全和财产安全。

第七条 违约责任

1.合同约定时间内，乙方未能按计划派车或未按合同约定时间到达甲方指定地点接团的，须承担给甲方造成的团队经济损失，向甲方支付合同款______%的违约金。

2.乙方擅自变更客运车辆等级而降低服务标准的，退还降低服务标准多收的费用，不足以弥补损失，应按实际损失予以赔偿，提高服务标准的不应加收费用。

3.因乙方车辆故障而造成甲方行程无法正常执行时，乙方应及时采取补救措施，并依照甲方与旅客所签的合同及旅客的合理要求，赔偿甲方因此所造成的实际经济损失。

4.因乙方车辆或驾驶员原因而造成交通事故或其他安全事故，导致旅客和甲方人员人身伤害或财产损失的，应按现行法律法规由乙方承担赔付责任，甲方应协助乙方处理相关事宜。

5.因第三方原因而造成交通事故或其他安全事故，致旅客和双方人员人身伤害或财产损失的，甲乙双方应积极采取救治措施，依事故责任认定书由责任人承担赔偿责任，乙方负责向肇事者追索赔偿。

6.旅客中途离开车辆时，甲方负责人应当告知旅客随身携带贵重物品。因驾驶员过错而造成车内物品丢失损坏的，乙方应当承担赔偿责任。

7.甲乙双方签订本合同或包车确认单后，若一方无正当理由临时取消包车的，属违约行为，应向对方支付合同款____%的违约金，造成直接经济损失的由违约方承担赔偿责任。

8.合同一方违约的，对方应积极采取适当措施阻止损失扩大，否则不得就扩大部分的损失要求赔偿。违约方应当承担对方为阻止损失扩大而支付的合理费用。

9.甲方不按合同约定方式结算费用的，应按每日合同费用总额的____%

支付违约金。

第八条　不可抗力

1.因不可抗力导致本合同无法履行或需变更合同内容的，一方要求解除合同的，应及时通知对方，双方互不承担责任；一方要求变更的，由双方协商处理，但未能达成协议者，双方互不承担责任。

2.车辆运行途中发生不可抗力（如暴雨、地震、山体滑坡、塌方等）造成道路中断而需临时改道行驶增加里程所产生的费用，由双方合理分担；行程被迫中止的，甲方按实际用车情况支付费用。

第九条　合同未尽事宜

本合同未尽事宜由双方协商解决，或者按照相关法律法规执行。

第十条　争议解决办法

本合同在履行过程中发生争议时，甲乙双方应本着友好协商的原则予以解决。协商不成的可提交属地旅游、交通行政管理部门予以协调。协调不成的，按下述第______种方式解决：

1.提交__________仲裁委员会仲裁；

2.依法向________人民法院起诉。

第十一条　合同生效

本合同经甲、乙双方签字盖章后生效。本合同一式两份，甲、乙双方各执一份，具有同等的法律效力。

本合同有效期为______年____月____日起至______年____月____日止。

甲方：（盖章）　　乙方：（盖章）

法定代表人（签字）或（委托代理人签字）：　　法定代表人（签字）或（委托代理人签字）：

______年____月____日　　______年____月____日

范例 2

集装箱运输合同

甲方（托运方）：__________　　乙方（承运方）：____________

法定代表人：____________　　法定代表人：____________

职务：________ 职务：________

地址：________ 地址：________

邮政编码：________ 邮政编码：________

电话：________ 电话：________

开户银行：________ 开户银行：________

账号：________ 账号：________

根据国家有关法规，甲乙双方本着平等互利原则，经友好协商，就有关集装箱整箱货物运输事项达成如下协议，以便双方共同遵守。

第一条　甲方权利和义务

1. 甲方在货物出运______天前以书面形式向乙方通报货物托运计划，即甲方应按乙方提供的“货物托运单”填妥内容，签名盖章后传真给乙方，并做好货物出运准备工作。

2.甲方负责货物装箱、计数及施封，并如实填写“集装箱货物装箱单”。甲乙双方以铅封完好作为贷方和承运方交接的唯一凭证。如铅封完好，箱内的货差和货种不符与乙方无关。

3.甲方进行集装箱装货时，不得装运未经乙方确认许可的货物和危险品以及未经海关、铁路、交通部门许可的货物，否则一切由此而引发的责任由甲方承担。

4.甲方有责任控制装箱货物的重量不超过限重______，否则，因超重或隐瞒超重所造成的一切后果和费用由甲方承担。

5.货物到达目的港后，如因甲方或收货人原因造成收货或提货不及时而产生堆存费、滞箱费，乙方应及时通知甲方，甲方应书面通知乙方有关处理意见，并书面确认所产生的有关费用由甲方承担。目的港免费堆存期为____天，逾期收取逾期费每天______元人民币。

6.在约定的装货期限内，甲方货物落空或筹备不足，造成装货拖车的空跑，甲方应支付回空运费和码头吊装卸箱费等。乙方给予甲方各______小时免费装卸箱时间，逾期酌情支付车队费用。此情况发生时，甲方应书面确认给乙方，然后与其他费用一起支付。

7.货物托运后，甲方需变更到货地点、收货人等事项的，有权向乙方提出更改，但必须在货物运至目的地前______天书面通知乙方办理相关手续，同时须向乙方确认、支付相关的变更费用(改变收货人的改单费为______元人民币/票，改变送货地点视远近增减费用)。

第二条　乙方的权利和义务

1.乙方接受甲方的“货物托运单”后，应立即按照甲方的要求安排订舱等，并通知甲方已安排的派车计划，以便甲方准备货物装箱等事宜。

2.在起运港CFS(码头场内装箱)条款下，由甲方按约定时间把货物送达乙方指定的地点交乙方委托的装箱人装箱。如甲方自行监装，因装箱不当所引起的风险责任由甲方自行承担。

3.乙方根据甲方的“货物托运单”及“集装箱货物装箱单”交承运人制作有关运输单证；货物装船后，乙方可为甲方代办运单及相关单证，并把运单及有关单证邮寄或传真给甲方。

4.船舶开航后，乙方应及时通知甲方预计货物可以到达的日期，也可以按照甲方要求出具“货物跟踪表”。

5.货物到达目的港前24小时，乙方在目的港的代理应向甲方收货人发出电话通知或传真“到货通知书”，并在货物抵港后根据“货物托运单”明示的地址及时送抵收货人仓库。

6.乙方按照甲方要求定期向甲方通报船舶班期，并征询运作过程中的意见，以不断改进服务，促进双方合作愉快。

第三条　费用结算

1.费用结算方式为月结，即每月______号前付清上月产生的所有费用。

2.费用总额以双方约定为准，相关费用如有变动(提价或降价)，乙方应及时通知甲方，否则按事先约定价格结算。

3.甲方逾期支付乙方上述费用的，应按逾期费用总额每天______‰的标准向乙方支付违约金。对于月结的客户，如该客户违反约定逾期付款的，乙方有权单方面中止其月结的费用结算方式，并对其采取预付方式结算费用。

4.上述费用的支付时间以款到乙方银行账号为准。

5.结算采取先收款后开发票的原则。

第四条　保险条款

1. 货物的运输保险由乙方代甲方向保险公司办理，保险费由甲方承担。如发生货损及货差，由乙方协助甲方向保险公司索赔，但乙方不负赔偿责任。最高赔偿限额不超过货物申报价值，同时须扣除绝对免赔额，绝对免赔额为______元人民币或定损金额的______%，以两者之中的高者为准。发生货损时，甲方或甲方的收货人必须立即要求停止装卸，并通知乙方及保险公司到现场查证，开始取证以便理赔。

2.如货物装卸完毕、运输工具撤离后再向乙方索赔，则所有责任由甲方自理，但下列原因引起的除外：

(1)甲方的故意行为或过失；

(2)属于发货人责任所引起的损失；

(3)起运前货物已存在品质不良或数量短差所造成的损失；

(4)货物自然损耗、本质缺陷、特性以及市价跌落、运输延迟所引起的损失；

(5)其他不可抗力。

第五条　其他事宜

1.本合同所提及的"货物托运单"为本合同的补充文件。

2.如双方需修改合同条款或终止本合同，必须提前______个月通知对方，经双方同意后执行。

3.本合同未尽事宜，双方依照《国内水路货物运输规则》友好协商解决。

4.本合同一式两份，双方各执一份，自双方签字盖章后生效，有效期至______年____月____日。

甲方(签章)：______________　　乙方(签章)：______________

代表人：__________________　　代表人：__________________

______年____月____日　　______年____月____日

范例 3

公路货物运输合同

甲方(托运方):__________　　乙方(承运方):__________

法定代表人:__________　　法定代表人:__________

职务:__________　　职务:__________

地址:__________　　地址:__________

邮政编码:__________　　邮政编码:__________

电话:__________　　电话:__________

开户银行:__________　　开户银行:__________

账号:__________　　账号:__________

甲方委托乙方公路运输甲方托运的货物,根据国家有关运输规定,经双方充分协商,特订立本合同,以便共同遵守。

第一条　货物名称、规格、数量、价款为:__________。

第二条　包装要求

甲方必须按照国家主管机关规定的标准包装,没有统一规定包装标准的,应根据保证货物运输安全的原则进行包装,否则乙方有权拒绝承运。

第三条　货物起运地点

货物到达地点约定为:__________。

第四条　货物承运日期

货物运达期限约定为:__________。

第五条　运输质量及安全要求:__________。

第六条　货物装卸责任和方法:__________。

第七条　收货人领取货物及验收办法:__________。

第八条　运输费用、结算方式约定为:__________。

第九条　甲方的权利与义务

1.甲方的权利:要求乙方按照合同规定的时间、地点,把货物运输到目的地。货物托运后,甲方需要变更到货地点或收货人,或者取消托运时,有权向乙方提出变更合同的内容或解除合同的要求，但必须在货物未运到目的地之前通知乙方，并应按有关规定付给乙方所需费用。

2.甲方的义务：甲方按约定向乙方交付运杂费，否则乙方有权停止运输，并要求对方支付违约金。甲方对托运的货物应按照规定的标准进行包装，遵守有关危险品运输的规定，按照合同中规定的时间和数量交付托运货物。

第十条　乙方的权利与义务

1.乙方的权利：向甲方、收货方收取运杂费用。如果收货方不交或不按时交纳规定的各种运杂费用，乙方对其货物有扣压权。查不到收货人或收货人拒绝提取货物时，乙方应及时与甲方联系，在规定期限内负责保管并有权收取保管费用，对于超过规定期限仍无法交付的货物，乙方有权按有关规定予以处理。

2.乙方的义务：在合同规定的期限内将货物运到指定的地点，并按时向收货人发出货物到达通知。负责托运货物的安全，保证货物无短缺、无损坏、无人为因素造成的变质，如有上述问题，应承担赔偿义务。货物运达特定地点后，按规定的期限负责保管。

第十一条　收货人的权利与义务

1.收货人的权利：货物运到指定地点后，有以凭证领取货物的权利。必要时，收货人有权向到站或中途货物所在站提出变更到站或变更收货人的要求，并签订变更协议。

2.收货人的义务：接到提货通知后应按时提取货物、缴清应付费用。超过规定时间提货的，应向承运人交付保管费。

第十二条　违约责任

1.甲方责任：

(1)未按合同规定的时间和要求提供托运的货物，甲方应按其价值的____%偿付给乙方违约金。

(2)由于在普通货物中夹带、匿报危险货物、错报笨重货物重量等招致吊具断裂、货物摔损、吊机倾翻、爆炸、腐蚀等事故，甲方应承担赔偿责任。

(3)由于货物包装缺陷产生破损，致使其他货物或运输工具、机械设备被污染腐蚀、损坏，造成人身伤亡的，甲方应承担赔偿责任。

(4)在甲方专用线或在港、站公用线、专用线自装的货物，在到站卸货时发现货物损坏、缺少，在车辆施封完好或无异状的情况下，甲方应赔偿收货人的损失。

(5)罐车发运货物，因未随车附带规格质量证明或化验报告，造成收货方无法卸货时，甲方应偿付乙方卸车等存费及违约金。

2.乙方责任：

(1)不按合同规定的时间和要求配车、发运的，乙方应偿付甲方违约金______元人民币。

(2)乙方如将货物错运到货地点或接货人，应无偿运至合同规定的到货地点或接货人。如果货物逾期到达，乙方应偿付逾期交货的违约金。

(3)运输过程中货物灭失、短少、变质、污染、损坏时，乙方应按货物的实际损失(包括包装费、运杂费)赔偿甲方。

(4)联运的货物发生灭失、短少、变质、污染、损坏，应由乙方承担赔偿责任的，由终点阶段的乙方向负有责任的其他乙方追偿。

(5)符合法律和合同规定条件下的运输，由于下列原因造成货物灭失、短少、变质、污染、损坏的，乙方不承担违约责任：

①不可抗力；

②货物本身的自然属性；

③货物的合理损耗；

④甲方或收货方本身的过错。

第十三条 争议解决

本合同在履行过程中发生的争议由双方协商解决，如协商不成，按下列第______种方式解决：

(1)提交______仲裁委员会仲裁；

(2)依法向人民法院起诉。

第十四条 其他约定事项：________________。

第十五条 本合同自双方签字盖章之日起生效。本合同未尽事宜按照《中华人民共和国合同法》等国家有关规定，经合同双方协商，做出补充规定附后。

本合同一式两份,合同双方各执一份;合同副本一份,送_____备案。

甲方(签章):____________　　乙方(签章):____________

代表人:______________　　代表人:______________

_____年___月___日　　_____年___月___日

范例 4

航空运输合同

托运人(姓名)_____与中国民用航空_____航空公司(以下简称承运人)协商空运__________(货物名称)到__________(到达地名),特签订本合同,并共同遵守下列条款:

第一条　托运人于_____月___日___起需用___型飞机___架次运送(货物名称),其航程如下:

___月___日自___至___,停留___日;___月___日自___至___,停留___日,运输费用总计人民币_______元人民币。

第二条　根据飞机航程及经停站,可供托运人使用的载量为___公斤(内含客座)。如因天气或其他特殊原因需增加空勤人员或燃油时,载量照减。

第三条　如托运人未充分利用飞机吨位,民航可以利用空隙吨位。

第四条　承运人除因气象、政府禁令等原因外,应依期飞行。

第五条　托运人签订本合同后要求取消飞机班次,应交付退机费___元人民币。如承运人于托运人退机前为执行本合同已发生调机费用,应由托运人负责交付此项费用。

第六条　托运人负责所运货物的包装,运输中如因包装不善造成货物损毁,由托运人自行负责。

第七条　运输货物的保险费由承运人负担。货物因承运人问题所造成的损失由承运人赔偿。

第八条　在执行合同的飞行途中,托运人如要求停留,应按规定收取留机费。

第九条　由于下列原因造成货物灭失、短少、变质、污染、损坏的，承运人不承担责任：

1.不可抗力；

2.由货物本身性质所引起的变质、减量、破损或灭失；

3.包装方法或容器质量不良，但从外部无法发现；

4.包装完整，封存无异状而内件短少；

5.货物的合理损耗；

6.托运人或收货人的过错。

第十条　本合同如有其他未尽事宜，应由双方共同协商解决。凡涉及航空运输规则规定的问题，按运输规则办理。

托运人：________________　　承运人：________________

开户银行：______________　　开户银行：______________

银行账号：______________　　银行账号：______________

____年____月____日　　____年____月____日

范例 5

包船运输合同

合同编号：__________

合同签订地点：__________

甲方（托运方）：__________

法定代表人：__________　　职务：__________

地址：__________　　联系电话：__________

乙方（承运方）：__________

法定代表人：__________　　职务：__________

地址：__________　　联系电话：__________

根据《中华人民共和国合同法》及相关法律法规的规定，甲乙双方就甲方包船托运________货物，经双方协商一致，签订本合同，以便共同遵守。

第一条　包船事项及目的港

乙方调派____吨船舶一艘，船名：____，编号：____，船舶有____吊货设备。应甲方要求，由____港运至____港____号码头，按现行包船运输规定办理。

第二条　货物包装要求

甲方将货物用____材料包装，每包体积：____，重量：____。

第三条　货物集中与接收时间

甲方应在____年____月____日至____年____月____日内将货物集中于____港____号码头，由乙方联系港口接受集货，货物由______看守。

第四条　装船时间

乙方于____年____月____日将船舶抵达港口，靠好码头，于____月____日____时至______时将货物装完。

第五条　运输期限

乙方应于____年____月____日时前将货物运达目的港码头。

第六条　起航通知

乙方在船舶装货完毕起航后即通知甲方做好卸货准备，如需领航，亦通知甲方按时派引航员领航，费用由________负担。

第七条　卸船时间

甲方保证乙方船舶抵达目的港码头，自下锚时起____小时内将货物卸完。

第八条　运输质量

乙方装船时，甲方派人员监装，指导照章操作，保证安全装货，甲方派押解员______人押运。

第九条　运输费用

以船舶载重吨位计货物运费______元人民币，空驶费按运费的____%计____元人民币，全船运费____元人民币。港口装船费用由____承担，卸船费用，由____承担。

第十条　运费结算办法

本合同签订后，甲方应于____年____月____日前向乙方预付运输费用______元人民币。乙方在船舶御完后，甲方应于____年____月____日付清运输运用。

第十一条　甲方违约责任

1.甲方未按时集中货物，造成乙方船舶不能按时装货、按时起航，每延误1小时应向乙方偿付违约金______元人民币；

2.甲方未按时卸货，每延迟1小时向乙方偿付违约金______元人民币；

3.甲方未按时付清运输费用，每逾期1天，应向乙方支付______元人民币违约金。

第十二条　乙方违约责任

1.乙方未按期将货物运达目的港码头，每逾期1天，应偿付甲方违约金______元。

2.乙方船舶起航后未通知甲方准备卸船时间，所造成的损失由乙方负责。

3.乙方违章装卸造成货物损害的，应赔偿实际损失，并向甲方偿付损失部分价款______%的违约金；

4.乙方不履行合同或擅自变更合同，应偿付甲方______元人民币违约金，并退回甲方的预付款。

第十三条　不可抗力

1.在装卸货物过程中，因气候影响装卸作业时间的，经甲乙双方见证，可按实际时间扣除。

2.由于气候、地震、交通管制等不可归责于任何一方的原因致使乙方无法按时运输货物的，乙方不承担违约责任，但应立即通知甲方，避免造成更大的损失。

第十四条　争议解决

本合同在执行中发生的一切争议应由双方协商解决，协商解决不成的，双方可以按下列第______种方式解决：

(1)向______仲裁委员会申请仲裁；

(2)向______法院提起诉讼。

第十五条　合同生效

本合同自双方签字盖章时生效，本合同一式两份，双方各执一份，具有同等的法律效力。

甲方(盖章)：________________　　乙方(盖章)：______________

法定代表人(签字):________　　法定代表人(签字):________

地址:____________________　　地址:____________________

联系电话:________________　　联系电话:________________

_____年____月____日　　_____年____月____日

范例 6

搬运合同

甲方(托运方):__________　　乙方(承运方):__________

法定代表人:____________　　法定代表人:____________

职务:__________________　　职务:__________________

地址:__________________　　地址:__________________

邮政编码:______________　　邮政编码:______________

电话:__________________　　电话:__________________

开户银行:______________　　开户银行:______________

账号:__________________　　账号:__________________

经甲乙双方协商一致,甲方同意根据乙方估价单内容委托乙方使用合法营业货车搬运甲方物品,并订立搬家货运合同条款如下:

第一条　搬运时间

____年____月____日____时到达起运地点搬运,预定于____年____月____日____时完成搬运。

第二条　搬运地址

起运地址:__________;迄运地址:__________。

乙方须按甲方的指示将承运货品搬运至指定位置。

第三条　搬运费采用如下第____种方式计算

1.采用包价方式收费,总金额为人民币______元。

2.采用车次方式收费,每车次为人民币______元,预估车次______次,视实际运送车次数计算费用,但总金额不得超过人民币______元。

采用车次方式收费的，乙方应按车辆的容积，以符合法律、法规规定的满载方式进行。

第四条　乙方应依本合同所约定的计价方式收费，不得借故加价或要求任何附加费用。有电梯的房屋，如电梯非因乙方过失而无法正常使用时，除前条所约定的搬运费外，均依附件搬运作业估价单约定方式另行收费。

第五条　搬运费缴付方式

签约时预付定金人民币______元，余款人民币______元于搬迁作业完成经甲方确认后支付，乙方应签发收据给甲方。

第六条　使用车辆及电梯运送货物的，应符合相关法律、法规规定，如有违规，由乙方负责。电梯的正常使用应由甲方事先确认。

第七条　乙方对于因搬运过程所致甲方物品的毁损、灭失或者造成其他损害的，应负赔偿责任。但因不可抗力或因搬运物的性质、或因甲方及其受雇人的过失所造成的，不在此限。上述情形，甲方应于搬运完成后______日内告知乙方，如搬运物品有毁损、灭失不易发现的，应于搬运完成后______日内将情况告知乙方。上述所定期限均扣除法定节假日。

第八条　甲方提交乙方运送的物品若有现金、有价证券、珠宝、贵重金属、美术品、古董或其他贵重物品时，除甲方于托运时报明其性质及价值的以外，乙方对于其毁损或灭失不负责任，但乙方有故意或过失的不在此限。甲方委托搬运的物品应无违禁品及危险物品。

第九条　乙方因搬运对第三人所发生的责任概由乙方负责。

第十条　甲方交付乙方搬运的物品，经甲方要求办理保险时，其费用由甲方负担。搬运期间，乙方人员的餐饮、差旅费、过桥费、通行费、油费等均由乙方负担。

第十一条　甲方如需变更搬运时间，应于约定搬运日期前______日通知乙方，否则甲方应另行支付乙方人民币______元的延迟费，但不得超过原估价总金额的______%。甲方因故解约的，乙方可请求不超过原估价总金额______%的赔偿金。

第十二条　乙方应于约定时间内将甲方委托搬运的物品送至甲方指定位置，乙方若未能于约定时间内办理或完成搬运作业，应赔偿甲方不超过原估价总金额______%的赔偿金。

第十三条　搬运作业进行中，因刮风、下雨、路况等因素导致未能完成的，由甲乙双方另定时间继续完成。

第十四条　搬运作业因乙方事由未能于约定时间内完成的，甲方可解除合同，要求乙方恢复原状，乙方应赔偿甲方不超过原估价总金额______%的赔偿金。因甲方事由致未能完成的，乙方可解除合同，按完成比例收取费用，并可请求不超过原估价总金额扣除按比例收取费用余额______%的赔偿金。乙方依上述规定解除合同的，甲方可请求乙方恢复原状，其所需费用由甲方负担，但总金额不得超过原约定的搬运费。

第十五条　附件的搬运作业估价单为本合同的一部分。

第十六条　本合同在履行过程中发生的争议由双方当事人协商解决，也可由有关部门调解解决；协商或调解不成的，按下列第____种方式解决：

（1）提交______仲裁委员会仲裁；

（2）向______人民法院起诉。

第十七条　本合同并同搬运作业估价单一式两份，甲乙双方各执一份，乙方不得借故收回。

第十八条　本合同未定事项依政府相关法律、法规办理。

附件：（略）。

甲方（签章）：________________　　乙方（签章）：______________

代表人：___________________　　代表人：___________________

______年____月____日　　______年____月____日

最新
适用版

第八章

保管合同

撰写要领

一、保管合同概述

保管合同是保管人有偿或无偿为寄存人保管物品，并在约定期限内或应寄存人的请求返还保管物品的合同。

二、保管合同的法律性质

保管合同是保管人保管寄存人交付的保管物并返还该物的合同，它有如下特征：

（一）保管合同是寄存人将保管物交付保管人保管的合同，因此，保管合同原则上是实践合同。所谓实践合同是指除双方当事人有合意之外，还必须具有交付行为合同才能有效成立，即寄托人将合意指定的标的物交付给保管人后，保管合同才能有效成立。

（二）保管合同是保管人保管寄存物品的合同，因此，保管合同的标的是保管行为，而非保管物品。保管人接收保管物就意味着他向寄存人做出承诺，会以最大的保管能力、最好的保管水平、合适的保管方式、场合条件妥善保管寄存物，以实现对物品的保管目的。保管人的管领行为并不涉及所有权的转移，即不以保管人获得保管物的所有权为目的，因此，即使是保管人自己的物品，若寄存人给予合法的原因占有该物而要求保管人保管时，保管人也只能进行保管。

（三）保管合同原则上是无偿的单务合同。《中华人民共和国合同法》第366条规定："寄存人应当按照约定向保管人支付保管费。当事人对保管费没有约定或约定不明确，依照本法第61条的规定仍不能确定的，保管合同是无偿的。"由此可见，只有当事人另有约定外，保管合同才是有偿的，一般而言，保管合同都是无偿的，因为保管合同原则上是无偿的，因此，一般而言，也必然是单务的。

三、保管合同与仓储保管合同的区别

仓储保管合同是由仓库营业人为存货人保管储存货物，存货人支付报酬的合同。保管合同是由保管人保管另一方当事人交付的物品，并返还该物的合同。由以上含义可知，两类合同都提供保管服务，仓储保管合同是一种特殊的保管合同，保管合同的范围较仓储保管合同更广，是包容与被包容的关系。

两者的区别主要是：

（一）保管合同为实践合同，合同自保管物交付时成立；仓储保管合同是诺成合同，合同自双方订立合同时成立。

（二）保管合同可以是有偿的，也可以是无偿的，仓储保管合同只能是有偿合同。

（三）保管合同的保管人不要求具有特定身份，仓储保管合同的仓储营业人须为有仓储设备并专事该类业务的人。

范文经典

范例 1

物品保管合同

甲方（保管人）：________	乙方（寄存人）：________
地址：________	地址：________
邮政编码：________	邮政编码：________
电话：________	电话：________
法定代表人：________	法定代表人：________
职务：________	职务：________
开户银行：________	开户银行：________
账号：________	账号：________

第一条　保管物

保管物名称	性质	数量	价值	瑕疵	保管费

第二条　保管场所约定为：____________。

第三条　保管方法约定为：____________。

保管物（是/否）需要采取特殊保管措施。特殊保管措施是：__________。

保管物中（是/否）有货币、有价证券或者其他贵重物品，具体如下：____。

第四条　保管期限自____年____月____日起至____年____月____日止。

第五条　保管凭证

乙方交付保管物时，甲方应当验收并给付保管凭证。

乙方（是/否）允许甲方将保管物转交他人保管。

乙方（是/否）允许甲方使用或者（是/否）允许甲方许可第三人使用保管物。

第六条　保管费的支付方式

乙方未向甲方支付保管费的，甲方（是/否）可以留置保管物。

第七条　保管期限届满，甲方应当将保管物及孳息归还乙方。

第八条　违约责任

甲方的违约责任为：__________。

乙方的违约责任为：__________。

第九条　争议解决方式

本合同在履行过程中发生的争议由双方协商解决，如协商不成，按下列第______种方式解决：

（1）提交________仲裁委员会仲裁；

（2）依法向人民法院起诉。

第十条　本合同自保管物交付时成立。

第十一条　其他约定事项：______________。

第十二条　本合同未尽事宜，按照《中华人民共和国合同法》等国家有关规定，经合同双方协商做出补充规定附后。

本合同一式两份，合同双方各执一份。

甲方(签章)：________　　乙方(签章)：________

代表人：________　　代表人：________

____年____月____日　　____年____月____日

范例2

商品保管有偿寄托合同

甲方(寄存方)：________　　乙方(受寄方)：________

地址：________　　地址：________

邮政编码：________　　邮政编码：________

电话：________　　电话：________

法定代表人：________　　法定代表人：________

职务：________　　职务：________

开户银行：________　　开户银行：________

账号：________　　账号：________

甲方将所属商品寄放于乙方的仓库内，双方并议定条件如下：

第一条　甲方将下列商品寄放于乙方位于____市____路____号仓库内，并请乙方代为保管。

商品内容：________，限于能装箱者。

第二条　前条寄存物以寄放于乙方仓库________平方米面积内可以容纳的数量为限。

第三条　甲方对前条寄存物可自由进出搬运，但若因而受损，乙方概不负赔偿责任。

第四条　保管费的计算及交付方式如下：

不论寄存物品数量多寡，每月寄存保管费为人民币________元整。

甲方须于每月底之前将保管费送交乙方办公处所。

第五条　甲乙双方如欲解除本协议，须于____个月前通知对方。本协议一式两份，甲乙双方各执一份为凭。

甲方(签章)：________________　　乙方(签章)：________________

代表人：____________________　　代表人：____________________

____年____月____日　　____年____月____日

范例3

车辆保管合同

甲方：__________

乙方(保管方)：__________　停车场地点：__________

甲乙双方经过友好协商，签订以下车辆保管协议书。

第一条　甲方将其所有的汽车交由乙方保管，保管时间为____年____月____日至____年____月____日。

第二条　甲方所有的汽车的品牌是______，型号为______，车辆号为______，汽车购买时间为____年____月____日，汽车行走里程(自订合同日计算)为______公里。

第三条　甲方应将其停放在停车场的车辆上好保险锁(杆)。

第四条　乙方承担对甲方车辆的保管义务。

第五条　甲方支付的车辆保管费为每年______元人民币，车辆保管费于每季度初3天内交纳，合同签订后交第一季度。

第六条　甲方如在应交保管费10天内未交清车辆保管费，合同终止，乙方不承担保管责任。

第七条　乙方应对甲方的车辆进行如下保管：

1.乙方应当配置专门的管理人员，确保车辆在停放期间的安全，防止车辆被盗或被损坏。

2.__________________________。

3.______________________。

第八条　乙方对甲方车辆的被偷和被损坏承担赔偿义务。

第九条　如遇甲方的车辆出现被偷和被损坏的情况，甲方应在 3 天之内将其购车和上牌、年审等法律文件交由乙方，用于报案、赔偿、索赔、诉讼等，纠纷解决后 3 天内将上述证件归还给甲方。

第十条　乙方应为甲方的停车位购买车位保险。

第十一条　甲方应保证其车辆为合法途径购买的车辆，否则乙方不承担损失赔偿责任。

第十二条　补充与附件

本合同一式两份，双方各执一份。合同未尽事宜，经甲、乙双方协商决定需要补充或修改的，书写《合同修改意见书》一式两份（经甲、乙盖章签字，各存一份）作为本合同的补充件。本合同的附件和补充合同均为本合同不可分割的组成部分，与本合同具有同等的法律效力。

第十三条　争议的处理

1.本合同受中华人民共和国法律管辖，按其进行解释。

2.本合同在履行过程中发生的争议由双方当事人协商解决，也可由有关部门调解；协商或调解不成的，按下列第____种方式解决：

（1）提交____________仲裁委员会仲裁；

（2）依法向人民法院起诉。

甲方（盖章）：______________　　乙方（盖章）：______________

甲方代表：______________　　乙方代表：______________

联系地址：______________　　联系地址：______________

电话：______________　　电话：______________

____年____月____日　　____年____月____日

签订地点：______________　　签订地点：______________

最新适用版

第九章 委托合同

撰写要领

一、委托合同概述

委托合同是指一方委托他方处理事务，他方允诺处理事务的合同。委托他方处理事务的为委托人，允诺为他方处理事务的为受托人。

二、委托合同的法律特征

（一）委托合同为双务合同

委托合同是一种典型的提供劳务的合同，签订委托合同的目的是处理或管理委托人的事务。合同订立后，受托人在委托的权限内所实施的行为等同于委托人自己的行为。无论是法律行为还是事实行为，只要该事项不违背公序良俗或法律的禁止性规定，不是与委托人人身密不可分的、具有人身性的事务（如婚姻登记等），委托人都可经由委托合同委托他人处理。

（二）委托合同是不要式合同

委托合同是不要式合同，当事人可以根据实际情况选择适当形式。

（三）委托合同是诺成合同

当委托合同的当事人双方意思表示一致时，合同即告成立，而无须以物之交付或当事人的义务履行作为合同成立的要件。因此，委托合同为诺成合同，而非实践合同。

三、委托合同的分类

（一）有偿委托合同和无偿委托合同

根据委托人是否给付受托人报酬，委托合同可以分为有偿和无偿两类。由于被委托的事务往往需要受托人投入相当的人力、物力和财力，因此，委托合同可以是有偿的，至于有偿与否，完全由当事人自由协商而定，原则上法律不予干预。

（二）单向委托合同和转委托合同

委托人只委托受托人本人来处理委托事务的合同为单向委托合同。转委托又称复委托，是指受托人经委托人同意，将委托人委托的部分或全部事务转由第三人处理，委托人与第三人之间直接发生委托合同关系的行为，其中由受托人负责选定第三人。在转委托关系中，该被委托的第三人叫次受托人，转委托的内容应该依照原委托合同的内容。

（三）单独委托合同和共同委托合同

根据受托人数量来进行区分，如果委托人只委托一个受托人来处理事务就是单独委托合同；如果委托人委托多个受托人来处理同一委托事务，则为共同委托。单独委托没有对内和对外责任的划分，受托人承担法律责任的原则是“对自己的行为负责”。受托人只对因自己的过错或过失而导致委托人遭受损失的负赔偿责任，其他受托人的行为不构成承担责任的理由。

四、委托合同的常见漏洞与风险防范

委托合同的漏洞出现在合同订立、履行和解除阶段。

在合同订立阶段，可能出现的风险来自于当事人对委托规定的不明确及对对方身份考察的不明。需要注意明确委托的事务范围以及合同是有偿还是无偿，避免因为委托不明确而出现问题。

在合同的履行阶段，可能出现的风险在受托人上，受托人不积极履行委托义务，但是擅自进行转委托或者越权委托。受托人不履行委托合同义务或者履行合同义务不符合约定的也应承担继续履行、采取补救措施或赔偿损失等违约责任。对于受托人在处理委托事务时是否按约定履行了义务，应根据具体的情形作出判断。但应注意，委托事务的处理结果是否对委托人造成损失不能作为受托人履行合同不符合约定的依据，只有因受托人的过错给委托人造成损失的，受托人才承担赔偿责任。

委托人的违约责任主要包括两种情形：

第一，委托人违反费用支付义务的违约责任。委托人须按委托合同的约定预付费用，如果受托人为处理委托事务垫付了必要的费用，委托人应当偿还该费用及其利息。如委托人违反上述义务而给受托人造成损失，应承担相应的违约责任。

第二，委托人违反报酬支付义务的违约责任。委托合同以有偿为原则，以无偿为例外。如当事人未在合同中约定为无偿，则应推定为有偿。在委托合同为有偿且受托人完成了受托事务的情况下，委托人应当向受托人支付报酬。根据《中华人民共和国合同法》的规定，委托人的报酬支付义务可分为全部给付义务和部分给付义务。全部给付义务是指受托人完成受托事务的情况下，委托人应向其足额支付报酬；部分给付义务是指在委托事务没有完成的情况下，委托人在一定条件下应向受托人支付相应的报酬。

合同终止或者解除阶段的漏洞在于双方都可以解除合同，但是如果因为过错而给对方造成损失的，应当承担赔偿责任。而合同解除后，委托人要监督受托人，以免在解除后继续进行委托活动。

委托合同的风险防范主要包括以下三方面内容：

第一，对受托人身份的审查

我国《中华人民共和国合同法》对于受托人的法律资格未加以确定，因此对于受托人资格问题只能通过其他法律加以认定。据一般的法学理论，受托人应当包括法人与自然人。法人作为受托人，对其有法律人格的限制，比如是否具有从事委托事项的权利和资格。如果委托人不考察清楚就贸然进行委托，容易给自己的利益带来损失。根据法律规定，法人超越其经营范围之外的经营活动属违法行为，应为无效，因此，委托人选择法人做受托人时必须对该法人的经营范围加以审查。实践中，对法人经营范围的考察包括两个方面的内容：

其一，核实法人的营业执照。法人的营业执照详细记载了法人的经营范围。

其二，考证该营业执照是否属于该法人。委托人出于谨慎考虑，最好到工商行政管理部门核实。

第二，委托合同最好采取书面形式

我国《中华人民共和国合同法》对委托合同的形式为任意性规定，口头进行的委托也可以成立合同关系，但是，委托合同形式上的风险主要发生在委托方拒绝承认口头形式的委托，这时受托方就要承担相应的风险，因此，委托合同最好采用书面形式，以避免委托人在委托事项完成之后否认委托、有偿委托中拒绝给付报酬。

第三，对受托人的履行行为进行监督

以避免出现受托人不积极履行委托义务或者擅自进行转委托或者越权委托的情况，如果发现，应当及时与受托人进行交涉，并且可以解除委托合同。

范文经典

范例1

委托开发合同

委托方：____________

受托方：____________

委托方委托受托方研究开发________项目，并支付研究开发经费和报酬，受托方接受委托并进行此项研究开发工作。双方经过平等协商，在真实、充分地表达各自意愿的基础上，根据《中华人民共和国合同法》等法律、法规的规定，达成如下协议，并由双方共同遵守。

第一条　项目名称：____________

第二条　技术内容、范围和要求

1.技术内容：

(1)新技术；

(2)新产品；

(3)新工艺；

(4)新材料。

2.技术范围：________。

3.技术要求：________。

第三条　研究开发计划

本合同约定分以下3个阶段完成项目开发：

第一阶段：从____年____月____日到____年____月____日止，所要解决的问题：________，完成的研究内容：________，达到的目标：________。

第二阶段：从____年____月____日到____年____月____日止，所要解决的问题：________，完成的研究内容：________，达到的目标：________。

第三阶段：从____年____月____日到____年____月____日止，所要解决的问题：________，完成的研究内容：________，达到的目标：________。

第四条　研究开发经费的数额及其支付、结算方式

1.研究开发经费总额为：______元人民币（大写：________元人民币）。

2.项目开发经费由________提供，或者双方按比例________分担提供。

3.支付方式

（1）一次总付：________元人民币，时间：________；

（2）分期支付：________元人民币，时间：________；

（3）按利润________%提成，期限：________；

（4）按销售额________%提成，期限：________。

4.结算方式：经费的结算包括经费包干和经费实报实销，合同约定采用下列第______种方式结算：

（1）合同经费为包干使用的，合同完成后经费出现剩余时，结余经费归受托方所有，经费不足的，由受托方自行解决，并且受托方的报酬应包含在结余的研究开发经费中，委托方不另行支付报酬。双方未约定结算方式的，按包干使用处理。

（2）经费实行实报实销的，研究开发经费不足时，委托方应补充支付，经费剩余时，受托方应如数返还。

第五条　利用研究开发经费购置的设备、器材、资料的财产归属

1.属于委托方的设备、器材、资料：________。

2.属于受托方的设备、器材、资料：________。

3.同属于双方的设备、器材、资料：________。

第六条　履行的期限、地点、方式

1.履行期限

第一阶段：从____年____月____日到____年____月____日止。

第二阶段：从____年____月____日到____年____月____日止。

第三阶段：从____年____月____日到____年____月____日止。

2.履行地点：

本合同约定在__________履行。

未约定履行地点或约定不明确的，规定在受托方所在地履行。

3.履行方式：____________。

第七条　技术情报和资料的保密

1.委托方：

（1）保密内容（包括技术信息和经营信息）：________；

（2）涉密人员范围：________；

（3）保密期限：________；

（4）泄密责任：________。

2.受托方：

（1）保密内容（包括技术信息和经营信息）：________；

（2）涉密人员范围：________；

（3）保密期限：________；

（4）泄密责任：________。

3.双方保证对在讨论、签订、执行本协议过程中所获悉的属于对方的且无法自公开渠道获得的文件及资料（包括商业秘密、公司计划、运营活动、财务信息、技术信息、经营信息及其他商业秘密）予以保密。未经该资料和文件的原提供方同意，另一方不得向任何第三方泄露该商业秘密的全部或部分内容，但法律、法规另有规定或双方另有约定的除外。保密期限为____年。

4.保密条款不应与法律、行政法规相抵触，当事人双方未就保密条款进行约定的，按《中华人民共和国合同法》规定，合同双方当事人亦应履行法定的保密义务，否则，将承担法律责任。

5.无论合同是否被撤销、变更、解除或终止，无论合同是否生效，合同之保密条款不受其限制而继续有效。

第八条　风险责任的承担

1.在本合同履行中，因出现在现有技术水平和条件下难以克服的技术困难而导致研究开发失败或部分失败，并造成一方或双方损失的，双方按如下约定承担风险损失：______。认定技术风险的基本条件是：

（1）本合同项目在现有技术水平条件下具有足够的难度；

（2）受托方在主观上无过错且经认定研究开发失败为合理的失败；

（3）一方发现技术风险存在并有可能致使研究开发失败或部分失败的情形时，应当在____日内通知另一方并采取适当措施减少损失，逾期未通知并未采取适当措施而致使损失扩大的，应当就扩大的损失承担赔偿责任。

2.认定风险责任标准为：

(1)课题在现有技术水平下具有足够的难度；

(2)受托方在研究开发工作中是否充分地发挥了主观能动性；

(3)经同行业专家的鉴定结论认为研究开发工作的失败属于合理失败。

3.风险责任应由____方或双方共同承担风险责任，承担方式为：______。

4.在未作约定或约定不明确时，由双方协议补充，不能达成补充协议的，按照合同有关条款或交易习惯确定。仍不能确定的，风险责任由双方合理分担。

第九条　技术成果的归属与分享

1.委托方向受托方支付了部分研究开发经费和报酬的，可对技术成果(包括专利技术和非专利技术，下同)享有免费普通实施权；受托方自己保留使用权和向第三方转让的权利。

2.委托方向受托方支付了全部的研究开发经费和报酬的，可对技术成果享有优先实施权；受托方在约定的期限或范围内，自己可保留使用权，但不得向第三方转让该成果。

3.委托方除了向受托方支付全部的研究开发经费和报酬外，还支付了约定的“独占费用”的，则可在合同规定范围内对研究开发成果享有安全的使用权和转让权(独占权)；受托方自己不得使用亦不得向第三方转让该技术成果。

4.委托方如果有意获得该技术成果完整的专利申请权或专利权，也可以根据协商一致、平等有偿原则与受托方另外订立专利申请权或专利转让合同。

5.对开发完成的技术成果的归属，如果未作约定，申请专利的权利属于受托方，委托方可以免费实施该专利。受托方转让专利申请权的，委托方享有以同等条件优先受让的权利。

第十条　验收的标准与方式

1.验收时，双方都有权取得实施技术成果所必要的技术资料、试验报告和数据，并要求另一方给予必要的技术指导和保证所提供的技术成果实施的条件。但合同终止后仍需上述服务的，应另行订立技术咨询或技术服务合同。

2.验收标准：技术指标：________；技术参数：________。

3.验收方式：验收可采用技术鉴定会、专家技术评估的方式进行。验收方出具的验收证明及文件作为合同验收通过的依据。

第十一条　委托方应向受托方提供的技术资料及协作事项如下：

1.技术资料清单：__________；

2.提供时间和方式：__________；

3.其他协作事项：__________；

4.本合同履行完毕后，上述技术资料按以下方式处理：__________。

第十二条　委托方应按以下方式支付研究开发经费和报酬：

1.研究开发经费和报酬总额为________，其中：________。

2.研究开发经费由委托方________（一次、分期或提成）支付受托方。具体支付方式和时间如下：____________________________________

3.双方确定，委托方以实施研究开发成果所产生的利益提成支付受托方的研究开发经费和报酬的，受托方有权以______的方式查阅委托方有关的会计账目。

第十三条　委托方的权利义务

（一）委托方的义务

1.委托开发合同的委托方应当按照约定支付研究开发经费和报酬；

2.提供技术资料、原始数据，完成协作事项；

3.接受研究开发成果。

（二）委托方的权利

1.委托开发合同委托方在不妨碍受托方正常工作的情况下，有权对受托方履行合同和使用研究开发经费的情况进行必要的监督检查，包括查阅账册和访问现场。

2.研究开发成果验收时，委托方有权取得实施技术成果所必需的技术资料、试验报告和数据，要求另一方进行必要的技术指导，保证所提供的技术成果符合合同约定的条件。

3.若受托方不能按计划实施研究开发工作，委托方有要求其实施研究开发计划并采取补救措施的权利。如果受托方逾期两个月仍然不实施研究开发计划，委托方有权解除合同。

4.如果受托方将委托方支付的研究开发经费用于履行合同以外的目的时，委托方有权制止并要求其退还相应的经费用于研究开发工作。如果受托方逾期两个月仍不退还经费用于研究开发工作时，委托方有权解除合同。

5.作为技术开发合同标的技术已经由他人公开，致使合同履行没有意义的，委托方有权解除合同。

6.开发完成的技术秘密成果的使用权、转让权以及利益分配方法，合同没有约定或约定不明确，按照《中华人民共和国合同法》的有关规定仍不能确定的，委托方和受托方都有使用和转让的权利。

第十四条　受托方的权利义务

（一）受托方的义务

1.按照约定制订和实施研究开发计划；

2.合理使用研究开发经费；

3.按期完成研究开发工作、交付研究开发成果、提供有关的技术资料和必要的技术指导。

（二）受托方的权利

1.有接受委托方支付的研究开发经费和享受科研补贴的权利。

2.有要求委托方补充必要的背景资料和数据（但不得超过履行合同所需要的范围）的权利。

3.委托方逾期两个月不支付研究开发经费或报酬的，受托方有权解除合同。

4.委托方逾期两个月不提供技术资料、原始数据和协作事项时，受托方有权解除合同。

5.委托方逾期6个月不接受研究开发成果时，受托方有处分研究开发成果和请求委托方赔偿损失的权利。

6.委托开发所完成的发明创造，除合同另有约定外，受托方享有申请专利的权利。

7.作为合同标的的技术已经由他人公开，致使技术开发合同的履行没有意义的，受托方也有权解除合同。

8.开发完成的技术秘密或成果的使用权、转让权以及利益的分配方法，没有合同约定或合同约定不明确，受托方与委托方都有权使用或转让。

第十五条　违约责任

（一）委托方

1.委托方迟延支付研究开发经费，造成研究开发工作停滞、延误的，受托方不承担责任。

2.委托方未按照约定提供资料、原始数据或完成协作事项，所提供的技术资料、原始数据或完成的协作事项有重大缺陷，导致研究开发工作停滞、延误、失败的，委托方应当承担责任。委托方未提供约定技术资料、原始数据和协作事项，经催告后在合理期限内仍未提供的，受托方有权解除合同，委托方还应当承担因此给受托方所造成的损失。

3.委托方不按照约定接受研究开发成果，经催告后在合理期限内仍未接受研究开发成果的，受托方有权处分研究开发成果，将其转让或者变卖给第三人，所获得的收益在扣除约定的报酬、违约金和保管费后返还委托方；所得收益不足以抵偿有关报酬、违约金和保管费的，受托方有权请求委托方赔偿损失。

（二）受托方

1.受托方未按计划实施研究开发工作的，委托方有权要求其实施研究开发计划并采取补救措施；受托方未实施研究开发计划，经催告后在合理期限内仍未实施研究开发计划的，委托方有权解除合同，受托方应当返还研究开发经费，赔偿由此给委托方造成的损失。当事人可以约定损失赔偿的计算办法，如果无约定的，一般不能超过对方订立合同时所能预见的错误。

2.受托方提供的技术成果不符合合同约定的条件的，受托方除应返还委托方的研究开发经费外，还应当承担委托方由此遭受的损失。

3.受托方因违约承担的赔偿损失应当包括合同履行后委托方可以获得

的利益，但不超过受托方在订立合同时所能预见或者应预见到因违反合同而造成的损失。

第十六条　合同变更

本合同的变更必须由双方协商一致，并以书面形式确定，但有下列情形之一的，一方可以向另一方提出变更合同的权利与义务的请求，另一方应当在______日内予以答复；逾期未予答复的，视为同意。

(1)__________；

(2)__________；

(3)__________。

第十七条　合同转让

1.受托方不得在向委托方交付研究开发成果之前自行将研究开发成果转让给第三人。

2.未经委托方同意，受托方不得将本合同项目部分或全部研究开发工作转让第三人承担，但有下列情况之一的，受托方可以不经委托方同意，将本合同项目部分或全部研究开发工作转让第三人承担：

(1)__________；

(2)__________；

(3)__________。

3.受托方可以转让研究开发工作的具体内容包括：__________。

第十八条　通知

在本合同履行中，因作为研究开发标的的技术已经由他人公开(包括以专利权方式公开)，一方应在____日内通知另一方解除合同，逾期未通知并致使另一方产生损失的，另一方有权要求予以赔偿。

第十九条　受托方应当保证其交付给委托方的研究开发成果不侵犯任何第三人的合法权益。如发生第三人指控委托方实施技术侵权的，受托方应当________。

第二十条　双方确定，受托方应在向委托方交付研究开发成果后根据委托方的请求，为委托方指定的人员提供技术指导和培训，或提供与使用该研究开发成果相关的技术服务。

1.技术服务和指导内容:________;

2.地点和方式:________;

3.费用及支付方式:________。

第二十一条　项目联系人

1.双方确定,在本合同有效期内,委托方指定______为委托方的项目联系人,受托方指定______为受托方的项目联系人。

2.项目联系人承担以下责任:__________。

3.一方变更项目联系人的,应当及时以书面形式通知另一方。未及时通知并影响本合同履行或造成损失的应承担相应的责任。

第二十二条　合同解除

双方确定,出现下列情形,致使本合同的履行成为不必要或不可能的,一方可以通知另一方解除本合同:

1.因发生不可抗力或技术风险;

2.双方通过书面协议解除本合同;

3.合同期限届满,双方不再续签本合同;

4.在合同期限届满之前,当事人一方明确表示或以自己的行为表明不履行合同主要义务的;

5.当事人一方迟延履行合同主要义务,经催告后在合理期限内仍未履行的;

6.当事人有其他违约或违法行为致使合同目的不能实现的;

7.______________________。

第二十三条　争议处理

双方因履行本合同而发生的争议,应协商、调解解决。协商、调解不成的,确定按以下第______种方式处理:

(1)提交__________仲裁委员会仲裁;

(2)依法向人民法院起诉。

第二十四条　双方确定本合同及相关附件中所涉及的有关名词和技术术语,其定义和解释如下:

1."技术开发合同",是指当事人之间就新技术、新产品、新工艺或者新材料及其系统的研究开发所订立的合同。技术开发的内容包括新技术、新产品、新工艺或者新材料及其系统的研究开发和具有产业应用价值的科技成果实施。这里所称的新技术、新产品、新工艺或者新材料及其系统，是指当事人在订立技术开发合同时尚未掌握的产品、工艺、材料及其系统等技术方案，如果是技术上没有创新，而只是对现有的产品外形、工艺变更、材料配方调整以及技术成果的检验、测试和使用订立的合同，则不在技术开发合同之列。

2.“技术成果的归属与分享”，是指在技术开发合同中所产生的技术发现、技术发明创造和其他技术成果归谁所有、如何使用及由此产生的利益如何分配等问题。

3.“技术开发合同标的”，是指新的技术成果，包括新技术、新产品、新工艺、新材料及其系统。

(1)“新技术”，是指在一定时间内初次实现的技术或者在原有的成果基础上经过改进革新，在性能上有所突破、有所进步的技术。

(2)“新产品”，是指在原理、结构、物理性能、化学成分、材料、功能和用途等某一方面或某几个方面与旧产品相比有显著改进的产品。

(3)“新工艺”，是指在生产实践中根据产品的设计要求，能使产品符合高效率、低能耗、缩短生产过程、改善劳动条件，提高经济效益的制造工艺。

(4)“新材料”是指材料品种的增加和材料性能的改进，所谓系统，是指含有新技技术、新产品、新工艺、新材料等相组合的系统工程，如自动化生产系统工程、卫星系统工程等。

4.“验收”，是指技术开发合同实施完成后，当事人双方或一方确认所完成的技术成果是否符合和达到合同标的约定的技术指标和经济指标的活动。

5.“经费的结算方式”，经费的结算包括经费包干和经费实报实销。

第二十五条　与履行本合同有关的下列技术文件，经双方以______方式确认后，为本合同的组成部分：

1.技术背景资料：__________；

2.可行性论证报告：__________；

3.技术评价报告：__________；

4.技术标准和规范：__________；

5.原始设计和工艺文件：__________；

6.其他：__________。

第二十六条　补充与附件

本合同未尽事宜，依照有关法律、法规执行，法律、法规未作规定的，双方可以达成书面补充合同。本合同的附件和补充合同均为本合同不可分割的组成部分，与本合同具有同等的法律效力。

第二十七条　合同效力

本合同自双方或双方法定代表人或其授权代表人签字并加盖单位公章或合同专用章之日起生效。有效期为______年，自______年____月____日至______年____月____日。

本合同正本一式______份，双方各执一份，具有同等的法律效力。

第二十八条　本合同经双方签字盖章后生效。

委托方（盖章）：______________　　受托方（盖章）：______________

法定代表人（签字）：__________　　法定代表人（签字）：__________

签订地点：________________　　签订地点：________________

______年____月____日　　______年____月____日

范例 2

独家代理合同

甲方（公司）：______________

乙方（代理人）：____________

为保护甲乙双方的合法权益，根据国家有关法律、法规规定，秉着诚实守信、互惠互利的原则，双方协商一致，特订立本合同。

第一条　甲乙双方均同意按照本合同内容之规定执行，甲方授权乙方作为______省______地区______有限公司产品______（独家）授权代理商，公司在该区域不再发展第二家加盟（独家）代理商。

第二条　代理商全年进货总金额需达________元人民币（大写：____佰

____拾______万______仟______佰______拾______元整），也可以不定额，定额完成有返利。

1.代理商首批进货金额需达______元人民币（大写：____佰____拾____万______仟______佰______拾______元整）。

2.完成全年销售总额及年终返利：完成全年进货总金额奖励______，超出部分奖励__________。

第三条　一个销售年度结束后，甲方有权在对乙方综合考核评估后决定是否继续授予其该地区的独家代理权，乙方亦有权利决定是否继续作为甲方在该地区独家代理商的权利，在同等条件下，乙方拥有优先权。

第四条　供货及相关细则

1.合同供货价格：以甲方书面通知乙方的价格为标准，本价格不含税，需要发票按正常税率收取。

2.货款支付方式：______规定期限内全款汇到甲方账户，款到发货。

3.首批进货：本合同签订之日需交合同保证金______元人民币，____日内按照计划量所需金额将首批进货款全额汇到甲方账户。甲方在收到乙方全款后按照供货合同的要求组织发货，并退回合同保证金或者直接转为货款。属于发生人力不可抗拒的意外因素（如铁路、公路、海运事故等），使甲方不能保证供货期或乙方不能按时交纳货款的情况除外。

4.交货地点及运费

合同交货地为代理商代理的城市之间，运费（以地区级城市为标准，仅限普通物流，如需快递或快速物流，差价由乙方负责）由甲方承担。

5.包装标准：按一般包装标准执行，包装物不回收。

6.甲方保证将产品保质、保量、按期交付乙方，如果在约定期限内无法交货的，超出一天按照货款总额的______%给予补偿（特殊情况根据双方的约定）。

第五条　广告促销管理

1.甲方设计、制作的产品必备资料，除按乙方购货数量比例配赠外，可以专为乙方的市场推出相应的广告宣传，其费用由乙方负责或者双方按比例分摊，具体情况由双方协商解决。

2.乙方组织的促销推广活动，其形式及内容必须经甲方审核书面同意后方可执行，否则一切后果由乙方自负。

第六条　双方的权利和义务

1.甲方享有的权利

(1)对乙方的经营有咨询、监督、调查权。

(2)对违反本合同的不良行为有处罚权，情节严重的，可以直接追究乙方的经济、法律责任。

2.甲方承担的义务

(1)有按照合同规定维护乙方合同权益的义务。

(2)有对乙方首次进货时提供业务培训或提供培训资料的义务。

(3)有按时供货、保证货物质量和提供经营信息的义务。

(4)有按照合同规定在合同期内同一签约地区不向乙方以外的任何其他法人或自然人供货的义务。

3.乙方享有的权利

(1)有在合同规定范围内的自主经营权。

(2)合同期满后，乙方在同等条件下有优先获得该地区独家特约代理商的权利。

(3)对违反本合同的行为有处罚权；情节严重的，可直接追究甲方经济、法律责任。

4.乙方承担的义务

(1)对甲方的产品，经营、市场策略等有保密义务。

(2)不得经营假冒、侵权产品及有协助甲方共同处理上述问题的义务。

第七条　双方必须遵守的其他条款

1.开箱损坏(未经用户使用)的产品，由甲方负责无条件退换，其运费由甲方负责。

2.售出产品的保修凭证(厂商联)必须及时寄回公司备案，否则，该售出产品不给予保修。

3.乙方在合同有效期内完成公司规定的首次进货量后，再进货产品实行可退货制度，原则上是没有经过拆封的部分，不得影响第二次销售，可以享受公司无条件全额退款。

(1)乙方退货产品的价格原则上以甲方当时的供货价格为标准，如遇价格下浮变动的按变动后的价格执行。

(2)乙方保证退货部分产品无使用、产品外包装完好无损，并不影响第二次销售(若外包装损坏，收取一定费用)。

(3)退货产品在乙方发运到甲方指定地点后由甲方验收，在3个工作日内，甲方按照其中合格品的实际货值向乙方汇出退货款额，退货中发生的运费、手续费、保险费、破损包装物等所有相关费用由乙方承担。

4.终止合同后的有关条款

(1)乙方应对甲方的经营内容(包括配套产品及销售的全部相关内容)继续承担两年的保密义务。

(2)退还所有文件、资料、授权委托书、特约代理牌(证书)等(包括复制品)。

(3)如违反本条款，乙方同意按照以侵犯甲方知识产权论处。

第八条　乙方如遇到其他区域代理商串货现象，搜集证据并告知甲方，甲方及时通知串货方并退出该区域销售，严重者，甲方可以取消串货方代理资格。

第九条　由不可抗力或国家政策变动等特殊情况造成的违约行为，双方协商解决。

第十条　违约责任：双方同意本合同(含附件及补充合同)全部条款，如违约，双方在协商不成的情况下可提请至人民法院裁决。

第十一条　合同生效及期限

本合同自乙方的合同保证金到达甲方账户后生效，有效期为______年____月____日至____年____月____日。有效期日前，甲方的相关款项必须到达甲方账户，否则合同自动失效，保证金不给予退还。

第十二条　本合同未尽事宜，由双方协商确定后作为补充合同监督执行。

甲方(盖章)：______________　　乙方(盖章)：______________

法定代表人(签字)：________　　法定代表人(签字)：________

电话：____________________　　电话：____________________

签订地点：________________　　签订地点：________________

签约日期:____年____月____日　　签约日期:____年____月____日

备注:

1.合同有效期内,若甲方在乙方代理的区域再发展第二家代理,甲方赔偿乙方人民币______元。

2.甲方允许乙方在没有代理商的区域销售,可以优先取得该区域代理资格,如果有人签订该地区代理,则必须无条件退出该地区。

补充合同:(略)

范例 3

总代理合同

甲方(委托人):____________

乙方(总代理人):__________

经甲乙双方协商同意,达成如下协议,共同遵照履行:

第一条　总代理人权限

1.总代理人负责委托人所生产的全部产品(或指定产品,需要明确约定)在指定地区的营销管理,包括:指定分代理人、建立营销网络、进行广告宣传和其他促销活动、参加各种展览会和交易会,等等。

2.总代理人在指定地区有权代表委托人签署买卖合同,并协助委托人履行所有的合同。

3.总代理人负责指定地区的市场信息调查、客户意见反馈等市场信息工作。

4.总代理人负责所在地区的售后服务、向所有厂商或消费者提供零配件、处理产品质量引起的纠纷。

5.总代理人可以代表委托人向不履行合同的客户提起诉讼,也可以代理委托人应诉。

第二条　总代理人的专营权

1.在合同有效期内,委托人不得指定其他任何人为其在指定地区的任何形式的代理人处理已授权代理人的任何事项。

2.总代理人在本合同的有效期间不得代表任何其他与委托人相竞争的厂商代理相同或相近似的产品。

第三条　总代理人的职责

在合同有效期间，总代理人：

1.应忠实于委托人的利益、努力尽责地履行委托事项、审慎地行使代理权限。

2.保存任何与委托业务有关的决议、账册、通信等重要商业文件，接受委托人的监督。

3.有效地监督分代理人的工作、协调分代理人之间的冲突、统一地区内的商品销售件。

4.保护委托人的无形资产，特别是商号、商标等，保守商业秘密。

第四条　委托人的职责

1.委托人应当提供所售产品的品质，提供真实的产品和宣传资料，并及时向总代理人提供有关业务所需的信息。

2.在产品广告策划、产品销售价格条件、合同履行方式等方面积极配合总代理人，在总代理人就有关问题提出要求时，委托人须立即向总代理人给予指示。

第五条　佣金和费用

1.委托人同意支付给总代理人价格的______%的佣金，佣金每月按交易量结算给付。

2.佣金内含总代理人的广告费、行政办公费等事务开支。

3.佣金不包括包装、运输、仓储、保险、海关税费等费用，这些费用由委托人负担，任何总代理人提供的有效发票，每月同佣金一起与委托人结算。

第六条　期限

1.本代理合同有效期为3年，期满后，任何一方未向对方提出解除合同请求，本协议将自动延长，每次延长1年，并可依此方法连续续展。

2.本协议在自动续展年满10年后，双方可以考虑重新签订协议，给予代理人以更优惠的代理条件。

第七条　终止

1.任何一方在期满(包括每一个续展年度)前6个月内均有权终止本合同。

2.若遇有下列任何事件或情况时,委托人须以书面方式通知总代理人:按协议规定,总代理人不履行或不遵守其职责或义务时,或当收到委托人就代理人不履行或不遵守其职责的通知后的30天内仍置之不理,立刻终止本协议对总代理人的委托。

3.按照本协议规定,期满或终止对总代理人的委托不论出于何种原因,均不妨碍协议各方面的权利和义务。

4.当届满和终止对总代理人的委托时,按下述条款办理:

(1)总代理人应立即将持有与委托人业务有关的票据、备忘录、记录稿件或其他文件交还给委托人。

(2)按照本协议规定,于终止对总代理人委托的5天内,委托人将佣金按第五条规定支付给代理人。

5.按本协议规定,不论出于何原因,届满或终止对总代理人的委托,本协议仍然予以履行或遵守其条款,对各方均有约束力并付诸实施。

第八条　分代理或转让

1.非经委托人书面同意,总代理人不得将协议之任何义务或责任转让给非经委托人指定的分代理,不论经委托人如何同意的由总代理人委托的分代理,根据协议的规定不得免除代理人的任何权利、义务或责任。

2.非经总代理人书面授权,委托人不得将本协议规定的任何权利、义务或责任予以转让或转移给他人。

3.本协议对委托人、总代理人及各方指定的继承人均具有同等的约束力,并确保实施。

第九条　协议的完全性和修改

1.本协议所附的产品销售条件及其他附件是本协议的组成部分,在代理过程中,双方达成的补充协议或备忘录均当然地成为本协议不可分割的部分。

2.除非经本协议双方当事人达成一致协议,本协议不得作任何修改和变更。

3.本合同的变更、修改和增补应采取书面形式。

第十条　法律适用

1.本协议的一切条款是根据签字时______现行的有关法律、法令和条例制定。然而，在协议生效之后，由于______颁布了新的法律、法令、条例，或对原有的法律、法令和条例进行了修改，致使委托人和总代理人中任何一方的经济利益发生重大的变化，应及时协商，并对本协议的有关条款作必要的修正和调整，以维护委托人和总代理人在协议中的正常经济权益。

第十一条　争议的解决

1.在执行本协议中所发生的或与本协议有关的一切争执，首先应由委托人和总代理人友好协商解决。

2.若协商不能解决，在______仲裁委员会根据该仲裁程序仲裁。

3.在争执发生时及争执提交仲裁过程中，除所争执并提交仲裁的问题外，委托人和总代理人都必须按本协议的规定继续行使自己的权利、履行各自的义务。

4.仲裁裁决是终局的，对委托人和总代理人都有约束力，仲裁费由败诉方负担。

第十二条　语言

本协议以英文和中文书写，两种文字均为正式文本。

第十三条　通知

凡有关本协议的通知、请求或其他通信往来须以文字为准，可采用书信、电传、电报方式按对方地址寄发给对方。

第十四条　其他条款

1.以本合同当事人同时签署日期或最后签署日期为正式生效日期。

2.如本合同一条或一条以上的条款无效，其余条款仍然有效。

3.本合同一式两份，双方各执一份，具有同等的法律效力。

甲方(盖章)：______________　　乙方(盖章)：______________

法定代表人(签字)：________　　法定代表人(签字)：________

电话：______________　　电话：______________

签订地点：______________　　签订地点：______________

签约日期：____年____月____日　　签约日期：____年____月____日

范例4

一般代理合同

甲方(制造商):__________

乙方(代理商):__________

经甲乙双方协商同意,达成如下协议,共同遵照履行:

第一条　委任

兹委任乙方为________地区船舶修理及销售之独家代理商。

第二条　乙方的职责

1.向该地区寻求船主欲购船和修船的询价单并转告甲方;

2.报导本地区的综合市场概况;

3.协助安排工厂经销人员的业务活动;

4.代表甲方定期做市场调查;

5.协助甲方征收货款(非经许可,不得动用法律手段);

6.乙方按商定的方式,向甲方报告在本地区所开展的业务状况。

第三条　范围

1.为了便于工作,甲方应把代理区域的业主名录提供给乙方,乙方对此名录给予评述、提出建议或修正,供甲方备查;

2.由于个别船舶收取佣金造成地区之间的争执时,甲方应是唯一的仲裁人,将综合各种情况给出公平合理的报酬。

第四条　佣金

1.甲方向该地区乙方支付修理各种船舶总结算价值_____%的佣金,遇有大宗合同需另行商定佣金支付办法:先付_____%,余额待修船结算价格收款后支付。

2.当需要由甲方付给业主(即船主)的经纪人及第三方介绍人等佣金的时候,必须由乙方事先打招呼,同时由甲方决定是否支付。

第五条　费用

除下述者外,其余费用由乙方自理。

1.在甲方指定的时间内对甲方的走访费用；

2.特殊情况下的通信费用(长电传、各种说明书等)；

3.甲方对该地区进行销售访问所发生的费用。

第六条　甲方的职责

甲方应：

1.向乙方提供产品样本和其他销售宣传品；

2.向乙方提供重点客户的船舶名录以使其心中有数；

3.通知乙方与本地区有关船主直接接洽；

4.将所有从业主处交换来的主要文件之副本提供给乙方，并要求乙方不得将商业秘密外泄。

第七条　职权范围

就合同之价格条款、时间、规格或其他合同条件，乙方无权对甲方进行干涉，其业务承接之决定权属甲方。

第八条　利害冲突

兹声明，在本协议有效期内，乙方不得做其他修船厂的代表而损害甲方利益。乙方同意在承签其他代理合同前须征求甲方的意见；乙方担保，未经甲方许可，不得向第三方泄露有损于甲方商业利益的情报。

第九条　终止

不论何方，以书面通知 3 个月后，本协议即告终止；协议履行期间，乙方所承接的船舶的佣金仍然支付，不论这些船舶在此期间是否在厂修理。

第十条　泄密

协议执行中或执行完毕，乙方担保，不经甲方事先同意，不向任何方泄露甲方定为机密级的任何情报。

第十一条　仲裁

除第三条所述外，双方凡因协议及其解释产生争执或经双方努力未能满意解决之纠纷，应提交双方确认的仲裁员进行仲裁，如双方对仲裁员的确认不一致，则暂由海事仲裁委员会主席临时指定仲裁员。

甲方(盖章)：______________　　乙方(盖章)：_______________

法定代表人(签字)：________　　法定代表人(签字)：_________

电话：________________　　电话：________________

签订地点：______________　　签订地点：______________

签约日期：____年____月____日　　签约日期：____年____月____日

范例5

委托生产合同

甲方：____________　　甲方：____________

地址：____________　　地址：____________

邮编：____________　　邮编：____________

电话：____________　　电话：____________

传真：____________　　传真：____________

电子邮件：________　　电子邮件：________

甲、乙双方经协商，就乙方委托甲方服务达成本合同，以期共同遵守执行：

一、服务种类及价格

1.甲方为乙方提供________服务，由双方确定服务的种类及单价。

2.由乙方提供甲方服务所需的物品______，以______的方式运输，在运输过程出现问题或者原料质量达不到甲方要求，由乙方负责解决。

二、合同总金额：人民币____元人民币，其中，____费用为____元人民币，____费用为____元人民币。

三、付款方式

1.在甲乙双方签订合同后，乙方先向甲方支付______元人民币作为项目启动费，甲方收到乙方的付款证明后即开始进入生产程序。

2.生产完成后，甲方以书面形式向乙方提供生产完成报告(包括实验步骤及相应数据说明)，乙方向甲方支付合同剩余金额，即______元人民币，甲方在收到乙方的付款证明后即发货，并将剩余的原材料退还给乙方。

收款单位：____________

开户银行：____________　　银行账号：__________

汇入地点：__________ 财务电话：__________

四、交货条款

1.生产期限：自甲方收到乙方的原料及付款凭证起_____日内完成。

2.供货日期：自甲方生产完毕后_____日内。

3.交货地点：____________________

4.运输方式：甲方采取快递方式发货。

五、交货标准

甲方为乙方提供_____服务，生产结束后，甲方向乙方提供包括_____在内的书面报告，甲方保证生产出的产品符合____________________标准。

六、违约责任

本合同签订后，乙方如单方面提出取消部分或全部已订货物，甲方将不退还乙方已支付的所有费用。

七、保密责任

甲方有责任对乙方委托生产的项目实行保密，保密内容包括：_____。

八、产品使用限制

甲方为乙方生产的产品，乙方只能作为实验用途自用，不得转卖或用作其他商业用途。

九、附加条款：____________________。

十、本合同一式两份，双方各执一份，双方签字盖章后生效。

十一、本合同未尽事宜，由双方友好协商解决。如协商不成，交由甲方所在地仲裁机关或人民法院裁决。

甲方：________________ 乙方：________________

代表（签字）：____________ 代表（签字）：____________

_____年____月____日 _____年____月____日

签订地点：____________ 签订地点：____________

附件：____

清单：____

原料名称：____________________________________

原料种类：____________________________________

服务种类：______________________________

特殊要求：______________________________

单价：________________________________

总价：________________________________

备注：________________________________

范例6

委托拍卖合同

委托人：__________

拍卖人：__________

依照《中华人民共和国拍卖法》、《中华人民共和国合同法》及其他有关规定，双方在平等、自愿的基础上协商达成协议如下：

第一条　拍卖标的

委托人自愿委托拍卖人依法拍卖如下标的：(详见附件《拍卖标的清单》)。

委托人保证对拍卖标的拥有无可争议的所有权(处分权)，并根据拍卖人的要求提供拍卖标的的有关证明和资料，说明知道或应当知道的拍卖标的瑕疵。

第二条　拍卖标的的评估鉴定

拍卖人认为需要对拍卖标的进行评估的，可以委托______评估，评估费用由______承担。

拍卖人认为需要对拍卖标的进行鉴定的，可以(1)自行鉴定(2)委托______鉴定，鉴定费用由______承担。

鉴定结论与委托人声明的拍卖标的状况不相符的，拍卖人有权要求变更或解除合同。

第三条　拍卖期限及地点

拍卖人应于______年____月____日之前在________举办的拍卖会上对

本合同所载拍卖标的进行拍卖。

第四条　拍卖标的的交付(转移)及其时间、方式

拍卖标的经拍卖成交的，由______将标的交付(转移)买受人。

若拍卖标的由拍卖人交付(转移)买受人，委托人应于______年____月____日前将本合同所载拍卖标的交付拍卖人，交付地点为______，交付方式为______，交付后保管费用由______承担。

第五条　佣金、费用及其支付的方式、期限

拍卖标的经拍卖成交的，委托人应在成交之日起______日内向拍卖人支付成交价______%的佣金，支付方式为______。

拍卖标的未成交的，委托人应向拍卖人支付如下费用：______。

第六条　价款的支付方式及期限

拍卖标的经拍卖成交的，拍卖人应在成交之日起______日内将拍卖成交款支付给委托人，支付方式为______。

第七条　拍卖标的的撤回与撤除

委托人在拍卖开始前可以撤回拍卖标的。

委托人撤回拍卖标的的，应当向拍卖人支付如下费用：______。

拍卖人有确切证据证明拍卖标的存在下列情况之一的，有权撤除该标的，并不承担由此产生的法律责任：

1.拍卖标的的权属状况与委托人声明不一致的；

2.拍卖标的存在委托人未声明的重大瑕疵的。

第八条　拍卖标的未售出的约定

因未成交或买受人未按约定成交等不可归责于拍卖人的原因而致使拍卖标的未能售出的，委托人与拍卖人可以：

(1)续签合同；

(2)解除合同。

双方约定解除合同的，委托人应在接到拍卖人通知之日起______日内领回拍卖标的，超过期限未领回的，______。

第九条　保密约定

拍卖人应对委托人的(1)身份(2)保留价及______进行保密。

第十条　其他约定

1.委托人不得参与竞买，也不得委托他人代为竞买本合同所列各拍卖标的。

2.拍卖人不得擅自变更拍卖标的的保留价，也不得低于保留价拍卖各标的。

3.拍卖人不得擅自将拍卖标的委托其他人进行拍卖。

第十一条　违约责任

1.因拍卖人保管不善而造成拍卖标的毁损、灭失的，应参照该标的保留价予以赔偿。

2.拍卖人没有确切证据撤除拍卖标的的，应承担以下责任：______。

第十二条　争议解决方式

双方在履行合同过程中发生争议，应：______。

(1)协商解决；

(2)由______调解解决；

(3)由______仲裁委员会仲裁解决；

(4)由______人民法院诉讼解决。

未尽事宜可依照拍卖规则协商解决。拍卖规则与本合同不一致之处，以本合同为准。

委托人：(签字或盖章)____________　拍卖人：(盖章)__________

附件：

《拍卖标的清单》

范例 7

委托培训合同

甲方(培训单位)：____________

乙方(委托培训单位)：________

丙方(学生)：________________

为了开辟人才培训的渠道、加速智力开发、保证受培训人员的质量、明确培训各方的责任、为社会提供更多更好的人才，经甲、乙、丙三方协商一致，特订立本合同，共同遵守。

第一条　甲方对丙方的授课内容应按照教育部对同类本科生(或大专、中专生)所规定(部属学校按其系统的有关规定)的科目、学时安排，不得降低对丙方的要求。甲方对丙方在校期间的德、智、体发展情况，应于每学期期末向乙方作一次详细介绍。

第二条　甲方如发现丙方有违反校纪校规的行为，应及时与乙方取得联系，共同研究处理办法。丙方在期末思想品德评为“差”等、学期内有3门功课不及格、一年之内有两门功课补考不及格者，甲方有权劝其退学或取消其学籍。

第三条　甲方负责丙方奖学金的评定和发放。奖学金每学期评定一次，分一、二、三等，具体评定和发放方法、标准按甲方的统一规定办理。

第四条　乙方承担丙方在校学习期间的全部学费和奖学金。学费每人每学期为______元，其他费用每人每学期为______元。丙方的以上费用，乙方应于每学期学生报到时直接汇到甲方，或由丙方带交给甲方。

第五条　乙方应按规定发给丙方工资(标准工资加地区生活费补贴，不发奖金)和其他福利待遇，丙方如在甲方食宿，乙方按规定每天补助丙方生活费______元(如国家有新规定，按新规定执行)，向甲方支付丙方的寄宿费和伙食费。丙方节假日回家的来回路费，乙方按规定给予报销。丙方如不在甲方住宿，其家离甲方两公里以上的，乙方应按国家规定按月发给交通费补贴。

第六条　乙方要加强对丙方的管理和教育，要经常了解丙方的学习和思想品德状况，如发现丙方有问题，应及时配合甲方教育和处理。

第七条　丙方学习结束，经甲方考核、考试合格准予毕业后，乙方应根据丙方所学专业和甲方提供的丙方的德、智、体发展情况，合理安排其工作。

第八条　丙方必须自觉接受甲方和乙方的教育和管理，努力学习、遵纪守法，从德、智、体三方面全面发展，争当“三好学生”。丙方如违反校规校纪，要自觉接受甲方和乙方的处理。丙方如中途退学，或被甲方劝其退学或取消学籍的，应承担向甲方交付的各项费用，丙方如不交付，乙方有责任代丙方交付。丙方学习结束经考核、考试合格准予毕业后，必须到乙方单位工作，在______年内不得提出调离乙方单位。丙方如因特殊情况必须调出，必须符合上级的有关规定，经乙方同意后，方可办理调离手续。丙方如毕业后不回乙方单位工作，或回乙方单位工作不到______年要求调离工作的，应向乙方偿付丙方在校期间乙方支付的各类费用和工资。

第九条　本合同自甲、乙、丙三方签字之日起生效，于丙方学习期满毕业后自行失效，甲、乙、丙三方均不得擅自修改或解除合同。合同中如有未尽事宜，须经三方共同协商，作出补充规定。补充规定与本合同具有同等的法律效力，但不得与本合同内容相抵触。本合同正本一式3份，甲、乙、丙三方各执一份，合同副本一式______份，交______市教育局等单位各留存一份。

甲方（盖章）：__________

甲方代表（签字）：__________

地址：__________

电话：__________

签约日期：____年____月____日

乙方（盖章）：__________

乙方代表（签字）：__________

地址：__________

电话：__________

签约日期：____年____月____日

丙方签字：__________

地址：__________

电话：__________

签约日期：____年____月____日

范例8

法律顾问协议书

甲方（聘请方）：__________

乙方（受聘方）：__________

甲方因工作需要，根据《中华人民共和国律师法》的有关规定，聘请____律师为常年法律顾问。经双方协商订立下列协议，共同遵照履行：

第一条　乙方委派______律师担任甲方常年法律顾问，为甲方提供全面、勤勉、谨慎的法律服务。乙方指派的上述律师因故不能继续担任甲方常年法律顾问时，在征得甲方同意后，乙方可以另行指派其他律师继续履行常年法律顾问应尽的义务，并不得因此而损害甲方的利益。

第二条　乙方的服务范围（包括如下内容但不限于该内容）

1.为甲方解答法律问题，必要时提供法律意见书。

2.协助草拟、修改、审查合同等有关法律事务文书。

3.接受甲方委托、参与一般经济合同谈判。

4.应甲方要求，向甲方员工进行法律宣传教育、提供法律培训服务。

5.为甲方了解债务人及业务相对人的资信和履约能力提供服务。

6.为甲方行使股东权利，对其参股、控股公司进行法律监控提供服务。

7.接受甲方委托，提供其他法律服务。

第三条　乙方的服务方式及保证

1.乙方指派的律师不定期或者定期到甲方集中办理法律事务，如遇紧急情况，乙方律师应随时提供法律服务，乙方律师应及时告知甲方有关服务情况。每年年终和本协议终止时，乙方律师应当向甲方提供书面情况报告。

2. 乙方为甲方提供服务的律师在本协议有效期间保证不再给甲方诉讼、仲裁相对人提供法律服务，但该诉讼、仲裁相对人在本协议签订之前与乙方已经签订有法律顾问服务协议的则应另行议定。

第四条　甲方配合义务

1.乙方律师办理甲方的事务时，甲方应无偿向乙方律师提供办公场所、办公用品等必要的办公条件。

2.甲方应向乙方律师提供与业务有关的情况、资料，如因甲方提供相关资料虚假或者不充分，虽经乙方律师尽谨慎义务而仍未能避免出现的结论性错误，乙方不承担任何责任。

3.甲方应指定专门机构或一名具有法律专业知识人员负责与乙方律师联系。

第五条　律师服务费用的核定及支付

1.甲方每年度向乙方支付顾问费______万元人民币；付款时间为：______；付款方式为：____________________。

2.乙方为甲方提供本协议第二条所列服务的，不再收费。

3.乙方为甲方提供下列服务须另行收费，但应给予相应优惠：

(1)接受甲方委托，代理甲方参加诉讼、仲裁活动。

(2)重大项目的商事谈判、资产重组、产权界定、企业改制、转股权、项目融资等非诉讼业务。

(3)为甲方收购、兼并等资本运营行为提供服务。

第六条　下列费用由甲方承担

1.法院或仲裁机关收取的诉讼受理费、处理费、保全费、执行费、评估费、拍卖费以及该部门工作人员的差旅费。

2.受甲方委托，乙方律师赴外地的差旅费。

3.受甲方委托，乙方律师调查取证时支付的调查费。

4.受甲方委托，经甲方同意支出的其他的必要费用。

第七条　乙方代理权行使

乙方受甲方委托代理每一具体法律事项，须由甲方出具授权委托书并办理相关代理手续，涉及甲方实体权益的重大事项，乙方须取得甲方书面特别授权后方可实施。

第八条　双方保密义务

1.乙方在为甲方服务期间接触到的甲方的经营管理情况、相关资料(含电脑信息资料)以及甲方其他的商业秘密，乙方负有保密义务。乙方律师除经甲方书面授权或因案件需要外，不得透露给任何第三方。乙方保密义务不因本协议终止而免除。

2.乙方在服务期间为甲方提供的服务方案、专业论证方案以及提供的专有服务方式均为乙方的商业秘密，甲方负有保密义务，不得透露给任何其他律师事务所和律师。甲方保密义务不因本协议终止而免除。

第九条　双方就本协议未尽事宜另行协商所产生之合约为本协议不可分割之组成部分。因履行本协议而发生争议，双方协商解决。协商不成时，提交______仲裁委员会裁决。

第十条　本协议一式两份，双方各执一份，具有同等法律效力。

第十一条　本协议自双方签字或盖章之日起生效，期限为：______年

（自____年____月____日至____年____月____日），合同期满后可以续签。

甲方（盖章）：______________

法定代表人（签字）：________

电话：____________________

签订地点：________________

签约日期：____年____月____日

乙方（盖章）：______________

法定代表人（签字）：________

电话：____________________

签订地点：________________

签约日期：____年____月____日

最新适用版

第十章 担保合同

撰写要领

一、担保合同概述

担保合同是指保证人和债权人以书面方式约定，当债务人不履行债务时，保证人按照约定履行债务或者承担责任的行为。保证人与债权人可以就单个主合同分别订立保证合同，也可以协议在最高债权额限度内就一定期间连续发生的借款合同或者某项商品交易合同订立一个保证合同。

二、担保合同的法律特征

(一)担保合同的主体

自然人、法人或其他组织都可以担当保证人，且不论是否具有完全代偿能力。根据《中国人民共和国担保法》第 8 条、第 9 条的规定：“国家机关不得为保证人，但经国务院批准为使用外国政府或者国际经济组织贷款进行转贷的除外。”“学校、幼儿园、医院等以公益为目的的事业单位、社会团体不得为保证人。”因此，除上述规定的例外情况，国家机关和以公益为目的的事业单位、社会团体作为保证人签订的保证合同是无效的，但从事经营活动的事业单位、社会团体可以作为保证人。此外，法律特别规定企业法人的分支机构如无法人的书面授权而提供保证的，保证无效；企业法人的职能部门也不可以担当保证人。

(二)担保合同的成立

担保合同应当以书面形式订立。担保合同成立的方式包括：单独订立书面形式的担保合同；在主合同中写明保证人的保证范围和保证期限并由保证人签名盖章；公民间的口头保证的，有两个以上无利害关系人证明的也视为担保合同成立；第三人单方以书面形式向债权人出具担保书，债权人接受且未提出异议的，担保合同成立；主合同中虽然没有保证条款，但保证人在主合同上以保证人的身份签字盖章的，担保合同成立。

(三)担保合同的范围

对保证担保的范围有约定的，根据约定；没有约定的，应对全部债务承担责任,包括主债权及利息、违约金、损害赔偿金和实现债权的费用。

(四)保证欺诈

如果主合同当事人双方串通，骗取保证人提供保证的或主合同债权人采取欺诈、胁迫等手段,使保证人在违背真实意思的情况下提供保证的或主合同债务人采取欺诈、胁迫等手段,使保证人在违背真实意思的情况下提供保证的,债权人知道或者应当知道欺诈、胁迫事实的,保证人不承担民事责任。此外,如果债务人与保证人共同欺骗债权人订立主合同和保证合同的,债权人可以请求人民法院予以撤销。因此给债权人造成损失的,由保证人与债务人承担连带赔偿责任。

(五)保证责任的方式

保证人承担保证责任的方式有两种:一般保证责任和连带保证责任。这两种保证责任方式有很大的区别。关于一般保证责任,根据《中国人民共和国担保法》的规定,只有在债务人不能履行债务并且在强制执行其财产后仍不能清偿债务的情况下方可要求保证人履行保证责任。关于连带保证责任,根据《中国人民共和国担保法》的规定,保证人与债务人处于同一顺序,只要债务人不履行债务,债权人可以要求其中任何一人首先履行债务。因此,在一般保证责任的情况下,法律要求债权人先申请法院强制执行债务人的财产,如果债务人的财产满足了债权人的债权，则保证人的保证责任就会相应免除。而在连带保证责任的情况下,法律则赋予债权人选择权,债权人可以不先申请执行债务人的财产而直接申请法院让保证人承担保证责任。

三、担保合同的常见漏洞与风险防范

(一)订立保证合同时应注意保证人的主体资格,不要与无资格担当保证人的人签订保证合同。

(二)在与有主体资格的保证人签订保证合同时还应对保证人进行资信调查,要求保证人适当提供其财务状况的证明以及对外担保情况的证明。

(三)应注意保证人内部限制性规定,如企业类保证人在其备存于登记机关的章程或设立文件中对自身、内部组织机构、法定代表人或负责人对外担保所作的限制性规定、对担保合同效力的影响。根据我国《公司法》第 16 条规定:“公司向其他企业投资或者为他人提供担保,依照公司章程的规定,由董事会或股东会、股东大会决议；公司章程对投资或担保的总额、单项投资或担保的数额有限额规定的，不得超过规定的限额。”违反保证人内部限制性规定的可能会导致保证合同的无效，因此在签订担保合同时可要求保证人提供公司与对外保证相关的限制性规定。

（四）应在担保合同中明确约定保证的方式，约定一般保证责任的风险远远小于连带保证责任，如果对保证方式没有约定或约定不明确的，按照连带保证承担保证责任。此外，在两个以上保证人对同一债务同时或分别提供保证时，各保证人应与债权人约定保证的份额，否则将被认定为连带共同保证，即使连带共同保证人相互之间约定了各自承担的份额，但也无法对抗债权人，债权人仍可以要求任何一个保证人承担全部保证责任。

范文经典

范例1

保证合同

编号：____________

保证人（以下简称甲方）：____________

法定代表人：____________

住所：____________

电话：____________

传真：____________

邮政编码：____________

开户金融机构：____________ 账号：____________

借款人（以下简称乙方）：____________

法定代表人：____________

名称：__________

住所：__________

身份证号码：__________

开户金融机构：__________　账号：__________

营业执照注册号：__________　电话：__________

传真：__________

邮政编码：__________

贷款人（以下简称丙方）：__________

法定代表人：__________

名称：__________

住所：__________

电话：__________

传真：__________

邮政编码：__________

甲方受乙方的委托，愿意为乙、丙双方所签订的____年____字第____号借款合同（以下简称主合同）以保证方式提供担保。丙方经审查，确认并同意甲方作为乙方的还款保证人。甲、乙、丙三方经协商一致，于____年____月____日在______（地名）按下列条款订立本合同。

第一条　保证金额及期限

1.根据主合同第_____条、第_____条的有关规定，乙方（为进行____项目）在_____期内向丙方借用_____币种_____元（大写）席金，相应的利息为_____（币种）_____元（大写）。甲方愿意就此本金加利息的_____%向丙方提供担保，保证金额总额为_____（币种）_____元整。

2.甲方提供保证的具体期限和数额为：________

第二条　保证责任

1.甲方保证乙方能够按照主合同的规定就甲方保证金额内的款项到期时向丙偿还。

（1）乙方在主合同到期时未能偿还上述款项，丙方必须首先要求乙方偿还，只有当乙方不能偿还，直至丙方对乙方的财产申请并实施强制执行后仍不足以清偿时，丙方才有权要求甲方代为清偿，甲方则应在保证金额的范围内和在本合同约定的期间内就其不足的部分代乙方向丙方予以清偿。

(2)乙方在主合同到期时未能偿还上述款项，且确实无力清偿或无法清偿时，丙方有权要求甲方代为偿还，甲方则应在保证金额的范围内和本合同约定的期间内代为偿还。

2.在甲方保证期内，超出甲方保证金额与保证期限的款项，甲方不承担担保责任。

3.本合同规定的保证金额随乙方履行主合同义务如期偿还或甲方按照前述一款的约定代为偿还，或丙方因乙方违约收回贷款而相应部分或全部扣减，同时相应部分或全部解除甲方的保证责任。

第三条　除甲方外，若还有其他担保人为乙方的债务提供担保的，甲方仅就其在本合同中约定的保证金额承担按份保证责任，同其他担保人之间不负连带责任。

第四条　甲方的求偿权和代位权

1.按照本合同第二条的规定，甲方代为乙方向丙方偿还债务后，有权立即向乙方行使求偿权，即有权要求乙方归还下列款项：

(1)甲方保证金额的本金及自付款之日起的利息(利率______)；

(2)甲方的其他费用及损失等。

2.同时，甲方有权在代为清偿的范围内取代丙方的地位行使对乙方的一切权利，包括接管一切为丙方贷款债权设立的担保物以及对其他为乙方担保借款担保人的求偿权。

第五条　乙方与丙方的义务

1.丙方应严格履行主合同所规定的义务，包括按期足额向乙方提供贷款等；

2.丙方如要求甲方按照本合同第二条的规定履行保证责任，则应在有权要求之日起30天内向甲方书面提出，并应给予甲方60天的清偿宽限期；

3.未经甲方同意，丙方不得将主合同与本保证合同转让给他人；

4.乙、丙方如需对主合同作出修改而要求本合同作相应变更时，必须以

书面形式通知甲方,并征得甲方同意;

5.如丙方发现乙方不履行或不完全履行还款义务,丙方应及时采取补救措施尽可能减少损失,并应在5天以内通知甲方可能影响甲方利益的有关情况;

6.在下列情况下,丙方可以决定提前收回借款,但应在发现情况后5天内及时书面通知甲方,如丙方同时要求甲方履行保证责任,则应给予甲方不少于120天的清偿宽限期:

(1)发现乙方的其他严重违约行为或其他债务被宣告要求提前履行;

(2)乙方书面通知丙方无力清偿到期债务或乙方提出转让财产的建议;

(3)乙方经司法机关宣告破产;

(4)乙方被其他债权人起诉或法院已作出扣押其财产、强制执行的裁决;

(5)乙方其他足以严重影响向丙方履行主合同的还款债务的事件。

7.按照本合同第四条的规定,甲方有权向乙方行使求偿权,乙方则应在收到甲方通知15天后,即向甲方偿还全部应付款项。

第六条　违约责任

1. 甲方违反本合同第二条第一款的约定未按期代为清偿到期债务,丙方有权委托甲方开户金融机构从甲方账户中直接扣除,并可视情况按甲方保证金额的______%向甲方收取违约金。

2.丙方违反本合同第四条第二款的约定,则甲方有权要求丙方赔偿因此造成的损失,并解除甲方此后的保证责任。

3.丙方违反本合同第五条第二款的约定,则甲方的所有保证责任自行解除,本合同亦自行终止。

4.丙方违反本合同第五条第一款的约定,则甲方有权解除全部或部分担保责任,并要求丙方赔偿由此而造成的全部损失。

5.丙方违反本合同第五条第三、四、五、六款的约定,丙方应按照甲方保证金额的______%向甲方偿付违约金,如违约金不足以弥补甲方因此造成的损失的,还应由丙方赔偿其不足的部分;同时,甲方亦有权终止部分或全部保证责任,部分或全部解除本保证合同。

6.乙方违反本合同第七条和第八条的约定,甲方有权通知丙方停止发放贷款或解除甲方部分或全部的保证责任，部分或全部终止本合同。

7.乙方违反本合同第四条第一款的约定，甲方除有权委托乙方开户金融机构扣除其应付款及相应违约金、赔偿金外，还有权通知丙方停发其未发放的贷款，并解除此后的甲方保证责任。

第七条　义务和责任的连续性

1.本合同项下规定的各方的义务与责任不因任何一方的上级单位的任何指示、命令或其地位及财力状况改变或任何一方的与其他单位签订任何协议、文件或主合同的无效解除而免除。

2.本合同任何一方当事人若发生合并、分立时，由变更后的当事人承担或分别承担本合同所列义务与责任。

3.本合同生效后，不因合同任何一方的承办人或法定代表人变动而变更或免除。

第八条　不可抗力

由于水灾、火灾、地震、政府禁令等不可抗力事件致使甲方、乙方或丙方不能履行或不能完全履行本合同的义务和责任时，遭受不可抗力的一方必须及时通知其他各方，说明不能履行合同的全部义务或部分义务或需要延期履行合同的理由，并提供有关证明文件，根据情况得以全部或部分免除责任或延期履行。

第九条　有下列情形之一的，本合同即告终止：

1.乙方已按主合同约定条件全部偿付借款本息；

2.按照本合同第六条第二、三、四、五、六、七款规定的情形，甲方终止保证责任时；

3.经甲、乙、丙三方协商一致，同意终止本合同；

4.仲裁机构裁决或法院判决终止本合同；

5.主合同被宣告无效；

6.由于不可抗力导致合同中的全部义务不能履行。

第十条　双方约定的其他条款

________________________________。

第十一条　争议的解决

1.本合同发生争议或纠纷时,当事人可以通过协商解决,也可委托____机关调解;如协商、调解不成,则可向______机关申请仲裁,当事人应当履行仲裁,如本合同一方在规定期限内不履行仲裁裁决时,其他任何一方均可向有管辖权的人民法院申请强制执行。

2.本合同发生争议或纠纷时,当事人双方可通过协商解决或委托______机关调解,如协商、调解不成,任何一方均可向有管辖权的人民法院起诉。

3.本合同发生争议或纠纷时,当事人双方可通过协商解决或委托______,也可以由任何一方向有管辖权的人民法院起诉。

第十二条　如本合同任何一方提出公证要求,则本合同应由公证机关进行公证,其费用由______方承担。

第十三条　本合同受中华人民共和国法律管辖并依照中华人民共和国法律解释。

第十四条　有关本合同的任何补充、修改、变更等,均须经甲、乙、丙三方共同协商同意,并由三方订立书面补充或修改协议。该补充或修改协议生效后,与本合同有任何不符之处,则以该补充或修改协议为准。

第十五条　本合同由甲、乙、丙三方签字并加盖公章后,与主合同同时生效,本合同有效期为______。

第十六条　本合同正本一式______份,甲、乙、丙三方各执______份,副本一式______份,送______备案。

甲方(盖章):______________　　乙方(盖章):____________

法定代表人(签字):________　　法定代表人(签字):______

____年____月____日　　____年____月____日

签订地点:______________　　签订地点:____________

丙方(盖章):____________

法定代表人(签字):____________

____年____月____日

签订地点:____________

范例2

动产质押合同

出质人(以下称甲方):__________

质权人(以下称乙方):__________

为确保_____年_____字第_____号合同(以下称主合同)的履行,甲方愿意以其有权处分的财产做质押。乙方经审查,同意接受甲方的财产质押。双方经协商一致,按以下条款订立本合同:

第一条　甲方用做质押的财产为:(附详细质物清单及出质人所有权证明)

(1)质物名称:__________

(2)规格:__________

(3)数量:__________

(4)账面价格:__________

第二条　本合同项下质押财产共计价人民币_____(大写)元整,质押率为_____%,实际质押额为_____(大写)元人民币整。

第三条　甲方应在本合同订立后5日内将质物移交乙方占有,双方商定移交事项如下:_____。

第四条　在质押有效期内,乙方应负责妥善保管质物,并不得挪用,甲方一次性向乙方支取保管费_____元人民币整。

第五条　甲方应按乙方要求,对质押财产中的_____办理财产保险,并将保险单交乙方保存,投保期限应长于主合同约定期限。如主合同经双方同意延长期限的,甲方应办理延长投保期限的手续。保险财产如发生意外损失,所得赔偿金应由甲方到__________银行办理专项存款,并将存款单交由乙方保管。

第六条　在本合同有效期内,甲方如需转让质物,须经乙方书面同意,并将转让所得款项交银行专项存储,存款单交由乙方保管,或者以该款项提前清偿债务。

第七条　本合同项下有关公证、保险、签订、登记、运输及保管等费用由甲方承担。

第八条　在本合同有效期内，甲方如发生分立、合并，由变更后的机构承担或分别承担本合同项下义务。甲方被宣布解散或破产的，乙方有权提前处分质物。

第九条　出现下列情况之一时，乙方有权依法定方式处分质押财产：

1.主合同债务履行期限届满或经延期后仍未履行债务；

2.债务人死亡而无继承人或继承人放弃继承的；

3.债务人被宣告解散、破产的。

处理质物所得价款不足清偿债务的，乙方有权另行追索；价款偿还债务还有剩余的，乙方应退还给甲方。

第十条　本合同生效后，甲、乙任何一方不得擅自变更或解除合同。需要变更或解除合同的，应经双方协商一致，达成书面协议。协议未达成前，本合同条款仍然有效。

第十一条　主合同债务人按合同约定的期限履行合同的，质权即自动终止，乙方应返还质物及有关单据。

第十二条　违约责任

1.依照本合同第四条的约定，因乙方保管不善而造成质物毁损的，甲方有权要求乙方恢复质物原状，或者要求乙方赔偿因此而遭受的损失。

2.乙方擅自挪用质物的，甲方有权要求乙方停止挪用行为或返还原物，亦可请求赔偿因此而遭受的损失。

3.甲方因隐瞒质押财产存在共有、争议、被查封、被扣押或其他类似情况而给乙方造成经济损失的，应给予赔偿。

4.甲、乙任何一方违反第九条约定，应向对方支付主合同项下债务总额万分之______的违约金。

5.在本合同有效期内，未经出质人同意，变更主合同条款或转让主合同项下的义务，甲方可自行解除本合同，并要求乙方返还质物及有关单据。

6.本条所列违约金的支付方式，双方商定如下：__________。

第十三条　双方商定的其他事项：＿＿＿＿＿＿。

第十四条　争议的解决方式：甲、乙双方在履行本合同中发生的争议，由双方协商或通过调解解决。协商或调解不成，可以向合同签订地人民法院起诉，或者向合同签订地的合同仲裁机构申请仲裁。

第十五条　本合同由甲、乙双方法定代表人或其授权的委托代理人签字并加盖单位公章，自质物移交完毕之日起生效。

第十六条　本合同一式＿＿＿份，甲、乙双方各执＿＿＿份。

甲方（盖章）：＿＿＿＿＿＿＿　　乙方（盖章）：＿＿＿＿＿＿＿

法定代表人（签字）：＿＿＿＿　　法定代表人（签字）：＿＿＿＿

＿＿＿年＿＿月＿＿日　　＿＿＿年＿＿月＿＿日

签订地点：＿＿＿＿＿＿＿＿　　签订地点：＿＿＿＿＿＿＿＿

附件

质物清单及有关证书、单据一式＿＿＿份。（略）

（注：如果合同当事人为公民或非法人单位，应由该公民签字或单位主要负责人或经其授权的委托代理人签字）

范例3

定金合同

甲方：＿＿＿＿＿＿

乙方：＿＿＿＿＿＿

为确保甲、乙双方签订的＿＿＿年＿＿＿字第＿＿＿号合同（以下称主合同）的履行，双方经协商一致，就定金担保事宜达成如下协议：

第一条　依据主合同，甲、乙双方应履行如下义务：＿＿＿＿＿＿。

第二条　甲方应在本合同签订之日起＿＿＿日内向乙方交付定金＿＿元人民币整。

第三条　本合同生效后，甲、乙任何一方不得擅自变更或解除，除非双方协商一致并达成书面协议。

第四条　甲方履行主合同义务后，乙方应返还定金或以该定金冲抵甲方应付乙方款项。

第五条　甲方不履行主合同，无权要求返还定金；乙方不履行主合同，应当双倍返还定金。定金罚则的执行，不影响任何一方要求赔偿的权利。

第六条　本合同经双方签章自定金交付之日起生效。

甲方(公章)：＿＿＿＿＿＿＿＿　　乙方(公章)：＿＿＿＿＿＿＿＿

法定代表人(签字)：＿＿＿＿＿　　法定代表人(签字)：＿＿＿＿＿

＿＿年＿＿月＿＿日　　＿＿年＿＿月＿＿日

签订地点：＿＿＿＿＿＿＿＿＿　　签订地点：＿＿＿＿＿＿＿＿＿

最新
适用版

第十一章

技术合同

撰写要领

一、技术合同概述

技术合同是指当事人之间就技术开发、技术转让、技术咨询或者服务所订立的确立相互之间权利和义务的合同的总称。

二、技术合同的法律特征

技术合同是双务、有偿合同。技术合同的标的是技术成果。

技术合同的法律调整具有多样性,应当遵循民法中关于债的一般规定。同时,由于技术合同是基于技术的开发、转让、服务或者咨询而产生的合同关系,因而其在许多方面,尤其是技术成果所有权方面要受知识产权法律的调整。

技术合同的主体一般具有特定性。技术合同当事人通常至少一方是能够利用自己的技术力量从事技术开发、技术转让、技术服务或咨询的法人、自然人和其他组织,因此说,技术合同的主体一方具有特定性。

三、技术合同的分类

(一)技术开发合同

技术开发合同是指当事人之间就新技术、新产品、新工艺和新材料及其系统的研究开发所订立的合同,分为委托开发合同与合作开发合同两种。

(二)技术转让合同

技术转让合同是指当事人就专利权转让、专利申请权转让、技术秘密转让和专利实施许可所订立的合同。技术转让合同的特征包括:

1.技术转让合同的标的是现有的技术成果,这是技术转让合同和技术开发合同的区别。

2.技术转让合同为双务合同、有偿合同、诺成合同、要式合同。

3.技术转让合同所转移的是技术的使用权或所有权。

(三)技术咨询合同

技术咨询合同包括就特定技术项目提供可行性论证、技术预测、专题技术调查、分析报告等合同。

（四）技术服务合同

技术服务合同是指当事人一方以技术知识为另一方解决特定技术问题所订立的合同，不包括建设工程的勘察、设计、施工合同和承揽合同。技术服务合同在实践中包括技术辅助服务合同、技术中介合同和技术培训合同。

四、技术合同的漏洞

技术合同由于具有较高的专业性和技术性，容易出现欺诈及漏洞，一般来说，有如下几种情况：

（一）利用技术转让合同中的包销条款对技术受让方进行欺诈

包销条款是指技术持有人将技术转让或许可给受让方后，为增加技术转让的吸引力，减少受让方对投资风险的畏惧，承诺全部承销技术受让方根据该技术生产的产品，这种承诺性条款就是包销条款。包销条款对技术受让方或被许可方产生极大的诱惑力，认为这种合同没有任何风险，合同实施后稳赚不赔，从而对合同标的不进行认真的可行性分析就与技术持有人签订合同，为合同欺诈埋下伏笔。技术合同欺诈中的包销条款一般都是很原则的条款，通常都必须另定补充协议才能实现，因此即使有包销条款，包销条款也很难履行，并且很难追究欺诈人的法律责任。欺诈人往往利用包销条款虚夸产品的销售量，诱使对方支付较高的技术转让费，甚至提供市场可行性报告、技术实施计划等材料，而在实际履行中往往以种种借口拒绝包销产品，或以极低的价格回购，使生产方最终放弃包销而改为自销。

（二）技术转让合同签订后，以提供技术实施设备等条件为名，不平等获得受让方财产

技术合同的标的不是一般的物品，而是一种无形的知识或技术，因此在技术转让过程中，技术持有方一般都要向受让方提供相关条件和进行具体的实施指导。在技术转让合同欺诈中，欺诈人往往要求受让方必须使用技术持有方提供的技术设备，否则便不保证产品的质量，而受让方由于受专业知识的影响而未能对该设备的技术先进性进行考察，盲目地接受该设备，而一旦发现该技术不具有先进性、生产出的产品没有市场时已无法退回该设备，而技术转让方实际则达成了销售该设备的目的并从中获得了利润。另外有的欺诈人则以代受让方定购设备为名，从中获取高额利润，受让方以为设备

如不由技术持有者组织定购会影响技术实施而同意该约定，事实上，该设备往往是市场上很普遍的设备，欺诈人便从中获取了高额利润。

（三）技术合同欺诈人将不成熟的或不可实施的技术当做可实施的技术转让给受让方

在技术合同欺诈中，欺诈人经常使用的另一种手段是将不成熟的或者根本不可能实施的技术当做可实施的技术转让给受对方。由于我国法律没有将技术的成熟程度作为交付标的的一个前提，所以经常出现将尚不成熟的技术当做成熟的技术、非专用产品当做专利产品进行转让。还有的是将尚处于试验阶段的技术成果作为已作为商品的技术成果进行转让，从而使其他受让方承担更高的费用继续进行试制、提高、完善、成型，结果往往得不偿失。

（四）技术合同中因为条款不完备易出现的漏洞

技术合同中包含技术咨询合同、技术服务合同、技术转让合同、技术开发合同等不同类型。每一类合同都有其自身不同的特点，在技术咨询合同中，双方当事人应对所涉及的技术问题、咨询报告的内容、期限、质量进行详细约定，尤其对咨询报告可能出现的虚假、延误问题应当明确违约责任。在技术服务合同中，应对工作条件、工作成果等技术事项明确约定。在技术转让合同中，当事人应当约定使用该技术的范围，技术持有人应当保证该技术的实用性、可行性。在技术开发合同中，易出现的漏洞经常是对所开发出的技术的所有权约定不明确、对技术成果的后续改进成果的分享方法约定不明确等。

五、技术合同的风险防范

由于技术合同相对于其他合同类型具有较强的专业性，容易出现上述风险，应当加强风险防范，主要包括：

（一）注意防范各种技术合同条款容易出现的漏洞

技术合同有各种分类，包含技术咨询合同、技术服务合同、技术转让合同、技术开发合同等不同类型，每一类合同都有其自身不同的特点，需要注意合同的相关条款。

1.技术咨询合同中双方当事人应对所涉及的技术问题、咨询报告的内容、期限、质量进行详细约定，尤其应对咨询报告可能出现的虚假、延误问题明确违约责任。

2.技术服务合同应对工作条件、工作成果等技术事项明确约定。

3.技术转让合同中的当事人应当约定使用该技术的范围，技术持有人应当保证该技术的实用性、可行性，同时警惕合同中的包销条款。包销条款是指技术持有人将技术转让或许可给受让方后，为增加技术转让的吸引力，减少受让方对投资风险的畏惧，承诺全部承销技术受让方根据该技术生产的产品，这种承诺性条款就是包销条款。技术合同中的包销条款一般都是很原则的条款，通常必须另签订补充协议才能实现。

4.技术开发合同中易出现的漏洞是对所开发出的技术的所有权约定不明确、对技术成果的后续改进成果的分享方法约定不明确等。

（二）应对合同中的技术标的进行严格的科学审查

由于我国法律没有将技术的成熟程度作为交付标的的一个前提，所以在实践中经常出现将尚不成熟的技术当做成熟的技术、将非专利产品当做专利产品进行转让的情况，还有的是将尚处于试验阶段的技术成果作为已成为商品的技术成果进行转让，从而使受让方承担更高的费用继续进行试制、提高、完善、成型，往往得不偿失，因此一定要对转让的技术进行仔细考察。由于技术合同中的技术标的一般具有先进性，当事人并不能凭自身的知识了解，但是技术成果不可能违反科学常规和规律，因此可以在签订合同前向有关部门或技术人员咨询、鉴定该技术的可行性，对技术标的的考察还应了解该技术实施后可能创造的经济效益、市场范围是否已实施、实施范围，从而对付出的成本有所衡量。

（三）对技术标的的来源和技术持有人进行考察

对技术标的的来源和技术持有人进行考察是预防合同欺诈的有效手段，创造技术成果的单位或个人的技术水平决定了技术成果的水平，通过对技术来源和对技术持有人的考察会对技术成果的可信度有所判断，但这只能作为参考，对技术成果的技术指标还是应当由专家进行鉴定，另外，在技术转让合同中，受让方应当对技术成果的所有权归属进行考察，以免与非所有权人订立合同而产生纠纷。

（四）费用支付方式、违约责任要约定明确

技术合同欺诈的发生一般都以技术使用费、技术转让费为目标。关于技术合同中费用的支付，对受让人来说，不是先支付费用，而是在合同实施后根据产品的销售按比例提成，或赢利后给对方分配一定的利润，应当是风险最小的一种支付方式。合同欺诈人一般只接受一次性支付，如果对方宁可以极低的价格转让也不接受其他方式的支付，受让方就应当提高警惕，以免上当。另外，技术合同中的违约责任应当制定得明确详细，以保护当事人的权利。

范文经典

范例 1

技术开发合同

委托方（甲方）：____________

受托方（乙方）：____________

甲方委托乙方研究开发________项目，并支付研究开发经费和报酬，乙方接受委托并进行此项研究开发工作。双方经过平等协商，在真实、充分地表达各自意愿的基础上，根据《中华人民共和国合同法》的规定，达成如下协议，并由双方共同恪守。

第一条　本合同研究开发项目的要求如下：

1.技术目标：____；

2.技术内容：____；

3.技术方法和路线：__________________________________。

第二条　乙方应在本合同生效后________日内向甲方提交研究开发计划。研究开发计划应包括以下主要内容：____________________________。

第三条　乙方应按下列进度完成研究开发工作：__________________。

第四条　甲方应向乙方提供的技术资料及协作事项如下：

1.技术资料清单：____；

2.提供时间和方式：____；

3.其他协作事项：____。

本合同履行完毕后，上述技术资料按以下方式处理：

____。

第五条　甲方应按以下方式支付研究开发经费和报酬：

1.研究开发经费和报酬总额为________元人民币，其中：________。

2.研究开发经费由甲方________（一次、分期或提成）支付乙方，具体支付方式和时间如下：____。

3.双方确定，甲方以实施研究开发成果所产生的利益提成支付乙方的研究开发经费和报酬的，乙方有权以____的方式查阅甲方有关的会计账目。

第六条　本合同的研究开发经费由乙方以______的方式使用。甲方有权以______的方式检查乙方进行研究开发工作和使用研究开发经费的情况，但不得妨碍乙方的正常工作。

第七条　本合同的变更必须由双方协商一致，并以书面形式确定。但有下列情形之一的，一方可以向另一方提出变更合同权利与义务的请求，另一方应当在____日内予以答复，逾期未予答复的，视为同意。

1.____；

2.____；

3.____。

第八条　未经甲方同意，乙方不得将本合同项目部分或全部研究开发工作转让给第三人承担。但有下列情况之一的，乙方可以不经甲方同意，将本合同项目部分或全部研究开发工作转让第三人承担：

1.____；

2.____；

3.____。

乙方可以转让研究开发工作的具体内容包括：________________。

第九条　在本合同履行中，因出现在现有技术水平和条件下难以克服的技术困难，导致研究开发失败或部分失败，并造成一方或双方损失的，双方按如下约定承担风险损失：

1.双方确定，本合同项目的技术风险按______的方式认定。认定技术风险的基本内容应当包括技术风险的存在、范围、程度及损失大小等。认定技术风险的基本条件是：

(1)本合同项目在现有技术水平条件下具有足够的难度；

(2)乙方在主观上无过错且经认定研究开发失败为合理的失败。

2.一方发现技术风险存在并有可能致使研究开发失败或部分失败的情形时，应当在______日内通知另一方并采取适当措施减少损失。逾期未通知并未采取适当措施而致使损失扩大的，应当就扩大的损失承担赔偿责任。

第十条　在本合同履行中，因作为研究开发标的的技术已经由他人公开(包括以专利权方式公开)，一方应在______日内通知另一方解除合同。逾期未通知并致使另一方产生损失的，另一方有权要求予以赔偿。

第十一条　双方确定因履行本合同应遵守的保密义务如下：

甲方：

1.保密内容(包括技术信息和经营信息)：______________________；

2.涉密人员范围：______________________________________：

3.保密期限：____。

乙方：

1.保密内容(包括技术信息和经营信息)：______________________；

2.涉密人员范围：______________________________________；

3.保密期限：____。

第十二条　乙方应当按以下方式向甲方交付研究开发成果：

1.研究开发成果交付的形式及数量：__________________________；

2.研究开发成果交付的时间及地点：__________________________。

第十三条　双方确定，按以下标准及方法对乙方完成的研究开发成果进行验收：____。

第十四条　乙方应当保证其交付给甲方的研究开发成果不侵犯任何第三人的合法权益。如发生第三人指控甲方实施技术侵权的，乙方应当
____。

第十五条　双方确定，因履行本合同所产生的研究开发成果及其相关知识产权权利归属，按下列第______种方式处理：

1.__________(甲、乙、双)方享有申请专利的权利。

2.按技术秘密方式处理。有关使用和转让的权利归属及由此产生的利益按以下约定处理：

(1)技术秘密的使用权：＿＿＿＿＿＿＿＿＿＿＿＿＿＿＿＿＿＿＿＿；

(2)技术秘密的转让权：＿＿＿＿＿＿＿＿＿＿＿＿＿＿＿＿＿＿＿＿；

(3)相关利益的分配办法：＿＿＿＿＿＿＿＿＿＿＿＿＿＿＿＿＿＿＿；

(4)＿＿＿＿＿＿＿＿＿＿＿＿＿＿＿＿＿＿＿＿＿＿＿＿＿＿＿＿＿。

专利权取得后的使用和有关利益分配方式如下：＿＿＿＿＿＿＿＿＿。

双方对本合同有关的知识产权权利归属特别约定如下：＿＿＿＿＿＿。

第十六条　乙方不得在向甲方交付研究开发成果之前自行将研究开发成果转让给第三人。

第十七条　乙方完成本合同项目的研究开发人员享有在有关技术成果文件上写明技术成果完成者的权利和取得有关荣誉证书、奖励的权利。

第十八条　乙方利用研究开发经费所购置的与研究开发工作有关的设备、器材、资料等财产，归＿＿＿＿＿＿(甲、乙、双)方所有。

第十九条　双方确定，乙方应在向甲方交付研究开发成果后，根据甲方的请求，为甲方指定的人员提供技术指导和培训，或提供与使用该研究开发成果相关的技术服务。

1.技术服务和指导内容：＿＿＿＿＿＿＿＿＿＿＿＿＿＿＿＿＿＿＿＿；

2.地点和方式：＿＿＿＿＿＿＿＿＿＿＿＿＿＿＿＿＿＿＿＿＿＿＿＿；

3.费用及支付方式：＿＿＿＿＿＿＿＿＿＿＿＿＿＿＿＿＿＿＿＿＿＿。

第二十条　违约责任

1.甲方

(1)甲方迟延支付研究开发经费，造成研究开发工作停滞、延误的，乙方不承担责任，甲方应当支付数额为投资总额＿＿＿%的违约金。逾期一定期限不支付研究开发经费或者报酬的，乙方有权解除合同，甲方应当返还技术资料或者有关技术成果补交应付的报酬，支付数额为项目投资总额＿＿＿%的违约金。

(2)甲方未按照合同约定提供技术资料、原始数据和协作事项或者所提供的技术资料、原始数据和协作事项有重大缺陷，导致研究开发工作停滞、延迟、失败的，甲方应当承担责任，但乙方发现甲方所提供的资料和数据有明显错误而没有通知甲方复核更正和补充的，应当承担相应的责任。甲方逾期两个月不提供技术资料、原始数据和协作事项的，乙方有权解除合同，甲方应当支付数额为项目投资总额______%的违约金。

(3)甲方逾期两个月不接受工作成果的，乙方有权向合同外第三方转让或变卖工作成果。

2.乙方

(1)乙方未按计划实施研究开发工作的，甲方有权要求其实施研究开发计划并采取补救措施。乙方逾期两个月不实施研究开发计划的，甲方有权解除合同，乙方应当支付数额为项目投资总额______%的违约金。

(2)乙方将研究开发经费用于履行合同以外的目的，甲方有权制止并要求其退还相应的经费用于研究开发工作，因此造成研究开发工作停滞、延误或者失败的，乙方应当支付数额为项目投资总额______%的违约金并赔偿损失。甲方催告后，逾期两个月未退还经费用于研究开发工作的，甲方有权解除合同，乙方应当支付违约金或者赔偿因此给委托方所造成的损失。

(3)研究开发成果部分或者全部不符合合同约定条件的，乙方应当返还部分或者全部研究开发经费，支付数额为项目投资总额______%的违约金。

第二十一条　双方确定，甲方有权利用乙方按照本合同约定提供的研究开发成果进行后续改进，由此产生的具有实质性或创造性技术进步特征的新的技术成果及其权利归属，由__________(甲、乙、双)方享有。具体相关利益的分配办法如下：____。

乙方有权在完成本合同约定的研究开发工作后，利用该项研究开发成果进行后续改进，由此产生的具有实质性或创造性技术进步特征的新的技术成果，归____________(甲、乙、双)方所有。具体相关利益的分配办法如下：____。

第二十二条　双方确定，在本合同有效期内，甲方指定________为甲方项目联系人，乙方指定________为乙方项目联系人。项目联系人承担以下责任：____。

一方变更项目联系人的，应当及时以书面形式通知另一方，未及时通知并影响本合同履行或造成损失的，应承担相应的责任。

第二十三条　双方确定，出现下列情形，致使本合同的履行成为不必要或不可能的，一方可以通知另一方解除本合同：

1.因发生不可抗力或技术风险；

2.____；

3.____。

第二十四条　双方因履行本合同而发生的争议，应协商、调解解决。协商、调解不成的，确定按以下第______种方式处理：

1.提交__________仲裁委员会仲裁；

2.依法向人民法院起诉。

第二十五条　双方确定，本合同及相关附件中所涉及的有关名词和技术术语，其定义和解释如下：______________________________。

第二十六条　与履行本合同有关的下列技术文件，经双方以______方式确认后，为本合同的组成部分：

1.技术背景资料：______________________________；

2.可行性论证报告：______________________________；

3.技术评价报告：______________________________；

4.技术标准和规范：______________________________；

5.原始设计和工艺文件：______________________________；

6.其他：______________________________。

第二十七条　双方约定本合同其他相关事项为：__________________。

第二十八条　本合同一式______份，具有同等法律效力。

第二十九条　本合同经双方签字盖章后生效。合同有效期限为______年____月____日始至____年____月____日止。

甲方：______________	乙方：______________
法定代表人（签字）：________	法定代表人（签字）：________
电话：______________	电话：______________
签订地点：__________	签订地点：__________
签约日期：____年____月____日	签约日期：____年____月____日

范例 2

技术培训合同

委托方：____________________

培训方：____________________

根据《中华人民共和国合同法》的有关规定，经双方当事人协商一致，签订本合同。

第一条　项目名称：____________________。

第二条　培训的内容和要求：____________________。

第三条　培训计划、进度、期限：____________________。

第四条　培训地点和方式：____________________。

第五条　培训方教师的资历和水平：____________________。

第六条　学员的人数和质量：____________________。

第七条　教员、学员的食宿、交通、医疗费用的支付和安排：____________________。

第八条　报酬及其支付方式：____________________。

第九条　委托方的违约责任

1.委托方未按合同提供培训条件，影响合同履行的，约定的报酬仍应如数支付；

2.擅自将培训方要求保密的技术资料引用、发表和提供给第三方，应支付数额为______元人民币的违约金。

第十条　培训方的违约责任：

1.培训方未按合同制订培训计划，影响培训工作质量的，应当减收______%的报酬；

2.培训方提供的师资不符合合同要求，培训方有义务予以重新配备；未按合同规定完成培训工作的，应免收报酬。

第十一条　保密条款

当事人双方应对下列技术资料承担保密义务：______________。

第十二条　技术成果归属

在履行合同过程中，培训方利用委托方提供的技术资料和工作条件所完成的新的技术成果属于培训方；委托方利用培训方的工作成果所完成的新技术成果属于委托方，对新的技术成果享有就该技术成果取得的精神权利（如获得奖金、奖章、荣誉证书的权利）、经济权利（如专利权、非专利技术的转让权、使用权等）和其他利益。

第十三条　本合同争议的解决办法：______________。

本合同自双方当事人签字、盖章后生效。

委托方：______________　　培训方：______________

负责人：______________　　负责人：______________

开户银行：______________　　开户银行：______________

账号：______________　　账号：______________

签订地点：______________

签约日期：____年____月____日

范例3

技术服务合同

项目名称：______________

合同编号：______________

甲方（委托方）：__________　　乙方（服务方）：__________

法定代表人：__________　　法定代表人：__________

职务：__________　　职务：__________

地址：__________　　地址：__________

邮政编码：__________　　邮政编码：__________

电话：__________　　电话：__________

开户银行：__________　　开户银行：__________

账号:__________　　账号:__________

依据《中华人民共和国合同法》的规定,甲乙双方就______项目的技术服务,经协商一致,签订本合同。

第一条　服务内容、方式和要求:__________。

第二条　工作条件和协作事项:__________。

第三条　履行期限、地点和方式:__________。

第四条　验收标准和方式:

技术服务或者技术培训按__________标准,采用__________方式验收,由__________方出具服务或者培训项目验收证明。

本合同服务项目的保证期为______。在保证期内发现服务质量缺陷的,服务方应当负责返工或者采取补救措施。但因委托方使用、保管不当引起的问题除外。

第五条　报酬及其支付方式:

1.本项目的报酬(服务费或培训费)为______元。服务方完成专业技术工作、解决技术问题需要的经费,由______方负担。

2.本项目中介方活动经费为______元,由______方负担。中介方的报酬为______元,由______方支付。

3.支付方式(按以下第______种方式执行):

(1)一次总付:__________元,时间:__________。

(2)分期支付:__________元,时间:__________。

__________元,时间:__________。

(3)其他方式:__________。

第六条　违约金或损失赔偿额的计算方法:

1.技术服务违反本合同约定,违约方应当按______规定承担违约责任。

2.技术培训违反本合同约定,违约方应当按______规定承担违约责任。

3.技术中介违反本合同约定,违约方应当按______规定承担违约责任。

(1)违反本合同第______条约定,______方应承担违约责任,承担方式和违约金额如下:__________。

(2)违反本合同第______条约定,______方应承担违约责任,承担方式和违约金额如下：____________。

第七条　本合同争议的解决方法：

在合同履行过程中发生争议，双方应协商解决，也可以请求________进行调解。

当事人不愿协商、调解解决或者协商、调解不成的，双方商定，采用以下第______种方式解决：

1.因本合同所发生的任何争议，申请________仲裁委员会仲裁。

2.向________人民法院起诉。

第八条　其他约定：____________。

第九条　本合同有效期限：____年____月____日至____年____月____日。

甲方（签章）：______________　　乙方（签章）：______________

代表人：__________________　　代表人：__________________

____年____月____日　　____年____月____日

范例4

技术咨询合同

甲方（咨询方）：__________　　乙方（顾问方）：__________

法定代表人：____________　　法定代表人：____________

职务：__________________　　职务：__________________

地址：__________________　　地址：__________________

邮政编码：______________　　邮政编码：______________

电话：__________________　　电话：__________________

户名：__________________　　户名：__________________

开户银行：______________　　开户银行：______________

账号：__________________　　账号：__________________

经上述双方当事人协商一致，签订本合同。

第一条　项目名称：______________________。

第二条　甲方主要义务

1.自本合同生效后______日内，向乙方提供下列背景资料：________。

2.向乙方支付报酬共______元；分期支付，具体方式如下：__________。

第三条　乙方的主要义务

1.在____年____月____日前完成咨询报告或解答甲方提出的问题。

2.保证向甲方提出的咨询报告符合下列要求：__________________。

第四条　保密义务

本合同有效期内，双方当事人应对下列技术资料承担保密义务：____。

本合同期满后______年内，双方当事人应对下列技术资料承担保密义务：________________。

第五条　验收标准和方式

甲方向乙方提供的咨询报告按以下标准验收：________________。

具体验收方式如下：__________________。

第六条　甲方的违约责任

1.甲方迟延提供合同约定的技术资料，或者所提供的数据、资料有严重缺陷，影响工作速度和质量的，应当如数支付报酬，并支付数额为______的违约金。

2.甲方逾期______个月不提供或者补充有关技术资料和数据，导致乙方无法开展工作的，乙方有权解除合同，甲方应当支付数额为____的违约金。

3.甲方延迟支付报酬，应支付数额为______的违约金。甲方不支付报酬，应当退还咨询报告和意见，补交报酬，并支付数额为______的违约金。

第七条　乙方的违约责任

1.乙方迟延提交咨询报告和意见的，应当支付数额为______的违约金。

2.乙方提交的咨询报告不符合合同约定条件的，应当减收或免收报酬；不提交咨询报告和意见，或者所提交的咨询报告和意见水平低劣，无参考价值的，应当返还报酬，并支付数额为______的违约金。

3.乙方在接到甲方提交的技术资料和数据之日起超过______个月不进行调查论证的，甲方有权解除合同，乙方应当支付数额为______的违约金。

第八条　有关技术成果归属条款

在履行本合同过程中，乙方利用甲方提供的技术资料和工作条件所完成的新的技术成果，除合同另有约定外，属于乙方；甲方利用乙方的工作成果所完成的新的技术成果，除合同另有约定外，属于甲方。对新的技术成果享有所有权（或者持有权）的一方当事人，可依法享有就该技术成果取得的精神权利（如获得奖金、奖章、荣誉证书的权利）、经济权利（如专利权、非专利技术的转让权、使用权等）和其他利益。

第九条　咨询报告实施的风险责任

甲方实施乙方提供的经过验收合格的咨询报告和意见过程中出现的不良后果和经济损失，由甲方承担责任。

第十条　争议解决方式

本合同在履行过程中发生的争议由双方协商解决，如协商不成，按下列第______种方式解决：

1.提交__________仲裁委员会仲裁。

2.依法向人民法院起诉。

第十一条　名词和术语解释：__________。

第十二条　其他约定事项：__________。

第十三条　本合同自双方签字盖章之日起生效。本合同未尽事宜按照《中华人民共和国合同法》等国家有关规定，经合同双方协商，做出补充规定附后。

本合同一式两份，合同双方各执一份。

甲方（签章）：______________　　乙方（签章）：______________

代表人：__________________　　代表人：__________________

____年____月____日　　____年____月____日

范例5

技术引进合同

甲方（转让方）：__________　　乙方（受让方）：__________

法定代表人：____________　　法定代表人：____________

职务：________________　　职务：________________

地址：________________　　地址：________________

邮政编码：____________　　邮政编码：____________

电话：________________　　电话：________________

户名：________________　　户名：________________

开户银行：____________　　开户银行：____________

账号：________________　　账号：________________

甲乙双方就甲方转让技术给乙方，协商一致，达成协议如下：

第一条　转让技术的内容

1.技术范围包括：__________。

2.技术指标包括：__________。

第二条　技术转让方式

技术转让方式为如下第_____种：

1.独家转让；

2.普通许可。

第三条　价格及支付

转让价格为乙方向甲方支付________，支付方式为________。

第四条　技术验收

技术验收包括技术资料的验收和产品考核的验收。

验收的时间、地点、次数、人员标准和费用分别约定为：________。

第五条　技术及其权利保证

1.甲方承诺该技术的各种指标和先进程度为：__________。

2.甲方对涉及专利权等技术权利做出承诺，确保引进的技术不发生权益纠纷。如产生纠纷，由甲方承担全部责任，与乙方无关。

第六条　技术培训和技术服务

甲方对乙方进行技术培训，技术培训的时间、期限和内容分别约定为________________。

第七条　技术保密

双方都应当对合同内容和技术内容保密，保密期限为_____年。

第八条　受让方权利

1.乙方享受对该技术的使用权,使用范围包括但不限于:__________。

2.乙方享有对该技术的制造权、销售权及出口的权利,具体权利行使的范围和条件约定为:__________。

第九条　不可抗力事件及免责条件

由于自然原因引起的不可抗力和社会原因引起的不可抗力而导致合同无法履行或者一方违约的,不承担责任。

第十条　其他约定

1.乙方应当按照规定的时间和方式给付甲方费用,延迟给付的,须按照______%合同标的偿付滞纳金。

2.甲方应当按照合同要求的标准对乙方进行技术培训,如果甲方培训未达到约定标准,乙方可以少付或者延迟给付费用。

3.乙方对技术使用的范围不得超出本合同约定范围。

第十一条　争议解决及法律适用

凡因执行本合同所发生的或与本合同有关的一切争议，双方应通过友好协商解决;如果协商不能解决,应提交__________仲裁委员会,根据该会的仲裁程序暂行规则进行仲裁。仲裁裁决是终局裁决,对双方都有约束力。

第十二条　合同生效期限和终止

本合同自____年____月____日起生效,因__________终止。

第十三条　合同文本使用中文和英文(其他文字亦可)两种文本书就。如有不同,以中文为准。

第十四条　本合同未尽事宜,双方协商签订补充协议。补充协议与本合同具有同等的法律效力。

甲方(签章):______________　　乙方(签章):______________

代表人:__________________　　代表人:__________________

____年____月____日　　____年____月____日

范例6

技术转让合同

甲方(受让方):______________

乙方(转让方):______________

依据《中华人民共和国合同法》的规定,合同双方就__________转让(该项目属___________计划),经协商一致,签订本合同。

第一条　非专利技术的内容、要求和工业化开发程序:____________。

第二条　技术情报和资料及其提交期限、地点和方式:

乙方自合同生效之日起______天内,在__________(地点),以______方式向甲方提供下列技术资料:____。

第三条　本项目技术秘密的范围和保密期限:____________________。

第四条　使用非专利技术的范围:_____________________________。

甲方:____________________;乙方:______________________。

第五条　验收标准和方法:__________________________________。

甲方使用该项技术试生产______后,达到了本合同第一条所列技术指标,按__________标准采用__________方式验收,由________方出具技术项目验收证明。

第六条　经费及其支付方式:

1.成交总额:________元人民币。

其中技术交易额(技术使用费):________元人民币。

2.支付方式(采用以下第______种方式):

(1)一次总付:__________元人民币,时间:__________

(2)分期支付:__________元人民币,时间:__________

__________元人民币,时间:__________

(3)按利润________%提成,期限:________

(4)按销售额________%提成,期限:________

(5)其他方式：____________________________________。

第七条　违约金或者损失赔偿额的计算方法：

违反本合同约定，违约方应当按《中华人民共和国合同法》第三百五十一条、第三百五十二条规定承担违约责任。

(1)违反本合同第______条规定，______方应当承担违约责任，承担方式和违约金额如下：____________________________________。

(2)违反本合同第______条规定，______方应当承担违约责任，承担方式和违约金额如下：____________________________________。

(3)____。

第八条　技术指导的内容(含地点、方式及费用)：________________。

第九条　后续改进的提供与分享：

本合同所称的后续改进，是指在本合同有效期内，任何一方或者双方对合同标的技术成果所作的革新和改进。双方约定，本合同标的技术成果后续改进由______方完成，后续改进成果属于______方。

第十条　本合同争议的解决方式：

本合同在履行过程中发生的争议，由双方当事人协商解决；协商不成的，按下列第______种方式解决：

1.提交______仲裁委员会仲裁；

2.依法向人民法院起诉。

第十一条　名词和术语的解释：______________________________。

第十二条　其他(含中介人的权利、义务、服务费及其支付方式、定金、财产抵押、担保等上述条款未尽事宜)：__________________________。

甲方(盖章)：________________　　乙方(盖章)：________________

代表人(盖章)：______________　　代表人(盖章)：______________

电话：　　电话：__________________

签订地点：__________________

签约日期：____年____月____日

最新适用版

第十二章

广告合同

撰写要领

一、广告合同的概述

广告合同是广告客户与经营者之间、广告经营者与广告经营者之间确立、变更、终止广告承办或者代理关系的协议。

二、广告合同的法律特征

（一）广告合同的标的可以分为两类：一类是广告经营者按照广告客户提出的要求所完成的工作成果；另一类是广告经营者接受广告客户或者其他广告经营者的委托，为其完成特定广告代理任务的行为。

（二）在广告合同中，有一方当事人是特定的，即必须是经过工商行政管理机关核准登记注册的广告经营者。否则，当事人双方签订的合同是无效的，而且委托非法广告经营者承办或者代理广告业务的一方所支出的费用也不准列入成本和营业外开支。

三、广告合同陷阱防范

（一）在签订广告合同时，要注意审查广告经营者是否为经工商行政管理机关核准登记的合法经营者、经营范围是否有利用合同约定媒体发布广告的内容。另外，广告经营者的信誉也是非常重要的，广告经营者的信誉影响着消费者对广告内容的信赖程度。

（二）广告经营者在签订广告合同时必须要求广告主提交相关的证明文件。如果发布的广告内容涉及商品质量、获奖、注册商标等，需要广告主提交有关证明资料；发布特殊内容的广告，应当要求广告主提交有关部门的审批文件。

（三）对广告内容要进行认真的审查，包括内容是否属实，使用的文字、图画是否符合有关规定等。

范文经典

范例 1

广告发布委托合同

甲方(广告刊户):__________	乙方(广告经营单位):__________
法定代表人:__________	法定代表人:__________
职务:__________	职务:__________
地址:__________	地址:__________
邮政编码:__________	邮政编码:__________
电话:__________	电话:__________
开户银行:__________	开户银行:__________
账号:__________	账号:__________

经双方同意,就甲方委托乙方发布广告事宜签订本合同。

第一条　有关广告业务达成下列项目:

广告种类:__________,广告内容:__________;

广告面积:__________,设置位置:__________;

广告字数:__________,起止日期:__________;

广告费用:__________,结算方法:__________。

第二条　甲方应提供的证明文件:__________。

第三条　本合同签订后不得更改,如遇特殊情况,经双方同意方可更改,并由承担责任方按规定赔偿对方损失费。

第四条　附则:__________。

第五条　本合同严格执行广告法及合同法的有关条款。

第六条　因本合同发生的纠纷,由甲乙双方协商予以解决,协商不成或不愿协商,任何一方均可向________方住所地人民法院提起诉讼。

第七条　本合同一式________份，甲方执______份，乙方执______份，报有关部门________份。

甲方（签章）：______________　　乙方（签章）：______________

代表人：__________________　　代表人：__________________

______年____月____日　　______年____月____日

范例2

广告设计制作合同

甲方：____________（以下简称甲方）

乙方：____________广告传播有限公司（以下简称乙方）

经双方充分协商，根据《中华人民共和国合同法》相关规定，特签署本合同。

第一条　合同内容：

1.____________质量要求：_______________

2.____________质量要求：_______________

3.____________质量要求：_______________

第二条　合同金额：

共计人民币（大写）：____________（小写）：____________

第三条　付款方式：

1.本合同签订后，甲方支付合同总额的______%，即人民币______元（大写：__________元整）。

2.项目结束后，甲方向乙方支付合同余款：_______________

即人民币__________元整（大写：__________元整）。

第四条　责任与义务：

1.乙方应按甲方要求按质按量完成相关设计和制作工作。

2.乙方须在规定时间（____年____月____日前）完成，并送交甲方签字认可。

3.甲方根据乙方需要提供相关资料，并承担因版权、文责所引发的法律责任和经济纠纷。

第五条　产权约定：

甲方将委托设计的所有费用结算完毕后才享有著作权，否则，乙方设计的作品著作权归乙方，甲方对该作品不享有任何权利；甲方在余款未付清之前擅自使用或者修改使用乙方设计的作品而导致的侵权，乙方有权依据《中华人民共和国著作权法》追究其法律责任。

第六条　违约责任：

因设计和制作工作具有很大的特殊性，在经过大量调研工作的同时更需设计师的精心创作，乙方在开始着手设计时就已经在全面地履行合同，因此，甲方如提前终止合同，乙方不予退还预付款。

第七条　其他事项：__________

第八条　甲乙双方如因履行本合同发生纠纷，应友好协商解决，如无果则提请法律途径解决。

本合同一式两份，甲乙双方各持对方签字盖章合同一份，均具有同等的法律效力。

甲方（盖章）：______________　　乙方（盖章）：______________

代表签名：______________　　代表签名：______________

地址：______________　　地址：______________

电话：______________　　电话：______________

传真：______________　　传真：______________

日期：______________　　日期：______________

范例3

广告代理服务合同

甲方（广告商）：__________　　乙方（广告代理）：__________

法定代表人：__________　　法定代表人：__________

职务：__________　　职务：__________

地址：________________　　地址：________________

邮政编码：______________　　邮政编码：______________

电话：________________　　电话：________________

开户银行：______________　　开户银行：______________

账号：________________　　账号：________________

现有甲乙双方就乙方在甲方刊登广告一事，本着“互惠互利、共同发展”的原则，在“平等、自愿”的基础上签订本合同，内容如下：

第一条　甲乙双方须共同遵守《中华人民共和国广告法》及相关国家法律法规。

第二条　乙方在甲方媒体刊登广告，遵守甲方媒体的广告管理规定（刊登细则）。

第三条　乙方代理甲方媒体的广告享受优惠的代理价格为：

1.乙方承揽的是属于______年已在甲方媒体上刊登过的广告信息的老客户，按收费的20%提取代理费。

2.乙方承揽的是属于______行业______年未在甲方媒体上刊登过广告信息的新客户，按收费的50%提取代理费。

3.乙方承揽的是______行业以外的广告信息客户，按收费的50%提取代理费。

第四条　双方约定在甲方媒体刊登广告，一律实行先款后登的原则。

第五条　甲方给乙方颁发广告代理委托授权书，作为乙方的广告代理资格证明。

第六条　甲方同意乙方在宣传手册、网站等乙方媒介上对外宣传甲方媒体，甲方有义务为乙方提供相关的宣传内容，如：甲方媒体背景、发行量、读者群、广告报价等。

第七条　甲方同意乙方的广告客户持乙方广联卡（广告联播）直接到甲方办理广告业务，并享受甲方给予乙方的优惠待遇。

第八条　乙方广告客户实行会员制，在对会员报价时不得低于甲乙双方在本合同中约定的优惠价，若低于此优惠价，甲方有权拒绝刊登广告。

第九条　甲方媒体如果有重大变化和调整，应及时通知乙方。

第十条　甲乙双方约定乙方代理广告期限为____年，自____年____月____日起至____年____月____日止，或双方另行约定。

第十一条　其他未尽事宜，双方另行商定。

第十二条　本合同项下发生的争议，由双方当事人协商解决或申请调解；协商或调解不成的，按下列第______种方式解决：

1.提请仲裁委员会仲裁；

2.依法向有管辖权的人民法院提起诉讼。

第十三条　本合同一式两份，双方各执一份，自签字盖章之日起生效。

甲方：________________　　　　乙方：________________

代表：________________　　　　代表：________________

（盖章）　　　　　　　　　　　（盖章）

____年____月____日　　　　　　____年____月____日

范例4

网络广告合同

甲方：___________

乙方：___________

经___________（以下简称甲方）与___________（以下简称乙方）友好、平等协商，甲方委托乙方设计、制作、发布网络广告，达成如下合同条款，双方共同遵守：

第一条　网络广告发布处：___________________

第二条　网络广告发布位置：_________________

第三条　网络广告发布尺寸：_________________

第四条　网络广告发布形式：_________________

第五条　网络广告发布时间：_________________

第六条　甲、乙双方的权利和义务：

1.甲方指派专人代表甲方全权负责此项网络广告的发布工作；

2.甲方为乙方提供网络广告的相关背景资料和数据；

3.乙方向甲方提交网络广告初稿1份及电子浏览文件1份；

4.甲方对“初稿”提出审定意见；

5.乙方根据甲方的审定意见进行修改，并向甲方提供发布稿及电子浏览文件；

6.乙方取得甲方在发布稿上签字同意后在网上发布；

7.甲方对本网络广告内容负责，内容必须符合《中华人民共和国广告法》及国家相关的法律法规，否则，造成的后果由甲方负责。

第七条　责任免除：

1.因战争、自然灾害等导致乙方服务器不能正常运行的；

2.因政府行政行为导致乙方不能开放服务器的；

3.因互联网灾难，中国、美国等互联网通讯提供商的原因导致乙方服务器不能正常接入的；

4.因乙方操作平台及应用软件原因导致乙方服务器临时性不能正常运行的；

5.因乙方网站遭遇不法攻击导致服务器临时性不能正常运行的。

基于以上原因，导致乙方网站不能正常运行，乙方不承担任何法律上和其他方式的责任。

第八条　费用结算：

1.本次网络广告费：人民币______元，大写______元整；

2.本合同生效之日起甲方付清款项。

第九条　本合同一式两份，自甲、乙双方签字盖章之日起生效，合同附件及合同文本具有同等的法律效力。

甲方：________________　　乙方：________________

法定代表人：__________　　法定代表人：__________

时间：________________　　时间：________________

附件：

甲方、乙方加盖公司公章的“企业法人营业执照”复印件一份。

签约地址：______市______路______号

范例 5

电视广告合同

广告客户名称(甲方):______________________

广告发布单位名称(乙方):__________________

根据《中华人民共和国合同法》、《中华人民共和国广告法》等有关法律法规规章的规定,甲乙双方在自愿、平等、协商一致的基础上,签订本合同。

第一条　广告发布概况

1.广告发布内容:____。

2.广告发布频道/频率:____________________________________。

3.广告发布时间:____。

4.广告发布次数:____。

5.广告发布时长:____。

6.其他约定:____。

第二条　合同价款及支付方式

1.本合同价款为:人民币______元,大写______元,

备注:__________________________________。

本合同签订后,甲方于____年____月____日支付人民币______元作为定金,待支付剩余款项时抵作价款。

2.第一次付款:____年____月____日前付款人民币______元。

第二次付款:____年____月____日前付款人民币______元。

第三次付款:____年____月____日前付款人民币______元。

补充约定:____________________________________。

3.支付方式:□支票/□转账/□现金

其他:____。

第三条　双方的权利与义务

1.甲方的权利与义务

(1)甲方应在签订本合同前对乙方进行相关的资格审查。

(2)如甲方为广告主的,应按照《中华人民共和国广告法》第二十四条的规定向乙方提供以下文件:营业执照以及其他生产、经营资格的证明文件;质量检验机构对广告中有关商品质量内容出具的证明文件;广告审批机构对特殊产品或服务广告内容出具的广告审查批准文件;确认广告内容真实性的其他证明文件。如甲方为广告主的代理机构,则除提供广告主的上述资料外,须同时提供甲方的营业执照和委托协议书。甲方承诺其提供的上述文件真实、合法、有效,不违反法律规定,不侵犯他人的民事权利。

(3)甲乙双方在履行本合同过程中对于实际投播的日期、广告时长、段位等相关具体事项,可以广告投播订单的形式另行确定,甲方的订单应由乙方签字盖章确认。

(4)甲方应在广告发布日的______天前向乙方提供广告样带及与其版本一致的广告投播订单,承诺内容真实、合法,并办理书面确认手续。

(5)甲方要求发布的广告属于依法必须在发布前由有关行政主管部门对广告内容进行审批的,应当向乙方提供书面的相关审批文件,并保证批准文件的真实、有效。

(6)甲方应向乙方提交广告样带所涉及的他人民事权利的合法使用许可证明。在广告中使用他人名义、形象的,应当事先取得他人的书面同意,使用无民事行为能力人、限制民事行为能力人的名义、形象的,应当事先取得其监护人的书面同意。

(7)甲方应按照合同约定的金额、时间、方式支付合同价款。

(8)甲方不得擅自更改或撤销广告订单。如因特别原因需要撤销广告发布订单的,应在广告发布日的______天前以书面签章形式通知乙方,并按该次被撤销广告价款的______%向乙方支付相关费用。

(9)因乙方原因造成广告无法按期发布的,甲方有权要求乙方顺延履行。因发布延迟给甲方带来损失的,甲方有权要求乙方赔偿。如延迟发布将无法实现合同目的的,甲方有权解除合同。

2.乙方的权利与义务

(1)乙方合法拥有本合同约定媒体的广告发布资格。

(2)乙方应按照双方约定发布广告。

(3)乙方有权要求甲方提交《中华人民共和国广告法》第二十四条规定的广告发布所需要提供的证明文件。

(4)乙方应建立广告审查制度，配备相应的广告审查人员，审查广告样带。广告样带必须经广告审查人员签字同意后方可发布，并记录在案存档。

(5)甲方提供的广告样带内容及其表现形式不符合法律规定的或者规格不符合技术标准的，乙方有权要求甲方修改。甲方应在广告发布日的____天前将修改后的样带交给乙方，如甲方不同意修改或逾期仍未提交修改稿的，乙方有权解除本合同，并有权要求甲方赔偿。

(6)应甲方要求，乙方应如实提供监播记录，出具监播记录的机构为：____________________。

(7)乙方应建立广告档案管理制度，自本合同履行完毕之日起保存本合同文本两年。

第四条　违约责任

1.甲方未按照约定付款的，每逾期 1 天，按照未支付金额的______‰支付违约金。逾期付款时间超过______日，乙方有权解除合同。

2. 因甲方未按期向乙方提供广告样带而造成本合同无法按期履行，由甲方承担违约责任，并向乙方支付违约金人民币______元，大写：______元。

3.乙方已尽法定审查义务，而因甲方提供虚假证明材料而造成广告作品侵犯第三方合法权益的，甲方承担全部责任。

4.因乙方原因造成甲方广告未按约定时间播出的，甲方可要求乙方另行约定继续播出，并承担违约责任。如另行安排继续播出，甲方将无法实现合同目的的，甲方有权解除合同，并有权要求乙方赔偿。

5.乙方不得擅自改变约定发布广告的栏目、时长、时段和内容。因特别原因乙方需将甲方广告调整至其他栏目或时段发布的，须在发布日的______天前书面通知乙方，双方协商按以下方式处理：__________。因乙方原因造成发布的广告时长、内容错误的，双方协商按以下方式处理：______________。

6.乙方未尽法定的广告审查义务导致发布的广告违法，甲方可向乙方追究相应的责任。

7.____。

第五条　其他约定

1.因重大突发新闻事件致使广告无法按约定发布的，可由甲乙双方协商解决。

2.____。

第六条　补充条款

1.____。

2.____。

第七条　争议解决方式

本合同在履行过程中发生争议，可由双方协商解决，也可选择下列第____项方式解决：

1.向________仲裁委员会申请仲裁；

2.依法________向人民法院提起诉讼。

第八条　本合同一式两份，双方各执一份。

甲方：____________	乙方：____________
单位名称：（章）____________	单位名称：（章）____________
单位地址：____________	单位地址：____________
法定代表人/负责人：________	法定代表人/负责人：________
委托代理人：____________	委托代理人：____________
电话：____________	电话：____________
邮政编码：____________	邮政编码：____________
传真：____________	传真：____________
开户银行：____________	开户银行：____________
账号：____________	账号：____________

合同签订日期：______年____月____日

范例 6

车身车体广告合同

甲方(代理商):____________

乙方(车主):______________

经甲乙双方友好协商,就甲方租用乙方车体发布广告事宜达成如下协议:

第一条　乙方同意甲方在_________(车牌号)车的车厢两侧发布广告,期限为____年,具体时间为____年____月____日到____年____月____日。

第二条　乙方保证,在____年的发布期限内,不撕毁、损坏、破坏甲方发布的广告,如果因其他原因导致广告破损或脏污,应及时向甲方联系并更新。

第三条　车体广告的广告内容和制作发布以及广告破损后的更新均由甲方负责。

第四条　甲方提供以下优惠中的一项作为对乙方的回报:

1.甲方付给乙方现金______元人民币;

2.甲方赠送乙方______次免费保养;

3.______年内,乙方向甲方购买零部件和维修时,获得______折优惠。

乙方认可的一项优惠方式为:__________________________

第五条　甲方回报的兑现办法为:

1.乙方如果选择现金回报,发布车身广告的当天,甲方支付现金______元人民币,半年后甲方再付______元人民币,______个月后甲方付清所有款项;

2.乙方如果选择______次免费保养或______折优惠购买零部件和维修,甲方在____年____月____日到____年____月____日随时为乙方提供优惠。

第六条　任意一方违约,另一方都有资格中断所承担的责任或义务。

第七条　其他未尽事宜,双方本着友好原则,协商解决。

第八条　本协议一式两份,签字(盖章)后生效。

甲方(签章):________________　　乙方(签章):______________

____年____月____日　　____年____月____日

范例7

电梯广告合同

甲方(广告商):__________ 乙方(物业):__________

法定代表人:__________ 法定代表人:__________

职务:__________ 职务:__________

地址:__________ 地址:__________

邮政编码:__________ 邮政编码:__________

电话:__________ 电话:__________

开户银行:__________ 开户银行:__________

账号:__________ 账号:__________

甲、乙双方经友好协商,就甲方在乙方______楼宇内的电梯厢内安装装饰镜框用于环境装饰及刊登商业广告等事宜达成如下协议。

第一条 安装小区基本情况:

项目名称:__________

楼宇性质:__________公寓

地址:__________邮编:__________

电梯数量:______部

第二条 使用范围及安装数量

1. 乙方可以安装装饰镜框用于刊登商业广告的范围为:______小区楼宇内的一部电梯的电梯厢。

2.安装数量:每部电梯厢内安装______块,共计______块。

第三条 镜框规格及材质要求

1.镜框规格:长______、宽______、厚度______;

2.镜框材质要求:环保人造大理石。

第四条 费用及支付方式

1.甲、乙双方商定装饰镜框的维护保洁费为:每部电梯厢______元/年,共______部电梯,每部电梯共安装______块装饰镜框,全部电梯厢合计每年支付______元。

2.支付方式：________________

具体交纳时间为：____________

3.如由于乙方原因致使甲方未能按本协议约定的数量安装，则维护保洁费按实际可以安装的数量计付。

4.如由于甲方自身原因未能按本协议约定的数量安装，则维护保洁费按本协议的约定计付。

第五条　合作期限

1.甲、乙双方的合作期限为______年。

自____年____月____日至____年____月____日，含免费安装期 1 个月，该免费安装期自____年____月____日起至____年____月____日止。

2.本协议期满后，甲、乙双方如想继续合作，则需另行签订协议。

3.无论装饰镜框内刊登的商业广告是否到期，本协议到期后，甲、乙双方的合作终止，甲方不得继续使用电梯厢，并应将装饰镜框及镜框中的内容进行清除。

第六条　履约保证金

甲方应在本合同正式签订日向乙方支付保证金______元人民币，用于保证甲方按本协议约定履行义务。本协议期限期满时，甲方如无违反本协议之行为，且在合同期满后 10 日内完成将装饰镜框及镜框中的内容进行清除等工作，则该保证金予以返还，但不计利息。

第七条　甲方的权利和义务

1.甲方的权利

（1）甲方负责装饰镜框的制作，并按双方认定的安装方式及位置进行安装，装饰镜框的产权归甲方所有。

（2）本协议有效期内，甲方对电梯厢有独家装饰镜框广告发布权。对装饰镜框内发布信息的客户数量、画面布置形式、内容享有决定权。

（3）为保证装饰镜框装饰效果，甲方将定期派员工进入电梯厢更换画面以及对装饰镜框进行维护与保养，乙方应为甲方人员出入小区提供便利。

（4）本协议期满后，乙方如想继续和他方开展此项合作，在同等条件下，甲方有优先权。

2.甲方的义务

(1)甲方保证装饰镜框安装方式具备安全性,不对乘客或电梯厢本身构成不当损坏。

(2)甲方保证装饰材料符合人体健康要求,不对电梯用户构成不良影响。

(3)甲方刊登的广告内容必须符合有关广告的法律法规、广告刊登的界定及承诺。

(4)甲方保证装饰材料及画面在视觉上具备合理的美观性。

(5)装饰镜框内没有刊登商业广告时,甲方应在装饰镜框内做公益宣传,以美化环境。

(6)甲方应按本协议约定支付维护保洁费。

(7)如因甲方的原因造成小区内的人员、建筑物及其他财产遭受损失,甲方应负赔偿责任。如乙方赔偿损失后,有权向甲方追偿全部赔偿额。

第八条　乙方的权利和义务

1.乙方的权利

(1)甲方安装装饰镜框时,乙方有权要求甲方提供保障电梯乘客安全的安装模式和符合人体健康要求的装饰材料。

(2)在甲方安装过程中,乙方有权对甲方安装进行监督,如发现甲方安装方式违反本协议的,乙方有权责成甲方修改安装方案。

(3)甲方对装饰镜框及画面材料进行更换或保养,违反本协议规定的、不符合人体健康要求的,乙方有权责成甲方限期改正。

(4)为更好地美化电梯厢内环境,乙方有权为甲方提供合理化建议,经甲、乙双方协商后,由甲方实施改进方案。

(5)乙方有权要求甲方按本协议约定支付维护保洁费。

2.乙方的义务

(1)在本协议有效期内,乙方承诺不与任何第三方在______小区进行相同或类似的合作,乙方授权甲方独家享有电梯厢镜框的广告发布权。

(2)乙方如发现装饰镜框出现问题,如遗失、掉落、毁损,应及时通知甲方,由甲方负责维修或重新安装,乙方不承担任何责任。

(3)乙方在与甲方合作期间,如遇电梯厢改建、翻建不能正常使用时,应提前通知甲方,由双方共同协商解决方案。

(4)乙方应向甲方提供授权书。

第九条　违约金

甲、乙双方应按本合同约定履行义务,任何一方有违反本协议约定之行为的,应支付违约金,违约金为______元人民币。

第十条　争议解决

甲、乙双方如有争议,应友好协商解决,协商不成,任何一方均有权向人民法院提起诉讼。

第十一条　本协议未尽事宜,甲、乙双方另行签订补充协议。

第十二条　本协议的附件与本协议具有同等法律效力,经双方签字、盖章后生效。

第十三条　本协议一式两份,甲乙双方各执一份。本协议自双方签字盖章之日起生效。

甲方(签章):______________　　乙方(签章):______________

法定代表人:______________　　法定代表人:______________

经办人:__________________　　经办人:__________________

____年____月____日　　____年____月____日

范例 8

广告位租赁合同

甲方(承租方):____________________________

地址:____________________________________

邮政编码:________________________________

乙方(出租方):____________________________

地址:____________________________________

邮政编码:________________________________

电话:____________________________________

账号：______________________________

开户行：____________________________

根据《中华人民共和国合同法》、《中华人民共和国广告法》及其他法律、法规之规定，在平等、自愿、协商一致的基础上，甲乙双方就本租赁达成如下协议：

第一条　广告位基本情况

1.广告位位置：______________________________________

2.广告牌规格：______m×______m（三面）（T 型广告牌）

3.广告牌制作材料：__________________________________

4.广告画面：____

第二条　租赁期限

该广告位租赁期限为______，即从____年____月____日至____年____月______日止。

第三条　合同总额和付款方式

1.立柱广告发布费总金额共计人民币：________________。

2.上述费用包括乙方对该广告的策划、制作、建造、报建、年审、维护、维修、租金和电费等。（不含税收）

3.立柱广告发布费支付时间和支付方式：____________________

第四条　双方责权

1.甲方的责任

（1）甲方须及时提供乙方报批报建所需的文件资料，否则因此引发的一切责任，乙方概不负责。

（2）甲方有权决定广告发布内容，但必须保证其真实性、合法性。

（3）甲方须及时向乙方缴纳广告发布租金。

2.乙方的责任

（1）乙方应遵守广告发布、制作的有关规定，一切制作、报批手续及费用都由乙方自行承担。

（2）广告其制作材料、施工费、用电增容、电费等一切费用由乙方自行解决和支付，施工安装均须达到安全生产要求及广告牌美观、完整，乙方负责做广告维修和保养工作。如光源出现故障，乙方应于____天内修复；如广告画面出现损坏，乙方应于____天内修复；电缆被盗，乙方应于3天内修复。

(3)乙方在发布广告时必须按照国家、省、市有关广告规定办理好有关手续及缴纳有关费用。

(4)乙方必须于合同生效后______日内发布广告，否则每逾期1天，甲方收取乙方______元整(人民币______元)作为滞纳金；逾期1个月未完工，则甲方有权取消合同。

(5)广告制作完成后，乙方必须保证每晚亮灯______小时，即夏天亮灯时间为晚上______时至______时，冬天亮灯时间为晚上______时至______时(可根据季节气候的变化适当调整)。

3.租用期内，甲、乙双方不能无故终止合同，但如因市政或城市规划要求等原因导致甲方广告位不能使用时，则双方不负责任何赔偿责任，其租金乙方按甲方所租用实际时间计算。

4.如因台风、地震等不可抗力造成双方不能履行合约的，双方免责。

第五条　租赁期满

租赁期满后，本合同即终止，甲方对此广告位在同等条件下享有优先租赁权。如甲方续租，须提前______个月书面向乙方提出申请。

第六条　违约责任

双方签订合同必须信守，任何一方违反本合同的规定，违约方须按当年度租金的______%作为违约金支付给守约方。

第七条　其他

1.本合同未尽事宜由双方共同协商解决，并签订补充合同，补充合同与本合同不一致的，以补充合同为准，补充合同与本合同具有同等法律效力。

2.本合同一式两份，甲、乙双方各持一份，均具同等法律效力。甲乙双方签名、盖章后生效。

甲方：______________　　乙方：______________

代表人：____________　　代表人：____________

日期：______________　　日期：______________

最新适用版

第十三章 旅游合同

撰写要领

一、旅游合同的概述

旅游合同是旅游经营者提供旅游服务给旅游者，并对游客的人身和财产损害承担责任，旅游者按约定支付报酬的合同。

二、旅游合同的法律特征

(一)在旅游合同关系中，经营者或者旅游者的义务包括实施积极的特定行为，如经营者提供服务，旅游者支付费用；也包括不实施特定的行为，如经营者擅自修改服务承诺、旅游者任意要求增加服务内容等。

(二)旅游者在接受旅游服务时，经营者负有保护旅游者人身及财产安全的义务。

三、旅游合同陷阱防范

(一)在现实生活中，一些旅行社为了给地接社、导游留下操作空间并逃避自身的责任，会在合同中设置陷阱，例如虚化旅行社应当承担的责任、扩大自身的免责条款，甚至故意不与游客签订合同，而以"行程安排表"来代替合同。还有些旅行社只给游客一张收据，或者用传真上的简单描述代替合同。所以，旅游者要了解自身的合法权益，并与旅行社签订合法的旅游合同。

(二)在签订旅游合同时，要详细审查合同条款，对合同中含糊不清的地方加以澄清。旅游合同必须详细列出旅游行程与标准、双方违约责任、争议解决办法等。在格式合同条款中未明确的内容，应通过补充条款加以明确。

(三)在旅游合同中，以下事项是需要给予特别关注的：

1.日程。在行程表中应当注明出团、返回的时间以及各旅游环节的时间，其中包括景点、购物、就餐和入住时间，等等。

2.观光娱乐。明确观光娱乐景点及其停留时间，事先要弄清楚旅游目的地有哪些可以安排的自费项目以及相应的收费标准、旅行社提供的导游服务等。

3.食宿标准。在合同中要注明提供食宿的酒店名称以及餐饮标准：几人、几菜、几汤；几荤几素、住几星级饭店或者招待所。

4.交通工具。飞机要注明机型、航空公司；火车要注明快慢车、硬座或硬卧、软卧；汽车则要注明是国产还是进口、有无空调、几座等。

5. 自费景点的数量和购物的次数通常是最容易引发旅游纠纷的地方，在合同中应予以明确。

6.游客应缴纳费用的总额以及预付金额、游客或者旅行社取消行程计划的补偿标准要明确。

7.重视旅游意外保险合同。旅游意外保险合同属于国家强制性保险范畴，由旅行社代消费者向保险公司投保。在旅行前，游客一定要查看旅行社与保险公司是否签订了《意外保险合同》，以防范旅游过程中的意外风险。

范文经典

范例1

国内旅游合同

甲方：__________________________________（旅游者或单位）

住所或单位地址：____________________________________

电话：____

乙方：____________________________________（组团旅行社）

地址：____

电话：____

甲方参加由乙方组织的本次旅游的有关事项经平等协商，自愿签订合同如下：

第一条　旅游内容。本旅游团团号为：________，旅游线路为：______，旅游团出发时间为____年____月____日，结束时间为____年____月____日，共计______天______夜。

前款所列旅游线路、行程安排详见《旅游行程表》。《旅游行程表》经甲、乙双方签字作为本合同的组成部分。

第二条　服务标准。本旅游团服务质量执行国家旅游局颁布实施的《旅行社国内旅游服务质量》标准(或由甲、乙双方约定)。

第三条　旅游费用。本旅游团旅游费用总额共计______元人民币。签订本合同之日,甲方应预付______元人民币,余款应于出发前____日付讫。

第四条　项目费用。甲方依照本合同第三条约定支付的旅游费用,包含以下项目:

1.代办证件的手续费:乙方代甲方办理所需旅行证件的手续费。

2.交通客票费:乙方代甲方向民航、铁路、长途客运公司、水运等公共交通部门购买交通客票的费用。

3.餐饮住宿费:《旅游行程表》内所列应由乙方安排的餐饮、住宿费用。

4.游览费:《旅游行程表》内所列应由乙方安排的游览费用,包括住宿地至游览地交通费、非旅游者另行付费的旅游项目第一道门票费。

5.接送费:旅游期间从机场、港口、车站等至住宿旅馆的接送费用。

6.旅游服务费:乙方提供各项旅游服务收取的费用(含导游服务费)。

7.甲、乙双方约定的其他费用:______、前款第2项的交通客票费,如遇政府调整票价,该费用的退、补依照《中华人民共和国合同法》第六十三条办理。第3项的餐饮住宿费,如甲方要求提高标准,经乙方同意安排的,甲方应补交所需差额。

第五条　非项目费用。甲方依照本合同第三条约定支付的旅游费用,不包含以下项目:

1.各地机场建设费。

2.旅途中发生的甲方个人费用:如交通工具上的个人餐饮费;个人伤病医疗费;行李超重费;旅途住宿期间的洗衣、电话、电报、饮料及酒水费;私人交通费;自由活动费用;寻回个人遗失物品的费用与报酬及在旅程中因个人行为造成的赔偿费用等。

3.甲方自行投保的保险费:航空人身意外保险费及甲方自行投保的其他保险的费用。

4.双方约定的由甲方自行选择的由其另行付费的游览项目费用。

5.其他非第四条所列项目的费用。

第六条　出发时间及地点。甲方应于______年____月____日____时分于______________（地点）准时集合出发。甲方未准时到约定地点集合出发，也未能中途加入旅游团的，视为甲方解除合同，乙方可以按照本合同第八条的约定要求赔偿。

第七条　人数约定。本旅游团须有______人以上签约方能成团。如人数未达到，乙方可以于约定出发日前____日（不低于5日）通知甲方，解除合同。

乙方解除合同后，按下列方式之一处理：

1.退还甲方已缴纳的全部费用，乙方对甲方不负违约责任；

2.订立另一旅游合同，费用如有增减，由乙方退回或由甲方补足。

乙方未在约定的时间通知甲方的，应按照本合同第九条约定赔偿甲方。

甲方提供的电话或传真须是经常使用或能够及时联系到的，否则乙方在本条款及其他条款中需要通知但通知不到甲方的，不承担由此产生的赔偿责任。

第八条　甲方退团。甲方可以在旅游活动开始前通知乙方解除本合同，但须承担乙方已经为办理本次旅游支出的必要费用，并按如下标准支付违约金：

1.在旅游开始前第5日以前通知到的，支付全部旅游费用扣除乙方已支出的必要费用后余额的10%；

2.在旅游开始前第5日至第3日通知到的，支付全部旅游费用扣除乙方已支出的必要费用后余额的20%；

3.在旅游开始前第3日至第1日通知到的，支付全部旅游费用扣除乙方已支出的必要费用后余额的30%；

4.在旅游开始前1日通知到的，支付全部旅游费用扣除乙方已支出的必要费用后余额的50%；

5.在旅游开始日或开始后通知到或未通知不参团的，支付全部旅游费用扣除乙方已支出的必要费用后余额的100%；

第九条　乙方取消。除本合同第七条约定的情形外，如因乙方原因致使甲方的旅游活动不能成行而取消的，乙方应当立即通知甲方，并按如下标准支付违约金：

1.在旅游开始前第5日以前通知到的，支付全部旅游费用的10%；

2.在旅游开始前第5日至第3日通知到的，支付全部旅游费用的20%；

3.在旅游开始前第3日至第1日通知到的，支付全部旅游费用的30%；

4.在旅游开始前1日通知到的，支付全部旅游费用的50%；

5.在旅游开始日及以后通知到的，支付全部旅游费用的100%。

第十条　合同转让。经乙方同意，甲方可以将其在本旅游合同上的权利义务转让给具有参加本次旅游条件的第三人，但应当在约定的出发日前__日通知乙方。如有费用增加，由甲方负担。

第十一条　甲方义务。甲方应当履行下列义务：

1.甲方所提供的证件及相关资料必须真实有效。

2.甲方应确保自身身体条件适合参加旅游团旅游，并有义务在签订本合同时将自身健康状况告知乙方。

3.甲方应妥善保管随身携带的行李物品，未委托乙方代管而损坏或丢失的，责任自负。

4.甲方在旅游活动中应遵守团队纪律，配合导游完成本次旅游行程。

5.甲方应尊重目的地的宗教信仰、民族习惯和风土人情。

第十二条　乙方义务。乙方应当履行下列义务：

1.乙方应当提醒甲方注意免除或限制其责任的条款，按照甲方的要求，对有关条款予以说明。

2.乙方应当按照有关规定购买保险，并在接受甲方报名时提示甲方自愿购买旅游期间的个人保险。

3.乙方代理甲方办理旅游所需的手续，应妥善保管甲方的各项证件，如有遗失或毁损，应立即主动补办并承担补办手续费，因此导致甲方的直接损失，乙方应承担赔偿责任。

4.乙方应为甲方提供导游服务；无全陪的旅游团体，乙方应告知甲方旅游目的地的具体接洽办法和应急措施。

5.甲方在旅游中发生人身伤害或财产损失事故时，乙方应做出必要的协助和处理。如因乙方原因导致甲方人身伤害或财产损失，乙方应承担赔偿责任。

6.乙方应当按照《旅游行程表》安排甲方购物，不得强制甲方购物，不得擅自增加购物次数。当甲方发现所购物品系假冒伪劣商品，如购物为甲方要求的，乙方不承担任何责任；如购物为行程内安排的，乙方应当协助甲方退还或索赔；如购物为乙方在行程外擅自增加的，乙方应赔偿甲方全部损失。

7.非因乙方原因，导致甲方在旅游期间搭乘飞机、轮船、火车、长途汽车、地铁、索道、缆车等公共交通运输工具时受到人身伤害和财产损失的，乙方应协助甲方向提供上列服务的经营者索赔。

第十三条　合同变更。经甲、乙双方协商一致，可以以书面形式变更本合同旅游内容，由此增加的旅游费用应由提出变更的一方承担，由此减少的旅游费用，乙方应退还甲方。如给对方造成损失的，由提出变更的一方承担损失。

第十四条　擅自变更合同。乙方擅自变更合同违反约定的，应当退还甲方直接损失或承担增加的旅游费用，并支付直接损失额或增加的旅游费用额1倍的违约金。

甲方擅自变更合同违反约定的，不得要求退还旅游费用。因此增加的旅游费用由甲方承担。给乙方造成损失的，应当承担赔偿责任。

第十五条　旅游行程延误。因乙方原因导致旅游开始后行程延误的，乙方应当征得甲方书面同意，继续履行本合同并支付旅游费用5%的违约金；甲方要求解除合同终止旅游的，乙方应当安排甲方返回并退还未完成的旅程费用，支付旅游费用5%的违约金。

甲方因延误旅游行程支出的食宿和其他必要费用由乙方承担。

第十六条　弃团。乙方在旅程中弃置甲方的，应当承担弃置期间甲方支出的食宿和其他必要费用，退还未完成的行程费用并支付旅游费用1倍的违约金。

第十七条　中途离团。甲方在旅程中未经乙方同意自行离团不归的，视为单方解除合同，不得要求乙方退还旅游费用。如给乙方造成损失，甲方应承担赔偿责任。

第十八条　不可抗力。甲、乙双方因不可抗力不能履行合同的，部分或者全部免除责任，但法律另有规定的除外。

乙方延迟履行本合同后发生不可抗力的，不能免除责任。

第十九条　扩大损失。甲、乙一方违约后，对方应当采取适当措施防止损失的扩大；没有采取适当措施致使损失扩大的，不得就扩大的损失要求赔偿。

甲、乙一方因防止损失扩大而支出的合理费用由违约方承担。

第二十条　委托招徕。乙方委托其他旅行社代为招徕时，不得以未直接收取甲方费用为由免责。

第二十一条　其他。本合同其他事项

1.____。

2.____。

3.____。

第二十二条　争议解决。本合同在履行中如发生争议，双方应协商解决，协商不成，甲方可以向有管辖权的旅游质量监督管理所投诉，甲乙双方均可向法院起诉。

第二十三条　合同效力。本合同一式两份，双方各执一份，具有同等的法律效力。

第二十四条　合同生效。本合同从签订之日起生效，至本次旅行结束甲方离开乙方安排的交通工具时为止。

附：旅游行程表

甲方：______________　　乙方（盖章）：______________

身份证号码：__________　　负责人：______________

电话或传真：__________　　电话或传真：______________

通讯地址：____________　　通讯地址：______________

____年____月____日　　____年____月____日

范例2

出境旅游合同

旅游者：______________等______人（名单可附页，需出境社和旅游者代表签字盖章确认）；

出境社：____；

旅行社业务经营许可证编号：________________________。

第一章　定义和概念

第一条　本合同词语定义

1.出境社，指取得《旅行社业务经营许可证》和《企业法人营业执照》、具有出境旅游业务经营权的旅行社。

2.旅游者，指与出境社签订出境旅游合同，参加出境旅游活动的中国内地居民及在中国内地的外国人、在内地的香港特别行政区、澳门特别行政区居民和在大陆的台湾地区居民或者团体。

3.出境旅游服务，指出境社依据《旅行社条例》等法律法规，组织旅游者出国及赴港、澳地区等旅游目的地旅游，代办旅游签证/签注、代订公共交通客票，安排餐饮、住宿、游览等服务活动。

4.旅游费用，指旅游者支付给出境社用于购买出境旅游服务的费用。

旅游费用包括：

（1）必要的签证/签注费用（旅游者自办的除外）；

（2）交通费（含境外机场税）；

（3）住宿费；

（4）餐费（不含酒水费）；

（5）出境社统一安排的景区景点的第一道门票费；

（6）行程中安排的其他项目费用；

（7）导游服务费和出境社、境外接待旅行社（简称“地接社”）等其他服务费用。

旅游费用不包括：

(1)旅游证件的费用和办理离团的费用；

(2)旅游者投保的个人旅游保险费用；

(3)合同约定另行付费项目的费用；

(4)合同未约定由出境社支付的费用，包括但不限于行程以外非合同约定项目所需的费用、自行安排活动期间发生的费用；

(5)境外小费；

(6)行程中发生的旅游者个人费用，包括但不限于交通工具上的非免费餐饮费、行李超重费，住宿期间的洗衣、通讯、饮料及酒类费用，个人娱乐费用、个人伤病医疗费、寻找个人遗失物品的费用及报酬、个人原因造成的赔偿费用。

5.购物场所，指行程中安排的、专门或者主要以购物为活动内容的场所。

6.自由活动，指《旅游行程计划说明书》中安排的自由活动。

7.自行安排活动期间，指《旅游行程计划说明书》中安排的自由活动期间、旅游者不参加旅游行程的活动期间、每日行程开始前、结束后旅游者离开住宿设施的个人活动期间、旅游者经领队或者导游同意暂时离团的个人活动期间。

8.旅行社责任保险，指以旅行社因其组织的旅游活动对旅游者和受其委派为旅游者提供服务的人员依法应当承担的赔偿责任为保险标的的保险。

9.旅游者投保的个人旅游保险，指旅游者自己购买或者通过旅行社、航空机票代理点、景区等保险代理机构购买的以旅行期间自身的生命、身体、财产或者有关利益为保险标的的短期保险，包括但不限于航空意外险、旅游意外险、紧急救援保险、特殊项目意外险。

10.离团，指团队旅游者在境外经领队同意不随团队完成约定行程的行为。

11.脱团，指团队旅游者在境外未经领队同意脱离旅游团队、不随团队完成约定行程的行为。

12.转团，指由于低于成团人数，出境社征得旅游者书面同意，在出发前将旅游者转至其他旅行社所组织的出境旅游团队的行为。

13.拼团，指出境社在保证所承诺的服务内容和标准不变的前提下，在签订合同时经旅游者同意，与其他出境社招徕的旅游者拼成一个团统一安排旅游服务的行为。

14.不可抗力，指不能预见、不能避免并不能克服的客观情况，包括但不限于因自然原因和社会原因引起的，如自然灾害、战争、恐怖活动、动乱、骚乱、罢工、突发公共卫生事件、政府行为。

15.意外事件，指因当事人故意或者过失以外的偶然因素引发的事件，包括但不限于重大礼宾活动导致的交通堵塞、列车航班晚点、景点临时不开放。

16.业务损失费，指出境社因旅游者行前退团而产生的经济损失，包括乘坐飞机（车、船）等交通工具的费用（含预订金）、旅游签证/签注费用、饭店住宿费用（含预订金）、旅游观光汽车的人均车租等已发生的实际费用。

17.黄金周，指通过调休将春节、“十一”等3天法定节日与前后公休日相连形成通常为7天的公众节假日。

第二章　合同的签订

第二条　旅游行程计划说明书

出境社应当提供带团号的《旅游行程计划说明书》（以下简称《计划书》），经双方签字或者盖章确认后作为本合同的组成部分。《计划书》应当对如下内容作出明确的说明：

1.旅游行程的出发地、途经地、目的地，线路行程时间（按自然日计算，含乘飞机、车、船等在途时间，不足24小时以1日计）；

2.旅游目的地地接旅行社的名称、地址、联系人和联系电话；

3.交通服务安排及其标准（明确交通工具及档次等级、出发时间以及是否需中转等信息）；

4.住宿服务安排及其标准（明确住宿饭店的名称、地址、档次等级及是否有空调、热水等相关服务设施）；

5.用餐（早餐和正餐）服务安排及其标准（明确用餐次数、地点、标准）；

6.出境社统一安排的游览项目的具体内容及时间（明确旅游线路内容，包括景区点及游览项目名称、景区点停留的最少时间）；

7.自由活动次数和时间；

8.购物安排（出境社安排的购物次数不超过行程日数的一半，并同时列明购物场所名称、停留的最长时间及主要商品等内容)；

9.行程安排的娱乐活动(明确娱乐活动的时间、地点和项目内容)；

10.另行付费项目(如有安排,出境社应当在签约时向旅游者提供《境外另行付费项目表》,列明另行付费项目的价格、参加该另行付费项目的交通费和导游服务费等，由旅游者自愿选择并签字确认后作为本合同的组成部分,另行付费项目应当以不影响计划行程为原则)；

《计划书》用语须准确清晰,在表明服务标准用语中不应当出现"准 X 星级"、"豪华"、"仅供参考"、"以 XX 为准"、"与 XX 同级"等不确定用语。

第三条　签订合同

旅游者应当认真阅读本合同条款、《计划书》和《境外另行付费项目表》,在旅游者理解本合同条款及有关附件后,出境社和旅游者应当签订书面合同。

第四条　旅游广告及宣传品

出境社的旅游广告及宣传品应当遵循诚实信用的原则,其内容符合《中华人民共和国合同法》的要约规定的,视为本合同的组成部分,对出境社和旅游者双方具有约束力。

第五条　合同效力

本合同一式两份,双方各执一份,具有同等法律效力,自双方当事人签字或者盖章之日起生效。

第三章　合同双方的权利义务

第六条　出境社的权利

1.根据旅游者的身体健康状况及相关条件决定是否接纳旅游者报名参团；

2.核实旅游者提供的相关信息资料；

3.按照合同约定向旅游者收取全额旅游费用；

4.旅游团队遇紧急情况时,可以采取紧急避险措施并要求旅游者配合；

5.拒绝旅游者提出的超出合同约定的不合理要求。

第七条　出境社的义务

1.按照合同和《计划书》约定的内容和标准为旅游者提供服务。

2.在出团前召开说明会,把根据《计划书》细化的《行程表》和《行程须知》发给旅游者,如实告知具体行程安排和有关具体事项,具体事项包括但不限于所到国家或者地区的重要规定和风俗习惯、安全避险措施、境外小费标准、外汇兑换事项、应急联络方式(包括我国驻外使领馆及出境社境内和境外应急联系人及联系方式)。

3.为旅游团队安排符合《旅行社条例》、《中国公民出国旅游管理办法》等法规、规章规定的持证领队人员。

4.妥善保管旅游者提交的各种证件。

5.为旅游者发放用中英文固定格式书写、由旅游者填写的载明个人信息的安全保障卡(包括旅游者的姓名、国籍、血型、应急联络方式等)。

6.对可能危及旅游者人身、财产安全的事项和须注意的问题,向旅游者作出真实的说明和明确的警示,并采取合理必要的措施防止危害发生,旅游者人身、财产权益受到损害时,应采取合理必要的保护和救助措施,避免旅游者人身、财产权益的损失扩大。

7.按照相关法规、规章的规定投保旅行社责任保险。

8.提示旅游者购买个人旅游保险。

9.按照合同约定安排购物和另行付费项目,不强迫或者变相强迫旅游者购物和参加另行付费项目。

10.旅游者在《计划书》安排的购物场所所购物品系假冒伪劣商品时,旅游者提出索赔的,积极协助旅游者进行索赔,自索赔之日起超过90日,旅游者无法从购物点获得赔偿的,应当先行赔付。

11.向旅游者提供合法的旅游费用发票。

12.依法对旅游者的个人信息保密。

13.积极协调处理旅游者在旅游行程中的投诉,出现纠纷时,采取适当措施防止损失扩大。

14.采用拼团方式出团的,出境社仍承担本合同约定的责任和义务。

第八条　旅游者的权利

1.要求出境社按照合同和《计划书》及依据《计划书》细化的《行程表》兑现旅游行程服务。

2.拒绝出境社及其工作人员未经事先协商一致的转团、拼团行为和合同约定以外的购物及另行付费项目安排。

3.在支付旅游费用时要求出境社开具发票。

4.在合法权益受到损害时向旅游、工商等部门投诉或者要求出境社协助索赔。

5.享有《中华人民共和国消费者权益保护法》和有关法律法规赋予消费者的其他各项权利。

第九条　旅游者的义务

1.如实填写《出境旅游报名表》、签证/签注资料和游客安全保障卡,并对所填的内容承担责任，如实告知出境社工作人员询问的与旅游活动相关的个人健康信息,所提供的联系方式须是经常使用或者能够及时联系到的。

2.向出境社提交的因私护照或者通行证有效期在半年以上,自办签证/签注者应当确保所持签证/签注在出游期间有效。

3.按照合同约定支付旅游费用。

4.按照合同约定随团完成旅游行程,配合领队人员的统一管理,发生突发事件时,采取适当措施防止损失扩大。

5.遵守我国和旅游目的地国家(地区)的法律法规和有关规定,不携带违禁物品出入境、不在境外滞留不归。

6.遵守旅游目的地国家(地区)的公共秩序、尊重当地的风俗习惯、尊重旅游服务人员的人格,举止文明,不在景观、建筑上乱刻乱画,不随地吐痰和乱扔垃圾,不参与色情、赌博和涉毒活动。

7.妥善保管自己的行李物品,尤其是贵重物品。

8.行程中发生纠纷时,本着平等协商的原则解决,采取适当措施防止损失扩大,不采取拒绝登机(车、船)等行为拖延行程或者脱团。

9.在自行安排活动期间,应当在自己能够控制风险的范围内选择活动项目,并对自己的安全负责。

10.在合法权益受到损害要求出境社协助索赔时,提供合法有效的凭据。

第四章　合同的变更与转让

第十条　合同的变更

1.出境社与旅游者双方协商一致,可以变更本合同约定的内容,但应当以书面形式由双方签字确认,由此增加的旅游费用及给对方造成的损失由变更提出方承担；由此减少的旅游费用，出境社应当退还旅游者。

2.因不可抗力或者意外事件导致无法履行或者继续履行合同的，出境社可以在征得团队50%以上成员同意后，对相应内容予以变更。因情况紧急无法征求意见或者经征求意见无法得到50%以上成员同意时，出境社可以决定内容的变更，但应当就作出的决定提供必要的证明。

3.在行前遇到不可抗力或者意外事件的，双方经协商可以取消行程或者延期出行。取消行程的，出境社向旅游者全额退还旅游费用（已发生的签证/签注费用可以扣除）。已发生旅游费用的，应当由双方协商后合理分担。

4.在行程中遇到不可抗力导致无法继续履行合同的，出境社按本条第2款的约定实施变更后，将未发生的旅游费用退还旅游者，增加的旅游费用，应当由双方协商后合理分担。

5.在行程中遇到意外事件导致无法继续履行合同的，出境社按本条第2款的约定实施变更后，将未发生的旅游费用退还旅游者，因此增加的旅游费用由提出变更的一方承担（但因紧急避险所致的，由受益方承担）。

第十一条　合同的转让

经出境社书面同意，旅游者可以将其在合同中的权利和义务转让给符合出游条件的第三人，因此增加的费用由旅游者承担，减少的费用由出境社退还旅游者。

第十二条　不成团的安排

低于成团人数不能成团时，旅游者可以与出境社就如下安排在本合同第二十二条中作出约定。

1.转团：出境社可以在保证所承诺的服务内容和标准不降低的前提下，经事先征得旅游者书面同意，将旅游者转至其他出境社所组的出境旅游团队，并就受让出团的出境社违反本合同约定的行为先行承担责任，再行追偿。旅游者和受让出团的出境社另行签订合同的，本合同的权利义务终止。

2.延期出团和改签线路出团：出境社经征得旅游者书面同意，可以延期出团或者改签其他线路出团，需要时可以重新签订旅游合同，因此增加的费用由旅游者承担，减少的费用由出境社予以退还。

第五章　合同的解除

第十三条　不同意转团、延期出团和改签线路的合同解除

低于成团人数不能成团时，旅游者既不同意转团，也不同意延期和改签其他线路出团的，视为出境社解除合同，按本合同第十四条、第十六条第1款相关约定处理。

第十四条　行程前的合同解除

旅游者和出境社在行前可以书面形式提出解除合同。在出发前30日(按出发日减去解除合同通知到达日的自然日之差计算，下同)以上(不含第30日)提出解除合同的，双方互不承担违约责任。出境社提出解除合同的，全额退还旅游费用(不得扣除签证/签注费用)；旅游者提出解除合同，如已办理签证/签注的，应当扣除签证/签注费用。出境社应当在解除合同的通知到达日起5个工作日内向旅游者退还旅游费用。

旅游者或者出境社在出发前30日以内(含第30日，下同)提出解除合同的，由提出解除合同的一方承担违约责任。

第十五条　行程中的合同解除

1.旅游者未按约定时间到达约定集合出发地点，也未能在出发中途加入旅游团队的，视为旅游者解除合同，按照本合同第十七条第1款相关约定处理。

2.旅游者在行程中脱团的，出境社可以解除合同，旅游者不得要求出境社退还旅游费用。如给出境社造成损失的，应当承担相应的赔偿责任。

第六章　违约责任

第十六条　出境社的违约责任

1.出境社在出发前30日以内(含第30日，下同)提出解除合同的，向旅游者退还全额旅游费用(不得扣除签证/签注等费用)，并按下列标准向旅游者支付违约金：

(1)出发前30日至15日，支付旅游费用总额2%的违约金；

(2)出发前14日至7日，支付旅游费用总额5%的违约金；

(3)出发前6日至4日，支付旅游费用总额10%的违约金；

(4)出发前3日至1日，支付旅游费用总额15%的违约金；

（5）出发当日，支付旅游费用总额 20%的违约金。

如上述违约金不足以赔偿旅游者的实际损失，出境社应当按实际损失对旅游者予以赔偿。

出境社应当在取消出团通知到达日起 5 个工作日内向旅游者退还全额旅游费用并支付违约金。

2.出境社未按合同约定提供服务，或者未经旅游者同意调整旅游行程（本合同第十条第 2 款规定的情形除外），造成项目减少、旅游时间缩短或者标准降低的，应当采取措施予以补救，未采取补救措施或者已采取补救措施但不足以弥补旅游者损失的，应当承担相应的赔偿责任。

3.出境社领队或者境外导游未经旅游者签字确认安排本合同约定以外的另行付费项目的，应当承担擅自安排的另行付费项目费用；擅自增加购物次数，每次按旅游费用总额 10%向旅游者支付违约金；出境社强迫或者变相强迫旅游者购物的，每次按旅游费用总额的 20%向旅游者支付违约金。

4.出境社违反合同约定在境外中止对旅游者提供住宿、用餐、交通等旅游服务的，应当负担旅游者在被中止旅游服务期间所订的同等级别的住宿、用餐、交通等必要费用，并向旅游者支付旅游费用总额 30%的违约金。如果因此给旅游者造成其他人身、财产损害的，出境社还应当承担损害赔偿责任。

5.出境社未经旅游者同意，擅自将旅游者转团、拼团的，旅游者在出发前（不含当日）得知的，有权解除合同，出境社全额退还已交旅游费用，并按旅游费用总额的 15%支付违约金；旅游者在出发当日或者出发后得知的，出境社应当按旅游费用总额的 25%支付违约金。如违约金不足以赔偿旅游者的实际损失，出境社应当按实际损失对旅游者予以赔偿。

6.与旅游者出现纠纷时，出境社应当积极采取措施防止损失扩大，否则应当就扩大的损失承担责任。

第十七条　旅游者的违约责任

1.旅游者在出发前 30 日内（含第 30 日，下同）提出解除合同的，应当按下列标准向出境社支付业务损失费：

（1）出发前 30 日至 15 日，按旅游费用总额 5%违约金；

（2）出发前 14 日至 7 日，按旅游费用总额 15%违约金；

(3)出发前6日至4日,按旅游费用总额70%违约金;

(4)出发前3日至1日,按旅游费用总额85%违约金;

(5)出发当日,按旅游费用总额90%违约金。

如按上述比例支付的业务损失费不足以赔偿出境社的实际损失,旅游者应当按实际损失对出境社予以赔偿,但最高额不应当超过旅游费用总额。

出境社在扣除上述业务损失费后,应当在旅游者退团通知到达日起5个工作日内向旅游者退还剩余旅游费用。

2.旅游者因不听从出境社及其领队的劝告而影响团队行程,给出境社造成损失的,应当承担相应的赔偿责任。

3.旅游者超出本合同约定的内容进行个人活动所造成的损失,由其自行承担。

4.由于旅游者的过错,使出境社遭受损害的,应当由旅游者赔偿损失。

5.与出境社出现纠纷时,旅游者应当积极采取措施防止损失扩大,否则应当就扩大的损失承担责任。

第十八条　其他责任

1.因旅游者提供材料存在问题或者自身其他原因被拒签、缓签、拒绝入境和出境的,相关责任和费用由旅游者承担,出境社将未发生的费用退还旅游者。如给出境社造成损失的,旅游者还应当承担赔偿责任。

2.由于第三方侵害等不可归责于出境社的原因导致旅游者人身、财产权益受到损害的,出境社不承担赔偿责任。但因出境社不履行协助义务致使旅游者人身、财产权益损失扩大的,应当就扩大的损失承担赔偿责任。

3.在旅游者自行安排活动期间,人身、财产权益受到损害的,出境社在事前已尽到必要警示说明义务且事后已尽到必要协助义务的,出境社不承担赔偿责任。

第七章　协议条款

第十九条　旅游时间

出发时间:______,结束时间:______,共______天______夜。

第二十条　旅游费用及支付

(旅游费用以人民币为计算单位)

成人：______元/人；儿童（不满12岁的）：______元/人

合计：______元（其中签证/签注费用______元/人）。

旅游费用支付的方式和时间：____________________

第二十一条　个人旅游保险

旅游者____________（同意或者不同意，打钩无效）委托出境社办理旅游者投保的个人旅游保险。

保险产品名称：________________

保险人：______________________

保险金额：__________元人民币

保险费：__________元人民币

第二十二条　成团人数与不成团的约定

最低成团人数：________人，低于此人数不能成团时，出境社应当在出发前______日通知旅游者。

如不能成团，旅游者是否同意按下列方式解决：

1.______（同意或者不同意，打钩无效）转至______出境社出团；

2.______（同意或者不同意，打钩无效）延期出团；

3.______（同意或者不同意，打钩无效）改签其他线路出团。

第二十三条　拼团约定

旅游者______（同意或者不同意，打钩无效）采用拼团方式出团。

第二十四条　黄金周特别约定

在黄金周旅游高峰期间，旅游者和出境社对行前退团及取消出团的提前告知时间、相关责任约定如下：

提前告知时间	旅游者行前退团应当支付出境社的业务损失费占旅游费用总额的百分比	出境社取消出团应当支付旅游者的违约金占旅游费用总额的百分比
出发前____日至____日		
出发前____日至____日		
出发前____日至____日		
出发前____日至____日		
出发前____日至____日		

第二十五条　争议的解决方式

本合同履行过程中发生争议，由双方协商解决，亦可向合同签订地的旅游质监执法机构、消费者协会等有关部门或者机构申请调解。协商或者调解不成的，按下列第______种方式解决：

1.提交__________仲裁委员会仲裁；

2.依法向人民法院起诉。

第二十六条　其他约定事项

未尽事宜，经旅游者和出境社双方协商一致，可以列入补充条款。

（如合同空间不够，可以附纸张贴于空白处，在连接处需双方盖章。）

____

____

____

____

旅游者代表签字（盖章）：	出境社盖章：
证件号码：________________	签约代表签字（盖章）：________
住址：__________________	营业地址：________________
联系电话：________________	联系电话：________________
传真：__________________	传真：__________________
邮编：__________________	邮编：__________________
电子信箱：________________	电子信箱：________________
签约日期：____年____月____日	签约日期：____年____月____日
签约地点：______________	

出境社监督、投诉电话：__________________

省市旅游质监执法机构：__________________

投诉电话：______________________________

电子邮箱：______________________________

地址：__________________________________

邮编：__________________________________

附件 1:出境旅游报名表

旅游线路及编号:__________旅游者出团意向时间:__________

<table>
<tr><td>姓名</td><td></td><td>性别</td><td></td><td>民族</td><td></td><td>出生日期</td><td></td></tr>
<tr><td>身份证号</td><td colspan="3"></td><td>联系电话</td><td colspan="3"></td></tr>
<tr><td>身体状况</td><td colspan="7">（需注明身体情况是否适宜出游、有无突发病史、有无药物过敏史;是否身体残疾、是否为妊娠中妇女、是否为精神疾病等健康受损情形。出境社在接受旅游者报名后在合理范围内给予特别关照,所需费用由双方协商确定。）</td></tr>
<tr><td colspan="8">旅游者全部同行人名单及分房要求（所列同行人均视为旅游者要求必须同时安排出团）:
_______与_______同住,_______与_______同住,_______与_______同住,
_______与_______同住,_______与_______同住,_______与_______同住,
为单男 / 单女需要安排与他人同住_______________不占床位,
_______________全程要求入住单间(应当补交房差额)</td></tr>
<tr><td colspan="8">其他补充约定:

旅游者确认签名(盖章):　　　　　　年　　月　　日</td></tr>
<tr><td>备注</td><td colspan="7">(年龄低于 18 周岁,需要提交监护人书面同意出行书)</td></tr>
<tr><td colspan="8">以下由出境社工作人员填写</td></tr>
<tr><td>服务网点名称</td><td colspan="3"></td><td>旅行社经办人</td><td colspan="3"></td></tr>
</table>

附件 2:带团号的《旅游行程计划说明书》

旅游者:(代表人签字)__________出境社:(盖章)__________

经办人:(签字)__________

_____年____月____日

最新适用版

第十四章 出版合同

撰写要领

一、出版合同的概述

出版合同是指著作权人将其作品的复制权与发行权许可出版社或者其他出版发行机构在一定范围和期限内以图书形式使用，由出版社承担印刷与发行费用,并向著作权人支付报酬的协议。此类合同除了图书出版之外还包括音像出版、授权改编等合同形式。一般来说,出版合同都要写明出版内容、出版日期、稿费或者版税的计算方法与给付方式、违约责任和争议的处理方式等条款。

二、出版合同的风险防范

对于出版合同的风险防范,主要注意权利的保护。出版合同中,专有出版权是一种“独占的”、“排他的”权利,这种专有权具有对抗其他人的法律效力,而图书出版合同中的专有出版许可不是著作权的转让。图书出版合同中,著作权人只是许可出版社使用该项权利,出版者并无对该权利的处分权,出版社不能将该作品随意再许可他人使用,对作品的从属权利的使用一定要取得著作权人的明确授权。但当出版社通过转让合同取得权利后,可以作为权利主体处分这些权利。

除了权利处分之外,出版合同最重要的就是关于稿酬的约定,这是著作权中财产权的一项内容,是著作权人许可出版社使用该作品获得的一项对价。付酬方式和标准是图书出版合同中的重要条款,一定要约定付酬标准,这对于出版方和著作权人都是一种法律的保护以及避免纠纷的方式。

范文经典

范例1

图书出版合同

甲方(著作权人):____________________

地址：______________________________

联系方式：__________________________

乙方（出版者）：____________________

法定代表人：________________________

注册地址：__________________________

联系方式：__________________________

作品名称：__________________________

作者姓名：__________________________

甲乙双方就上述作品的出版达成如下协议：

第一条　甲方授予乙方在合同有效期内，在______地区以图书形式出版上述作品______文本的专有使用权。

第二条　甲方保证拥有第一条授予乙方的权利。如因上述权利的行使侵犯他人权益，甲方承担全部责任并赔偿因此给乙方造成的损失，乙方可以终止合同。

第三条　上述作品的内容、篇幅、体例、图表、附录等应符合下列要求：

____。

第四条　甲方应于____年____月____日前将上述作品的誊清稿交付乙方。甲方因故不能按时交稿，应在交稿期限届满前____日通知乙方，双方另行约定交稿日期。甲方到期仍不能交稿，乙方可以终止合同。甲方交付的稿件应有作者的签章。

第五条　乙方应于____年____月____日前出版上述作品，因故不能按时出版，应在出版期限届满前____日通知甲方，双方另行约定出版日期。乙方到期仍不能出版，甲方可以终止合同，乙方应按第九条约定报酬标准的______%向甲方支付赔偿金。

第六条　在合同有效期内，未经双方同意，任何一方不得将第一条约定的权利许可第三方使用，如有违反，另一方有权要求经济赔偿并终止合同。一方经对方同意许可第三方使用上述权利，应将所得报酬的____%交付对方。

第七条　乙方尊重甲方确定的署名方式。乙方不得更动上述作品的名称，不得对作品进行修改、删节、增加图表及前言、后记。

第八条　上述作品的校样由甲方审校，甲方应在______日内签字后退还乙方。甲方未按期审校，乙方可自行审校，并按计划付印。因甲方修改造成版面改动超过______%或未能按期出版，甲方承担改版费用或推迟出版的责任。

第九条　乙方向甲方支付报酬的方式和标准为以下第______种：

1. 基本稿酬加印数稿酬：______元人民币/每千字，______千字+印数______基本稿酬______%

2.一次性付酬：______元人民币。

3.版税：______元人民币（图书定价）______%（版税率）×销售数（或印数）。最低印数为______册。

第十条　乙方在合同签订后____日内向甲方预付上述报酬的____%，其余部分于出版后____日内付清。

第十一条　甲方交付的稿件未达到合同第三条约定的要求，而且甲方拒绝按照合同的约定修改，乙方有权终止合同并要求甲方返还预付报酬的______%。如经反复修改仍未达到合同第三条的要求，预付报酬不返还乙方；如未支付预付报酬，乙方按合同第九条约定报酬的____%向甲方支付酬金。

第十二条　在上述作品首次出版______年内，乙方可以自行重印。首次出版______年后，乙方若需重印应事先通知甲方。如果甲方需要对作品进行修改，应于收到通知后______日内答复乙方，否则乙方可按原版重印。

第十三条　若乙方需重印、再版，应将印数通知甲方，并在重印、再版______日内按第九条的约定向甲方支付报酬。

第十四条　甲方有权核查图书的印数，如甲方指定第三方进行核查，需要提供书面授权书。如乙方隐瞒印数，除向甲方补齐应付报酬外，还应支付全部报酬______%的赔偿金并承担核查费用，如核查结果与乙方提供的印数相符，核查费用由甲方承担。

第十五条　在合同有效期内，如图书脱销，甲方有权要求乙方重印、再版。如甲方收到乙方拒绝重印、再版的书面答复，或乙方收到甲方重印、再版的书面要求后______月内未重印、再版，甲方可以终止合同。

第十六条　上述作品出版后，乙方应于____日内将作品原稿退还甲方，如有损坏，应赔偿甲方______元人民币；如有遗失，应赔偿______元人民币。

第十七条　上述作品首次出版后______日内，乙方向甲方赠样书____册，并以______折价售予甲方图书册。每次再版______日内，乙方向甲方赠样书______册。

第十八条　乙方若许可报社、杂志社刊载上述作品，须另行取得甲方书面授权。

第十九条　双方因合同的解释或履行发生争议，由双方协商解决。协商不成的，由__________仲裁机构仲裁。

第二十条　合同的变更、续签及其他未尽事宜，由双方另行商定。

第二十一条　本合同自签字之日起生效，有效期为______年。

第二十二条　本合同一式两份，双方各执一份为凭。

甲方（签章）：______________　　　　乙方（签章）：______________

____年____月____日　　　　　　　____年____月____日

范例 2

图书约稿合同

甲方（约稿者）：__________________出版社

乙方（著者或译者）：______________

为了快出书、出好书，甲方邀请乙方撰写书稿（或翻译书稿），经双方协商一致，签订本合同，共同信守执行。

第一条　著作稿（或译稿）名称

1.著作稿名称：__________________________________。

2.译稿名称：____________________________________。

本译作原著名称：____________原著作者姓名及国籍：___________。

原出版者及出版地点、年份：____________________________。

第二条　对著作稿（或译稿）的要求：____________________。

第三条　全稿字数和插图(照片):________________

第四条　稿费

全稿字数______万字左右,初定每千字______元人民币。

第五条　交稿日期:____年____月____日止交完全部书稿。乙方因故不能按期交稿,在半年前向甲方提出,双方根据书稿情况另议交稿日期或终止合同。

第六条　甲方的责任

1.甲方收到稿件后在______天内通知乙方已收到稿件,在______月内审阅完毕,通知乙方是否采用或退改,否则认为稿件已被接受。

2.甲方如对稿件无修改要求,应在规定的审阅期限内与乙方签订出版合同。

3.甲方如对稿件提出修改意见,乙方在______个月内修改退回,甲方应在______个月审阅完毕。乙方因拒绝修改或在上述日期内无故不退回修改稿,应适当赔偿甲方损失,甲方并可废除本合同。

4.稿件如经修改符合出版要求,甲方应在审阅期限内与乙方签订出版合同,若经修改仍不符合要求,甲方应书面通知乙方终止本合同并将稿件退还乙方,但应根据约稿情况向乙方支付______元人民币的约稿费作为乙方劳动的补偿。

5.本合同签订后,所约稿件如达到出版水平:

(1)由于甲方的原因不能签订出版合同,应向乙方支付基本稿酬____%,并将稿件归还乙方;

(2)由于客观形势变化,不能签订出版合同,甲方在向乙方支付基本稿酬______%,稿件由甲方保留______年,在此期限内若有第三者(出版社)愿出版上述稿件,乙方必须先征询甲方是否出版,若甲方不拟出版,乙方有权终止本合同,收回稿件交第三者出版。超过上述保留期限,甲方应将稿件退还乙方,本合同自行失效。

6.甲方收到所约稿件后,若将稿件损失或丢失,应赔偿乙方经济损失______元人民币。

第七条　乙方的责任

1.乙方如不能按期交完稿件，每延迟1个月，应向甲方偿付违约金____元人民币。

2.如稿件由乙方修改，乙方不能按期交回修改稿，每延期1个月，应向甲方偿付违约金______元人民币。

3.乙方如非因不可抗力而终止本合同，应向甲方偿付违约金______元人民币。

4.乙方如将甲方所约稿件投寄其他出版单位或期刊，应向甲方偿付违约金______元人民币。

5.乙方保证不将上述著作稿（或译稿）投寄其他出版单位或期刊，若违反上述保证给甲方造成损失，将予以适当赔偿。

第八条　甲乙双方签订出版合同后，本合同即自行失效。

本合同一式两份，双方各执一份为凭。

甲方（盖章）：________________　　乙方（盖章）：______________

代表人（签字）：______________　　代表人（签字）：____________

电话：____________________　　电话：____________________

签约日期：____年____月____日　　签约日期：____年____月____日

范例3

著作权转让合同

甲方（转让方）：______________

乙方（受让方）：______________

产品名称：__________________

标题：______________________

产品背景：本光盘系由甲方研制开发的______系列商用光盘之一，已由______出版社出版。

第一条　经双方友好协商，甲方同意出让，乙方同意受让《________》光盘的著作权，现达成本协议。

第二条　甲方保证拥有本产品的著作权。

第三条　转让金额为人民币______元整。

第四条　付款方式

1.首付______元人民币，于 CD-R(光盘)交付之日一次性付清。

2.第二次付______元人民币，于____年____月____日前一次性付清。

3.第三次付______元人民币，于____年____月____日前一次性付清。

第五条　甲方的权利和义务

1.在合同有效期内，未经乙方同意，甲方不得将产品著作权转让第三方或授予第三方代理销售权。

2.甲方对上述产品仍保留署名权。

3.甲方有获取著作权转让金的权力。

4.甲方有权从乙方处按零售价进货销售本产品。

5.在合同生效之日起______日内，甲方应提供本产品的 CD-R。

第六条　乙方的权利和义务

1.乙方对上述产品有署名权。

2.乙方有按时支付转让金的义务。

3.成品盘制作完成后，乙方应拨出少量赠送盘，其中提供给出版社样盘______片，提供给甲方样盘______片。

第七条　甲方同意乙方自行对本产品的内容和版本进行修改，但甲方保留署名权和产品标题名称。

第八条　违约条款

1.甲方逾期______日交付本产品的 CD-R，乙方有权解除本合同，并向甲方要求赔偿损失。

2.根据上述第四条各项，乙方如延期付款，按每日 3‰向甲方支付延期付款补偿金。如该项付款超过 20 日，乙方仍未付款，甲方有权解除本合同，并可自由使用著作权，不再受本合同之约束，已收取的款项不再退回，且对于乙方已生产出的成品盘有权按基本成本价格回收。

第九条　双方因合同的解释或履行发生争议，由双方协商解决，协商不成，诉讼解决。

第十条　本合同自双方签字之日起生效。

著作权转让生效以最后一笔转让费结清之日为准。

第十一条　本合同一式两份，双方各执一份。

甲方（盖章）：____________　　乙方（盖章）：____________

代表（签字）：____________　　代表（签字）：____________

签约日期：____年____月____日　　签约日期：____年____月____日

范例 4

著作权许可使用合同

甲方（许可人）：____________

乙方（被许可人）：____________

甲乙双方就著作权许可使用达成如下协议：________________

第一条　许可使用作品的名称及方式：________________。

第二条　许可使用的权利是专有使用权还是非专有使用权：________。

第三条　许可使用的范围、期间：____________________。

第四条　付酬标准和办法：________________________。

第五条　违约责任：____________________________。

第六条　其他事项：____________________________。

甲方（盖章）：____________　　乙方（盖章）：____________

代表（签字）：____________　　代表（签字）：____________

电话：________________　　电话：________________

签约日期：____年____月____日　　签约日期：____年____月____日

范例 5

图书出版包销合同

甲方（出版者）：____________

乙方（出版社）：____________

经甲、乙双方协商同意，达成如下协议，共同遵守。

第一条　《______》的稿件由甲方组织教师编写，全书约______万字，于____年____月____日前交稿至乙方。

第二条　乙方于____年____月____日前将《____》一书出版，并按国家新闻出版法律、法规的要求保证该书之质量。版本为大32开，正文纸张为60克，每本定价为____元。甲方负责本书一、二校，校对应及时完成(每校两天完成)。

第三条　甲方从乙方处购买______册《______》作为教学用书，共支付书款______元人民币整。

第四条　甲方按全价付购书款，除此之外无须付其他费用给乙方。

第五条　乙方应于____年____月____日前将甲方所购之书全部免费送到甲方所在地教材库。

第六条　甲方于收到书籍后7天内付清全部款项。

第七条　如有违约，违约者必须支付______万元人民币的违约金给对方，并且赔偿一切因违约而给对方造成的损失。

第八条　本协议一式两份，甲、乙双方各执一份，从双方签字之日起即时生效，均具有同等法律效力。

甲方(盖章)：____________　　乙方(盖章)：____________

代表(签字)：____________　　代表(签字)：____________

电话：________________　　电话：________________

签约日期：____年____月____日　　签约日期：____年____月____日

范例 6

授予翻译权合同

甲方(著作权人)：______________

地址：________________________

联系方式：____________________

乙方(出版者)：________________

法定代表人：__________________

注册地址：____________________

联系方式：____________________

鉴于甲方拥有______（下称“作者”）的作品______（下称“作品”）第____版次的著作权，双方达成协议如下：

第一条　甲方授予乙方在合同有效期内，在______（国家、地区）以图书形式用___（文字）翻译______、出版______册（印数）上述作品译本（下称“译本”）的专有使用权。

第二条　甲方保证拥有第一条授予乙方的权利。如因上述权利的行使侵犯他人权益，甲方承担全部责任并赔偿因此给乙方造成的损失，乙方可以终止合同。

第三条　为翻译目的，甲方应免费向乙方在______日内提供上述作品的______本加工副本。

第四条　乙方根据本合同第十七条的规定，为获得出版译本的权利向甲方支付报酬，支付方式为：__________

1.版税：译本定价×版税率×销售数（或印数）

2.一次性付酬：______元。如果译本的最后定价高出预计定价，乙方应在译本出版后按______%增加向甲方支付的报酬。

乙方在本合同签订后______月内向甲方预付______%的版税，其余版税在出版后第______月结算期分期支付，或在______月内一次付清。

第五条　乙方负责安排有资格和有能力的译者对作品进行准确的翻译，译者姓名和其资格证明应送交甲方，未经甲方事先书面同意，不得删节、增加或以其他方式修改。

第六条　有关译本的质量问题，由甲乙双方商定。

第七条　乙方将作者的姓名标注在译本封面、护封和扉页的显著位置，并注明“此版本______（书名）系______（乙方名称）与______（甲方名称）于______年____月协议出版”。

第八条　乙方应于____年____月____日前出版译本。乙方因故未能按时出版，应在出版期限届满前______日通知甲方，双方另行约定出版日期，同时乙方支付违约金，比例为______%。若乙方在双方另行约定的出版日期仍不能出版，甲方可以终止合同，乙方应向甲方赔偿损失，并支付违约金，比例为______%。

第九条　译本一经出版，乙方应免费于______日前向甲方提供____本样书，并应尽力推销译本的复制品。

第十条　如果乙方希望增加______册（印数），______年内乙方可以自行决定增加印数，但应将拟定的印数和定价通知甲方，并于______日内按第四条规定的方式向其支付报酬。如果乙方未在译本脱销后______月内再次重印译本，授予的权利回归甲方。

第十一条　未经甲方事先书面同意，乙方不得行使除第一条规定的译本的其他任何权利。

第十二条　未经甲方事先同意，乙方不得将所授予的翻译权许可任何第三方行使，译本也不得单独使用乙方自己的版本说明。

第十三条　乙方未在____日内支付本合同规定的报酬的，如甲方不解除合同，乙方应继续履行合同支付报酬，并支付逾期违约金，比例为______%；如甲方解除合同，乙方应赔偿其损失，并支付违约金，比例为______%。

第十四条　除本合同明确授予乙方的权利之外，作品的其他权利由甲方保留，乙方希望取得的权利应在本合同中明确约定。

第十五条　甲方有权核查译本的印数。如甲方指定第三方核查，须提供授权委托书。如乙方隐瞒印数，除向甲方补齐应付报酬外，还应支付违约金并承担核查费用。如核查结果与乙方提供的印数相符，核查费用由甲方承担。

第十六条　如果乙方违反了本合同的约定，又未能在甲方通知其____月内改正，或甲方已撤销不能履行的合同，本合同自动终止，授予乙方的翻译权回归甲方，乙方应向甲方赔偿损失，并支付违约金，比例为______%。

第十七条　乙方委托______（银行）以______的方式向甲方支付报酬，并按______日中国国家外汇管理局的牌价折算成合同确定的币种支付。

第十八条　本合同在履行过程中发生的争议由双方协商解决，如协商不成，按下列第______种方式解决：

1.提交______仲裁委员会仲裁。

2.依法向人民法院起诉。

第十九条　本合同以中、______两种文字写成，两种文字具有同等法律效力。

第二十条　本合同一式两份，双方各执一份为凭。合同的变更、续签及其他未尽事宜，由双方另行商定。

第二十一条　本合同自签字之日起生效，有效期为______年。

甲方（签章）：____________　　乙方（签章）：___________

代表人：________________　　代表人：_______________

____年____月____日　　____年____月____日

范例7

涉外图书出版合同

____________（以下称甲方）和__________（以下称乙方）就乙方使用甲方提供的______底版译成__________文版《________》，并出版该______的问题。于____年____月____日至____日在________进行了会谈，双方签字“确认事项”，又于____年____月____日至____日在__________继续进行了会谈，双方通过友好会谈，同意签订本合同。合同细则如下：

第一条　双方确认由______、______在______签订的《______》是签订本合同的根据。

第二条　甲方同意向乙方提供《______》中的______图底版共______幅和其他______的底版______幅，供乙方译成______文，并以精装本的形式出版，______文版______在______国内和世界各国均按通常交易方式出售。

第三条　双方商定，由乙方向甲方支付______底版的制作费和租赁使用费的结算方法是：

1.制作费：乙方在收到甲方提供的全部__________底版后，应将双方议定的______元一次付清；

2.租赁使用费：第一次在本________文版正式出版时，由乙方向甲方预付按租赁使用费比例的初版总数的______%；

其他各次在每年年终，乙方按实际销售数（本）进行结算支付。

第四条　为了促进双方的友好合作，甲方借给乙方的《__________》中的______幅地形图底版免收租赁使用费，但以发行______文版______为限；超过此数时，乙方应按双方议定的其他地形图底版支付标准支付。甲方提供给乙方的其他地形图底版______幅，双方议定乙方应按以下标准付给甲方：

1.在销售______文版______册以内，按每册零售价的______%支付，但应减去免费借给部分和乙方编排的文字说明及索引部分，即按下列具体公式计算：

总销售数×每册零售价×(____%－免费借给部分占本图集的比重____%－乙方编排的文字说明及索引部分所占本图集的比重______%)×______%

=总销售数的总零售价×______%×______%

=总销售数的总零售价×______%

2.若销售______文版______册以上，按每册零售价的______支付，但需减去乙方编排的文字说明和索引部分，即按下列具体公式结算：

总销售数×每册零售价×(______%－经双方友好协商确认乙方编排部分占本图集的______比重为______%)×______%

=总销售数的总零售价×______%×______%

=总销售数的总零售价×______%

第五条　乙方必须在每年年终按本著作______文版的实际销售数，列出清单，于次年______月底前送至甲方结算。

第六条　乙方同意从签订本合同之日起，在____个月以内出版本____的______文版，并在出版以前书面通知甲方已经确定的出版日期、初版印数和每册的零售定价。

第七条　在本______文版初版出版时，乙方向甲方赠送样本______册。此后增印或再版时，均应书面征询甲方同意，出版后每次赠送样本____册。

第八条　有关制作______文版的制版、印刷、装订及其材料等一切费用均由乙方负担，乙方应正确翻译该________，译文应忠于原文；如需改变图名或增删内容，均应以书面形式取得甲方同意。

第九条　甲方提供的本地图底版所有权均属甲方所有，除本合同授予乙方的权利外，乙方不得将本地图底版以任何方式转让他人。

第十条　本合同有效期自签订之日起为期______年，但如发生以下情况之一时，本合同便自动废除。在发生此种情况时，则乙方同意将______底版退回甲方。

1.乙方如从签订本合同之日起，在______个月内不能出版本______文版，此时，乙方已付给甲方的款项，乙方不得索回；

2.乙方未按本合同规定付给甲方费用或乙方在年终未能按实际销售数(本)向甲方支付租赁使用费；

3.如乙方违反本合同之一，在甲方书面通知后______个月内，乙方仍不予纠正；

4.从______文版初版出版之日起两年内，乙方如按照成本销售或赔本销售。

第十一条　除甲方通知外，乙方应将以上应付款项、清单和通知同时送至甲方委托在__________的代理人，甲方代理人有权审核乙方提供的上述清单和通知，对此，乙方应作为完全、有效的义务加以执行。

第十二条　本__________文版如发生滞销情况，乙方应及时通知甲方，并优先向甲方提供折价购买的条件。对乙方按照成本或赔本销售的本图书的__________文版，甲方同意乙方免付这一部分租赁使用费(但乙方不能从____________文版初版出版之日起______年以内按照成本或赔本销售)，如有这种情况，权利归还甲方，不另行通知)。

第十三条　对本合同内容需加以修改或增加新的内容，需甲乙双方另行协议；本合同在____年有效期满后，如需继续延长，须由一方在____个月以前书面通知，并征得对方的同意。

第十四条　本合同分中、__________文本两种，两种文本同样有效。

第十五条　本合同受__________法律约束。

甲方(盖章)：______________	乙方(盖章)：______________
代表(签字)：______________	代表(签字)：______________
签订地点：________________	签订地点：________________
签约日期：____年____月____日	签约日期：____年____月____日

范例8

图书发行代理合同

著作权人(以下简称甲方):______________

著作权代理人:________________________

作品名称:____________________________

作品署名:____________________________

出版者(以下简称乙方):______________

甲乙双方就上述作品的出版达成如下协议并签订本合同。

第一条　甲方授权乙方在本合同有效期内,按本合同的约定以各种中文版本的形式出版本作品,并在国内外公开发行,乙方拥有本作品的专有出版权。

第二条　甲方应确保本作品不含有违反宪法确定的基本原则;不含有危害国家统一、主权和领土完整,危害国家安全、荣誉和利益,煽动民族分裂、侵害少数民族风俗习惯、破坏民族团结、泄露国家机密,宣扬淫秽、迷信或者渲染暴力、危害社会公德和民族优秀文化传统、侮辱或者诽谤他人以及法律、法规规定禁止的其他内容。如出现上述内容,甲方承担全部责任并赔偿因此给乙方造成的损失,乙方可以终止合同。

第三条　甲方保证拥有第一条授予乙方的权利，确系本作品为甲方本人创作(或翻译)的原稿,享有著作权。如本作品的行使侵犯他人的著作权,并含有侵犯他人名誉权、肖像权、姓名权等人身内容的,甲方承担全部责任并赔偿因此给乙方造成的损失,乙方可以终止合同。

第四条　在本合同有效期内,任何一方不得将本作品的内容稍加修改、以原名或更换名称授予第三者另行出版。如有违反,另一方有权要求经济赔偿并终止本合同。

第五条　上述作品的内容、篇幅、体例、图表、附录等应符合下列要求:

字数:______(千字)

开本:_________(开)

体例:__________

图表:__________(幅)

附录:__________(则)

印数:__________(册)

定价:__________(元人民币)

第六条　甲方应于____年____月____日将本作品的清稿交付乙方,若甲方到期不能交稿,乙方可以终止合同。甲方交付的稿件应有作者的签章。

第七条　乙方应在______年出版本作品。乙方不能按时出版时,应在出版期限届满前30日通知甲方,双方另行约定出版日期,若本作品未能如期出版:

1.由于乙方的原因,乙方向甲方支付第八条约定报酬的30%,并将原稿归还甲方,甲方可以终止合同。

2.因不可抗力所致,乙方向甲方支付第八条约定报酬的10%,并将原稿归还甲方,但可以留存复制本。在本合同有效期内,乙方可保留本作品的专有出版权;本作品一旦出版,乙方向甲方支付第八条约定的全部报酬,但应扣除已经向甲方支付的金额。

第八条　本作品首次出版或重印后,乙方将按照国家版权局"出版文字作品报酬规定"标准向甲方支付报酬。

1.基本稿酬加印数稿酬:基本稿酬定为:______元/千字;印数稿酬为:每印1000册支付基本稿酬的1%。

2.版税:总码洋的______%;起印数为______册。

3.一次性付酬:______元人民币。

第九条　乙方尊重甲方对本作品的署名方式。乙方如需更动本作品的名称,对作品进行修改、删节、增加图表及前言、后记,应征得甲方同意。

第十条　本作品的校样由乙方根据甲方签字的原稿负责审校,甲方若看审样,只限在校样上作个别不影响版面的修改,并在7日内退还乙方。如校样不能按期退还或因修改过多而增加排版及审校费用,甲方应承担推迟出版的责任及30%的改版费用。

第十一条　本作品首次出版后,乙方应赠送甲方样书____册,乙方同意甲方在本作品首次出版后3个月内按____折购书____册，总款额为______元人民币，在复印前支付此款。

第十二条　本作品在首次出版1年内，乙方可自行决定重印。1年后乙方重印应事先通知甲方。甲方如需对作品进行修改，应于接到通知后5日内答复乙方，否则乙方可按原版重印。

第十三条　在本合同有效期内，甲方授权乙方许可第三者以摘编、选编的形式转载本作品。

第十四条　在本合同有效期内，甲方委托乙方授权第三者以改编、翻译、注释、编辑、录音录像、电子出版物、版权贸易形式使用、出版本作品。对第三者所支付的报酬，在一般情况下（非买断），由甲、乙双方各得50%。

第十五条　本合同自签订之日起生效，有效期为______年。任何一方要求延长合同期限，应在合同期满前3个月通知对方，并由双方以书面形式商定延长日期。

第十六条　甲、乙双方因合同的解释或履行发生争议，由双方协商解决，或请双方认同的上级主管部门或著作权管理机构调解、向仲裁委员会仲裁，或依法向人民法院提起诉讼。

第十七条　本合同条款如需补充、更改，由甲、乙双方商定。

第十八条　本合同一式两份，甲、乙双方各执一份。

甲方（盖章）：______________　　乙方（盖章）：______________

代表人（签字）：____________　　代表人（签字）：____________

签订地点：________________　　签订地点：________________

签约日期：____年____月____日　　签约日期：____年____月____日

最新
适用版

第十五章 服务合同

撰写要领

一、服务类合同概述

服务合同，是按照约定一方由于自己所具有的特定的资源、技能、知识等来为另一方提供相应服务的合同。依约定获得服务并且支付服务费用的一方为被服务方，提供服务并且收取费用的一方为服务方。在我国的《中华人民共和国合同法》中，并未就服务合同单独分列成一类合同，但是由于社会服务的增多、第三产业的繁荣、服务业地位的上升，服务合同也越来越得到重视，尤其是服务合同的获得服务方往往为公民个人，用法律的形式来保护权益就显得尤为重要。

二、服务合同的法律特征

(一)服务合同是双务合同

服务合同的双方当事人在享有合同权利的同时都负担相应的合同义务，服务方负有提供服务的义务，被服务方负有向对方支付费用的义务。

(二)服务合同多是有偿合同

服务可以分为有偿服务和无偿服务，但是一般来说，书面的服务合同多为有偿服务，并且双方的权利与义务互为对等。

(三)服务合同是诺成合同

服务合同自双方当事人意思表示一致之时起成立，并不以服务费用的交付或合同义务的履行作为合同的成立要件。

(四)服务合同为非要式合同

在我国的《中华人民共和国合同法》中，并未就服务合同的要件作出规定。

三、服务合同的要件

服务合同的双方当事人包括服务人和被服务人，对于服务提供者应当是有能力提供服务所规定内容的人，具备相应的民事行为能力以及提供该服务所要求的行业标准或者证书，除此以外并无特别要求。服务合同的标的是一种服务行为，这种服务行为是基于服务提供者所具有的资源、场地、能力、技能、知识等而产生的，并且应当是法律法规所允许提供或者收取费用的。

四、服务合同的条款

服务合同的条款，除了服务的内容、服务费用、履行期限、履行的特点、履行方式、违约责任、解决争议的方法等之外，买卖合同的当事人还可以就服务标准和方法、结算方式、保密条款以及合同使用的文字及其效力等内容进行约定。

五、服务合同的效力

服务合同的效力是指生效服务合同所具有的法律效力。服务合同的效力主要是针对双方之间的约束力，主要表现为服务人和被服务人双方所享有的权利和所负担的义务，服务合同的履行完成以服务行为的完成和费用的收取为标志。

六、服务合同的分类

服务合同按照提供的服务的内容来分类，可以分为旅游服务合同、家政服务合同、婚庆服务合同、法律服务合同等。不同服务内容的服务合同区别非常大，并且具有一定的专业化和个性化的特点。

七、服务合同的风险防范

服务行为的发生在我们日常生活中比较常见，但是服务合同却往往被忽略。由于服务合同往往牵涉人身关系，并且由于主体的不同，标准也会发生变化，因此对于服务合同的签订也需要多加注意，通常情况下，如下事项是必须要注意的：

（一）合同订立应采取书面形式并使用比较标准的合同范本

我国的《中华人民共和国合同法》虽然允许采用书面形式、口头形式和其他形式订立合同，但因为非书面形式在发生纠纷时不好确定责任，而服务合同的内容比较具体、标准比较个人化，订立服务合同应尽量采用书面形式，内容应尽量详尽、明确，对于纠纷解决方式和管辖权也要作出明确规定。

（二）订立合同前应尽可能全面了解对方的有关信息

订立合同前应对对方的法律地位、经营范围、资信状况以及近期的经营业绩进行必要的考察，尤其对对方的服务能力、服务资格和水平进行充分的了解，以免发生合同签订后服务达不到要求而耽误自己的事情。

（三）防范恶意履行

对服务合同进行恶意履行的情况很多，比如不能按时履行、不按照合同约定的标准履行，或者在服务当中要求加价，合同未履行完毕就单方面终止、服务已经提供完毕但对方拒绝付款等等。在合同履行中出现问题，应积极主张自己的权利，并保留相关证据，通过人民法院行使诉讼权保护自己的权利，以免因超过诉讼时效而蒙受损失。

（四）付款方式上的防范措施

服务合同一般都是先给付一部分定金，在服务结束后再支付尾款。对于付款方来说，这样可以有效地防范风险，对于服务提供方来说，尾款的及时结清也是很重要的问题，避免出现服务已完全提供却收不到钱。

（五）其他需要特别注意的事项

1.注意审查合同中对服务标准的界定，比如婚庆服务就要具体到每个细节。

2.索赔和违约责任：一定要把相关的违约条款写到实处，以合同条款和法律作为诉讼的重要武器。

3.保密条款：由于很多服务具有私人性质，对于服务提供方，一般要求对被服务者的个人信息进行保密。

4.不可抗力条款：应注意对不可抗力的界定是否和法律规定的一致。

范文经典

范例1

家政服务合同

甲方姓名：__________　　乙方姓名：__________

身份证号码：__________　　身份证号码：__________

地址：__________　　地址：__________

电话：__________　　电话：__________

丙方(担保人):________

身份证号码:__________

地址:________________

电话:________________

甲、乙、丙三方在平等、自愿的基础上,经协商一致,以乙方为甲方提供家政服务、甲方支付劳务费、丙方为乙方担保的形式订立本家政劳务合同。

第一条　合同期限

本合同自____年____月____日起至____年____月____日止，有效期为______年。

第二条　上岗协议内容

乙方从____年____月____日到____年____月____日，自愿在甲方家工作,工作地址为______,工作时间为____,____(是否吃住);休息日:______,法定假日(可/不可)休息;工资:______;工作内容:______,其他:______。

第三条　证件

1.甲、乙、丙三方均应出示本人正确身份证和有效证明,乙方和丙方应将有效身份证的复印件交与甲方各一份。

2.乙方出示有效、真实的体检合格证明,体检合格证明应载明胸透正常、无心脏病、无高血压、肝功能2对半正常、无各种传染病等,并由甲方保管。

第四条　乙方的义务和权利

1.义务

(1)乙方愿意到甲方家为其做家政服务,接受丙方为乙方的担保人,自愿签订此合同,提供符合合同要求的体检证明,完全依照本合同内容的要求完成家政工作。

(2)如乙方不慎毁坏甲方物品,乙方应照价赔偿;乙方自身因没有(或没有要求甲方)采用必要的安全措施而造成乙方或甲方生命及财产损失,后果由乙方自己承担。乙方在带小孩时特别要注意安全,有意或无意造成孩子的伤亡,后果由乙方负责。

(3)乙方在工作期间对甲方家庭内的贵重物品不得擅自触摸,更不得窃为己有。如因此触犯刑律,甲方将配合公安局要求国家执法部门立案,并对乙方追加______倍经济损失赔偿,产生的后果由乙方负责。

(4)乙方在工作期间内应当注意防火、防盗、防煤气中毒的恶性事件发生,以保护自己和甲方及他人的人身安全、财产安全。如乙方疏忽或违规操作而对甲方造成严重后果,乙方应按实际损失额赔偿甲方,必要时从法律上予以追究。

(5)考勤:

a.乙方在工作期间不得违反合同制定的工作纪律,若在工作中无法适应本协议签订的内容,应以书面形式提前______天通知甲方,甲方应予以换人,如果乙方不提前通知甲方而私自离开,按旷工处理。

b.乙方上岗后,在甲方没有提出终止合同时,必须为甲方服务满一个月后方可起薪,或虽未满一个月但没有下列情况时予以起薪。工作未满一个月,有下列情况之一的,甲方不予起薪:

①无故擅自终止合同;

②无故旷工;

③损坏业主物品或给甲方造成损失超过其工资数目;

④上岗期间违反家政服务员的职业道德(合同中约定的)而造成甲方中途解聘的。

⑤在工作期间,按合同订立的时间和地点工作,乙方同意:如因乙方原因,未经甲方同意而无故迟到早退,在15分钟内罚款______元;15~30分钟罚款______元;30~60分钟罚款______元;1小时以上按旷工处理。旷工处理:旷工日无工资,除此之外,甲方有权扣除乙方______天工资。

(6)纪律:

a.乙方未经甲方同意,不得使用甲方的电话、化妆品、衣物、家电用品、食物等;如有违反,乙方应以原物品价值的______倍赔偿甲方。

b.未经甲方同意,乙方不得进入或挪动甲方明确规定的地方、物品,如有违反,甲方扣除乙方当月______天工资;

c.未经甲方同意,乙方不得向他人泄露甲方的家庭人员情况、经济状况、家庭矛盾、工作或学习的内容和地址、电话号码、住址、身份及隐私等家庭信息;乙方不得搬弄是非,如有违反,甲方可向乙方追回全额经济损失,并予以______元的赔偿金额。

d.乙方未经甲方同意，任何时间不得带任何人进入甲方的住址和其工作、学习的地点，如有违反，甲方可向乙方追回全额的经济损失，并予以____元的赔偿金额。

（7）乙方有义务交清甲方交代的家中经济账目。

2.权利

（1）乙方在本合同生效______天后有权要求享受甲方为其所承保的意外医疗保险和意外伤害保险条款和保险额度。

（2）对涉及贵重易碎、易损物品及危险动作的工作，除自身采取安全保护措施外，有权要求甲方提供安全保护措施。

（3）有权要求甲方给予乙方双方谈妥的福利（包括工作时间、工作地点、用餐次数、住宿条件、生活用品提供、法定假期、探亲时间、工资等）。

（4）乙方有权在双方约定的发薪时间要求甲方支付当月的工资。

第五条　甲方的义务和权利

1.义务

（1）甲方愿意接受乙方为其做家政服务，接受丙方为乙方的担保人。自愿签订此合同。

（2）甲方应在乙方工作后______天为乙方买好意外医疗保险（保额为人民币______元）和意外伤害保险（保额为人民币______元），乙方为该保险的受益人。

（3）甲方在合同期间，除了因乙方请假、旷工或损毁甲方物件及违反合同约定款项应按合同照扣其服务费外，如不满意乙方服务，可同乙方沟通、协调，直至终止本合同，但不可克扣乙方的服务费。甲方不得以乙方服务不到位为借口克扣乙方服务费，否则属甲方违约，终止合同后的乙方未拿到的服务费，甲方要按实际天数付给乙方。

（4）甲方有责任对贵重、易碎物品等采取安全措施，如属甲方明知有安全隐患而不提醒乙方或误导乙方，致使发生物品损坏或人员伤亡，甲方要承担50%的责任。

（5）甲方有责任对其财、物实施严格的保管。

(6)甲方须在每月乙方工作满月后的第______天给乙方发放约定的薪水,不得拖欠。

(7)合同定约后,甲方要改变上岗协议内容,必须征得乙方的同意(除了终止合同),否则,甲方擅自改变上岗协议内容而使乙方______月内的工时薪水损失仍由甲方补足。

(8)在乙方家里或乙方本人有突发事件或必要事件发生,甲方有义务给乙方准假或同意乙方终止合同。

2.权利

(1)乙方违反合同约定擅自触摸甲方家庭内的贵重物品,或窃为己有触犯刑律的,甲方有权要求国家执法部门立案,并向乙方追索实际经济损失______倍的赔偿。

(2)甲方有权在合同约定的乙方的工作地点、时间内安排乙方的工作。

(3)甲方有权在任何时间终止本合同。

(4)甲方在符合国家有关规定的前提下,有权同乙方商议加班事宜。

(5)甲方有权了解乙方的家庭人员情况和乙方的社会关系。

(6)甲方有权清查交给乙方的家中经济账目。

第六条　丙方的权利和义务

1.义务

(1)保证乙方的身份、住址、年龄、身份证号真实、有效,否则将承担乙方违约给甲方造成的一切经济、精神损失。

(2)对乙方的情况,有对甲方说明、担保的义务,如乙方违约,丙方有义务提供乙方的真实有效的身份证地址、现住址、年龄、身份、家属住址及身份等。如果丙方不能向甲方提供乙方的真实身份及相关信息,丙方有向甲方赔偿所有乙方违约为其造成的一切经济、精神损失的义务。

2.权利

(1)有权留下甲方的身份证地址、身份证号码、联系方式。

(2)有权知道甲方给乙方的工资待遇、工作地点、工作时间。

(3)在任何时候都能提供乙方真实有效的身份证地址、现住址、年龄、身份、家属住址的前提下,不对乙方的违约行为和后果负责。

第七条　三方违约责任

甲、乙、丙方三方均应遵守本合同条款，如有违反，应承担本合同约定的违约责任。三方如遇到矛盾，应尽量协商解决。

本合同未详尽事宜，三方予以协商；三方有纠纷协商不成的，可到甲方所在地人民法院予以起诉。

甲方（签字）：______________　　　　乙方（签字）：______________

____年____月____日　　　　____年____月____日

丙方（签字）：______________

____年____月____日

范例2

法律服务委托合同

甲方（委托方）：____________

身份证号码：______________

地址：____________________

电话：____________________

乙方（受托方）：____________律师事务所

法定代表人：______________

职务：____________________

地址：____________________

邮政编码：________________

电话：____________________

本合同由甲乙双方依据《中华人民共和国律师法》和其他相关法律、法规的规定于____年____月____日订立。

第一条　法律服务范围

1.乙方接受甲方委托指派律师，为甲方下列在[　]中标有√符号项目的法律事务（以下简称“本法律事务”）提供服务。

(1)刑事诉讼案件。侦查阶段[ ],审查起诉阶段[ ],一审[ ],二审[ ],再审[ ],刑事附带民事诉讼一审[ ],刑事附带民事部分二审[ ],刑事附带民事部分申请执行[ ]。

(2)民事诉讼案件。一审[ ],二审[ ],申请再审[ ],申请抗诉[ ],申请执行[ ]。

(3)行政诉讼案件。听证[ ],申请复议[ ],一审[ ],二审[ ],再审[ ],申请国家赔偿[ ],申请执行[ ]。

(4)仲裁案件。代理仲裁[ ],申请执行,或者申请撤消仲裁/不予执行[ ]。

(5)非诉讼法律事务委托代理[ ]。

2.刑事诉讼案件。乙方接受甲方的委托指派律师,为______案中的提供法律帮助/担任辩护人。

3.民事诉讼/行政诉讼/仲裁案件。乙方接受甲方的委托指派律师,为甲方于(民事/行政/仲裁)一案的诉讼/仲裁代理人。

4.非诉讼法律事务。乙方接受甲方的委托指派律师,就______事宜/项目提供见证/咨询/________/法律服务。

第二条　委托权限

乙方授予甲方的委托权限为(在选定的项目后打√)

[ ]1.一般代理(主要是指不涉及处分被代理实体权利和义务的诉讼代理行为)。

[ ]2.特别授权(主要是指代理人享有处分被代理人实体权利和义务的诉讼代理行为,以下为选择项)代理人有权[ ]代为承认、放弃、变更诉讼/仲裁请求,[ ]进行和解,[ ]接受法律文书送达,[ ]申请调查取证和证据保全、财产保全[ ]提起反诉/反(仲裁)申请或者上诉。

[ ]3.非诉讼法律事务委托权限:______________________________。

如甲方另行出具授权委托书且委托权限与本条约定不同的,委托权限依授权委托书为准。

第三条　指派律师

乙方指派______律师、______律师、______律师、______律师为本法律事务的承办律师(以下简称“律师”)。本合同履行过程中,若律师因合理原因

(包括但不限于正常调动、离职、时间冲突、回避、身体状况等)无法继续或暂时不能承办本法律事务的，律师应当及时告知甲方并由双方协商另行指派其他合适的律师接替;甲方不同意其他律师接替的,视为甲方撤销委托解除合同,本合同终止。

第四条　乙方及律师的义务

1.律师必须遵守职业道德和执业纪律。

2.律师应当勤勉尽职,在本合同约定范围内依法维护甲方权益。

3.律师应当及时向甲方报告事务的进展情况。

4.律师不得超越甲方授权行事,如果确有需要,应当由甲方另行出具委托书。

5.乙方及律师变更联系信息的,应当及时通知甲方。

6.乙方及律师负有保密义务。乙方及律师对于甲方的商业秘密或个人隐私应当保守秘密,在未征得甲方同意的情况下,不得向第三人泄露;但依法或征得甲方及其近亲属同意后,可向司法机关、仲裁机构或新闻媒体等相关部门披露所涉及秘密的除外。

第五条　甲方的义务

1.与乙方律师诚实合作,向乙方律师如实提供与本事务有关的资料、证据,如实陈述与本事务有关的情况。

2.如与本事务有关的情况和事实发生变化,应及时告知乙方律师。

3.如变更联系信息,应当及时通知乙方律师。

4.按照约定支付律师费和其他费用。

5.向乙方律师提出的要求不应与律师职业道德和执业纪律的规定相冲突,否则,乙方律师有权拒绝其要求。

第六条　律师费及其支付(在选定的项目后打√)

1.[　]甲方委托乙方承办的本法律事务以计件方式收取律师费,律师费总额为人民币______元。

律师费支付方式:

[　]由甲方于本合同签订之日起______日内一次性支付。

[　]由甲方按下列期限分期支付:________________。

2.[ ]甲方委托乙方承办的本法律事务以计时方式收取律师费，计时收费的标准为：每小时为人民币______元，计时收费的最小单位为1小时。律师完成本法律事务所需时间由甲乙双方另行签具《律师用时确认单》。

律师费支付方式：由甲方于本合同签订之日预付______元人民币。乙方律师根据服务时间，以《律师费用清单》方式通知甲方已支付律师费和其他费用及余额，并可通知甲方及时补充预付律师费及金额。乙方完成本项法律事务或本合同解除时，双方结算律师费，多还少补。

3.[ ]双方经协商后确定，甲方委托乙方承办的本法律事务以风险代理收费方式收取律师费。

具体约定为：____________。

第七条　其他费用

律师在办理本项法律事务中所发生的以下其他费用并不包含在上述律师费内，应由甲方另行承担：

1.代理活动产生的费用（包括但不限于异地差旅费等）；

2.代委托人支付的费用（包括但不限于诉讼费、仲裁费、鉴定费、公证费和查档费等）。

第八条　利益冲突

乙方及律师应当将已经或正在或可能存在的与甲方有利益冲突的当事人提供法律服务的情况如实告知甲方。在发生利益冲突的情况下，甲方有权选择继续签订合同、履行合同或变更委托权期限或解除合同；乙方有权作出回避的安排。

第九条　委托事务的完成与合同的有效期限

属于诉讼/仲裁/代理的，委托法律事务以判决、裁定、调解，案外和解、撤诉、撤销案件、终止诉讼/仲裁/执行等方式结案，或者甲方原因单方撤销委托解除合同的，均视为乙方完成委托法律事务；属于非诉讼法律事务的，本合同约定的法律事务完成，或者甲方撤销委托解除合同的，均视为乙方完成委托法律事务。

本合同有效期限，自签订之日起至委托法律事务完成或者甲方撤销委托、解除合同时止。

第十条　合同的解除

1.经书面通知,甲方有权随时以任何理由单方解除本合同,该解除通知到达乙方之日生效。合同一旦解除,乙方及律师应立即停止提供法律服务。

2.如果甲方未按照本合同约定支付律师费和其他费用,乙方有权解除本合同,但应书面通知甲方。

3.若乙方在向甲方提供法律服务过程中发现甲方存在故意隐瞒事实或虚假作证等妨碍乙方及律师正常完成受托法律事务情形的,有权解除本合同。

第十一条　违约和赔偿

1.如甲方未能按照本合同约定或者《律师费用清单》提示及时足额支付律师费和其他费用的,应当承担迟延履行违约金,迟延履行违约金按甲方应支付款项每日万分之二计算至支付之日止。

2.乙方及律师在提供法律服务过程中,因违法执业或其他过错给甲方造成损失的,乙方应当赔偿甲方实际直接损失。

第十二条　争议的解决(在选定的项目后打√)

1.[　]甲乙双方就本合同发生争议的,先行协商,如协商不成,可以提请司法行政部门或者律师协会调解处理。双方同意，就本合同发生的任何争议,在无法通过协商和调解方式解决的情况下,任何一方均可向市仲裁委员会申请仲裁。

2.[　]甲乙双方就本合同发生争议的,先行协商,如协商不成,可以提请司法行政部门或者律师协会调解处理。双方同意,就本合同发生的任何争议,在无法通过协商和调解方式解决的情况下,任何一方均可向原告所在地人民法院提起诉讼。

第十三条　其他约定

除上述条款约定外,甲乙双方就如下内容达成一致约定:

1.乙方如完成委托事务,或者甲方单方解除委托合同、撤销委托,律师费不予退还、减免,双方另有约定的除外。

2.____。

第十四条　生效条件(在选定的项目后打√)

[　]1.本合同由双方签署后生效。

[ ]2.由甲方实际支付首次付款后生效。

在此之前，乙方及律师没有义务向甲方提供法律服务，但律师在签订合同前提供的法律服务包括在本合同内。

第十五条　本合同一式两份，双方各执一份，具有同等的法律效力。

委托人(甲方)：__________　　受托人(乙方)：__________

代表：__________　　代表：__________

范例3

会计服务合同

甲方：______________________(委托方)

乙方：______________________会计代理记账有限公司(受托方)

为了促进社会主义市场经济发展、拓展代理记账业务，根据《中华人民共和国合同法》、《会计法》及其他法律、法规的规定，经甲乙双方友好协商，就委托办理会计业务订立以下条款，由双方共同遵守。

第一条　时间范围

乙方接受甲方委托，对甲方____年____月____日至____年____月____日的经济业务进行代理记账。

第二条　业务范围

乙方为甲方具体代理以下内容：

1.建账；

2.代理记账(含整理审核原始凭证、填制记账凭证、登记会计账簿、编制会计报告、装订和保管会计档案)；

3.会计咨询、税务咨询；

4.到国税、地税报税，到银行交税；

5.代表甲方参加各种税务会议；

6.协助甲方接受税务检查。

第三条　甲方的责任和义务

1.积极配合乙方工作，为乙方提供真实、完整、合法、有效的原始凭证及其他相关的会计资料，包括各种发票的使用情况、银行存款收支的详细情况等。

对乙方退回的要求进行更正，补充的原始凭证，按国家统一的会计制度规定更正、补充，如果由于甲方提供的会计资料不全、不实而导致税务、工商、财政行政处罚的，由甲方负责。

2.安排专人负责现金和银行存款的收付、保管好所有往来单据，便于双方签收确认。

3.做好会计资料传递过程中的登记和保管工作。

4.及时、准确地将收到税务部门的信函、电话等内容转交给乙方，以便由乙方派员参加。

5.按本合同规定，及时、足额地支付代理记账服务费。

第四条　乙方的责任和义务

1.根据《中华人民共和国会计法》及其他法律、法规开展代理记账业务。

2.根据甲方的经营特点和管理需要，设计相应的会计核算制度。

3.派出专人定期负责原始凭证签收交接并做好原始凭证签收工作、设计会计资料传递程序、指导甲方妥善保管会计档案，并在合同终止时办理会计工作交接手续。

4.按有关财务会计规定审核甲方提供的原始凭证、用手工或财务软件填制记账凭证、登记会计账簿，及时编制财务会计报告。

5.解释说明甲方提出的有关会计法律法规、会计核算处理和财政税收政策等的原则问题。

6.妥善保管甲方的所有会计相关资料，由于乙方原因造成甲方资料损失的，乙方承担全部责任。

7.对工作涉及的甲方商业机密和会计资料严格保密，不得向甲方以外的第三者透露、出示和传播。

8.税务部门到甲方检查工作，由乙方参加汇报。

第五条　代理记账收费

经协商：乙方代理记账服务费为每月（大写）______元人民币，预收____年____月至______年______（季度），共计（大写）__________元人民币。

第六条　有效期限

本合同由甲乙双方签字盖章生效,并在合同约定的全部事项完成之前有效。

本合同一式两份,甲乙双方各执一份,具有同等的法律效力。

第七条　违约责任

任何一方如有违反本合同的规定,给对方造成损失的,按《中华人民共和国合同法》的规定承担违约责任。

乙方未按合同规定提供会计服务,甲方可以提前终止本合同,不承担合同违约责任。

第八条　其他有关事项

1.甲方应留给乙方详细、安全的联系方式,在报税期或税务、工商、财政等部门指定的时限内,需甲方协助提供资料、公章等而又反复通知不到甲方,其后果由甲方负责。

2.由于乙方原因未能按时完成会计核算或会计核算不实,造成一定后果的,乙方必须及时纠正并承担相应的责任。

3.对外提供的财务会计报告及其他会计、税务资料由甲乙双方共同签名盖章,按有关法律法规和国家统一会计制度对外提供。

4.本合同未尽事宜,由甲乙双方协商解决,并订立补充合同。

甲方:______________________________

法定代表人签字:____________________(或授权人)

____年____月____日

乙方:______________________________会计代理记账有限公司

法定代表人签字:____________________(或授权人)

____年____月____日

范例 4

婚纱摄影服务合同条款

第一条　双方的权利与义务

1.一方如需变更拍摄时间、地点的，需提前 3 日告知对方，并征得对方同意。

2.甲方在拍摄期间应当服从乙方安排，配合乙方完成各项服务，随身携带的贵重物品应当自行保管或交由乙方保管。

3.甲方应当按照约定时间选样、取件，未按照约定时间选样、取件超过 6 个月的，乙方在通知甲方后可不负保管责任。

4.乙方应当在签订合同前向甲方如实、全面告知除套系内容外其他可能收费的产品、服务的内容及收费标准。服务中发生套系外收费项目的，双方应当按照签订合同时甲方认可的收费标准即时清结相应费用。

5.乙方收到钱款后应当即时向甲方开具收款凭据、注明收费项目及金额，并在甲方支付全部费用后开具正式发票。

6.乙方应当按照约定为甲方提供拍摄、选样、取件及其他服务，对照片修整及艺术处理应当征得甲方书面确认。

7.对于套系约定数量以外的样片及底片等图像文件资料，如甲方需要，乙方应当按照约定价格转让给甲方，如甲方不需要，乙方应当在甲方取件时当面销毁。

8.乙方应当保证拍摄质量及成品质量满足甲方提出的特别要求或达到乙方承诺的标准，且不得低于相关国家规定或行业规范确定的最低标准。

9.乙方提供的其他服务及服务中使用的各种产品，如服装、化妆品、相框、相册等，均应当符合相关国家规定或行业规范确定的卫生、安全及质量等要求。其中相框、相册等开胶、变形的，包修期不得少于 1 年。

10.乙方按照约定享有摄影作品著作权的，行使著作权时不得侵害甲方的合法权益。

11.乙方应当为在签订和履行合同过程中获悉的甲方隐私保密。

第二条　双方违约责任

1.甲方有权随时解除合同，但应当承担由此给乙方造成的损失。

2.由于甲方原因导致合同未能按照约定履行[illegible]方自行承担相应责任；由于乙方原因导致合同未能按照约定[illegible]应当采取必要的补救措施或退还相应费用。

3.由于一方原因给对方或第三方造成人身财产、损失的，应当承担相应的赔偿责任。

4.乙方提供的服务或使用的产品不符合相关国家规定或行业规范确定的要求或不符合合同约定要求的，甲方有权要求乙方免费修理、更换或重新制作；无法修理、更换、重新制作，或修理、更换、重新制作后仍不符合相关要求的，甲方有权要求乙方减免相应费用。

5.由于乙方原因导致原始图像文件全部或部分损毁、灭失的，乙方应当免费补拍；无法补拍或甲方不愿补拍的，乙方应当退还相应费用，并按照相应费用的两倍支付违约金。

6.乙方擅自发表、使用为甲方拍摄的摄影作品或泄露甲方隐私的，应当承担赔偿责任。

7.乙方应当按照相关法律及行业规范的规定承担其他责任。

第三条　争议解决办法

本合同项下发生的争议，由双方协商解决或向消费者协会、摄影行业协会等部门申请调解解决；协商或调解解决不成的，可以向有管辖权的人民法院提起诉讼或按照另行达成的仲裁协议申请仲裁。

第四条　其他约定

本合同在双方签字或盖章后生效。对合同内容的变更、补充应当采用书面形式，乙方应当保证甲方持有一份合同。

婚纱摄影服务预约单

<table>
<tr><td colspan="2">套系名称</td><td></td><td>套系价格</td><td>元</td><td>拍摄日期</td><td></td></tr>
<tr><td rowspan="9">套系内容</td><td colspan="2" rowspan="9">入册照片____张；
______区域服装任选____套；
相册规格、材质、页数：
（或以乙方提供的套系详单为准）</td><td colspan="2">指定服务及收费标准</td><td colspan="2" rowspan="2">拍摄____日后选样；
选样____日后取件</td></tr>
<tr><td>摄影师</td><td></td></tr>
<tr><td>造型师</td><td></td><td colspan="2">婚礼日期</td></tr>
<tr><td>化妆师</td><td></td><td colspan="2">室内拍摄地点</td></tr>
<tr><td colspan="2">甲方的特别要求</td><td colspan="2"></td></tr>
<tr><td colspan="2" rowspan="4">套系外赠送的产品、服务</td><td colspan="2">室外拍摄地点</td></tr>
<tr><td colspan="2"></td></tr>
<tr><td colspan="2">套系外主要收费项目及收费标准</td></tr>
<tr><td colspan="2" rowspan="2">入册外照片每张____元刻入光盘；定妆液每瓶____元；
约定区域外服装价格为____元；
其他：
（或以经甲方签字确认的收费价目表为准，并按照实际发生的项目收费。）</td></tr>
<tr><td colspan="2">费用合计</td><td colspan="3">元，大写：　　　　元人民币</td></tr>
<tr><td rowspan="5">付款方式</td><td colspan="4">□甲方于本合同签订时一次性支付全部费用</td><td>付款人</td><td></td></tr>
<tr><td colspan="4" rowspan="2">□甲方于本合同签订时按照费用总额的____%（不得超过20%），______向乙方支付定金。甲方因自身原因放弃拍摄的，无权要求返还定金；乙方因自身原因不能提供拍摄服务的，应当双倍返还定金</td><td colspan="2">剩余费用支付时间</td></tr>
<tr><td colspan="2"></td></tr>
<tr><td colspan="4" rowspan="2">□甲方于本合同签订时按照费用总额的____%，____元向乙方支付预付款</td><td colspan="2">合同约定有效期</td></tr>
<tr><td colspan="2"></td></tr>
<tr><td colspan="3">本合同项下摄影作品的著作权属于</td><td>其他约定</td><td colspan="3"></td></tr>
</table>

（续表）

签订合同前请甲方仔细阅读背书合同条款，并向乙方详细了解套系内容外需另收费的产品、服务的收费标准	
甲方(签章)： 先生 小姐 住所： 证件号码： 联系电话： 邮政编码：	乙方(签章)： 住所： 营业热照号码： 委托代理人： 联系电话：
签订日期：	签订地点：

范例5

瘦身美容服务合同

甲方：________________________（消费者姓名）

出生日期：____年____月____日

会员编号：______________________

住址：__________________________

职业：__________________________

未成年人法定代理人：____________

法定代理人住址：________________

法定代理人联系电话：____________

入会费：人民币________________（大写）（非会员免填）

乙方：________________（提供美容服务机构名称）

地址：________________

电话：________________

负责人：______________

职员：________________

甲乙双方同意就瘦身美容合同事项依下列约定办理：

第一条　瘦身美容的定义

本合同所谓瘦身美容，是指借手艺、机器、用具、用材、化妆品、食品等方式，为保持、改善身体、感观健美所实施的综合指导措施的非医疗行为。

瘦身美容项目包括：

1.体型、重量的控制、调整；

2.肌肤保养；

3.身体油压；

4.脸部美容、化妆；

5.脱毛；

6.美容咨询及其相关商品的出卖。

第二条　权利义务的依据

甲乙双方关于本瘦身美容的权利义务，依本合同的约定；本合同未约定的，依有关法律、法规的规定。

本合同的附件、乙方的广告及本合同当事人间的口头约定均为本合同内容的一部分。

甲乙双方的其他特别协议事项，其效力优于本合同条款。

第三条　未成年人的订约

甲方应具备完全行为能力。

甲方为限制行为能力人的，须征得其法定代理人的允许或承认，本合同始为有效。

甲方为无行为能力人的，应由其法定代理人代为及代受意思表示。

第四条　会员权利与义务的说明

甲方如有需要，可申请成为乙方的会员，其权利和义务依会员规约的规定（见附件）。

乙方应就会员种类及会员资格的权利义务，在订约时向甲方作明确说明。如会员卡不慎遗失、毁损或被窃时，乙方于甲方填写申请书后应无偿制作补发新卡。

第五条　课程及附属商品的说明

乙方应将甲方接受瘦身美容实施的条件以及甲方所选择的瘦身美容的

项目、对价、次数、期间、课程数、效果分析、副作用及危险性等，以及为实施瘦身美容所必须购买的相关商品的内容、性质、效用及其价格，于订约时向甲方作充分明确的说明，并提供相关的画面。

乙方应将为甲方所提供的服务内容留作记录，并予甲方签名确认，且于记录后至少保留二年，以供查对。甲方可随时请求乙方提供前述的纪录影本。

第六条　业者的询问及处置义务

乙方于实施瘦身美容项目前应询问、确认甲方有无因患疾而现正治疗中，是否属过敏性体质、现有无服用何种药物、肌肤有无敏感性及其他不利于接受瘦身美容的事项。甲方对于乙方的询问应诚实告知。

甲方于接受瘦身美容期间，任何一方发现甲方身体状况有异样或实施的部位有异常现象时，应立即告知他方，乙方应立即中止实施，并有义务采取甲方接受医师诊疗等适当的处理措施。但甲方发生异常或异样情形的原因，如非乙方的实施行为所致，甲方应负担乙方所采取处理措施的相关费用。

关于诊治医师的选定，应尊重甲方的意见。在甲方受诊疗期间中，就该瘦身美容合同的期间应予延长。

第七条　收费标准

本合同的瘦身美容课程费用共计人民币______元；因参加课程所需的用品的费用共计人民币______元，其细目见附件。

第八条　付款方式

甲方可全额或依课程进度分期给付对价。

第九条　卡券的使用

乙方如以卡、券或其他类似方式作为提供服务的凭证，应向甲方说明卡、券的使用方式、服务内容、使用时段、使用地点、使用次数及有效期间等项目，并应将该等项目载明于卡、券上。

上述所谓有效期间是指瘦身美容服务预定开始日起______年(月)内。但以后甲乙双方另有约定期限的，不在此限。

终止合同或解除合同时，乙方应收回卡、券。关于退费及赔偿的标准，该卡、券除依订约时的原价折算外，还应依本合同第十条至第十三条、第十七条及第十八条等规定办理。

第十条　实施前，消费者任意解除合同的退费标准

甲方于瘦身美容课程实施前解除本合同的，乙方应依下列计算标准，于1个月内将已收取的费用退还于甲方，该退还金额等于价金总额扣除解约手续费。

前款解约手续费是指本合同价金总额的____%（但其最高金额不得超过本合同价金总额的10%）。

第十一条　实施后，消费者任意终止合同的退费标准

甲方于瘦身美容课程实施后终止本合同的，乙方应依下列计算标准，于1个月内将已收取的费用退还于甲方，该退还金额等于价金总额扣除已接受服务的费用，并扣除已拆封附属商品金额，及再扣除终止合同手续费。

前款终止合同手续费是指价金总额扣除已接受服务的费用，及已拆封附属商品的剩余金额的____%（但其最高金额不得超过上述剩余金额的20%）。

已接受服务及已拆封附属商品的价格皆以订约时的原价为准。

第十二条　实施前，业者任意解除合同的赔偿标准

乙方于瘦身美容课程实施前解除本合同的，应于1个月内退还甲方已缴费用，并赔偿甲方的损失。

前款甲方的损失，是指本合同金总额的____%（其百分比应与第十条规定的百分比一致）。但甲方能证明其所受损害超过上述金额的不在此限。

第十三条　业者可解除或终止合同事由

乙方有下列事由之一时，可于瘦身美容课程实施前解除或实施后终止本合同的全部或一部：

1.因天灾、战乱、罢工、政府法令等不可抗力或不可归责于乙方的事由而导致不能履行的。

2.甲方的性别、年龄不符合乙方实施瘦身美容的条件，且为乙方于订约时非因过失所不知的。

3.甲方因疾病或健康情形不佳，导致难以完成本合同的课程的。

上述情形，乙方应依本合同第十条或第十一条规定退还费用于甲方，但前款第一项情形，乙方不得扣除手续费。

第十四条　终止合同后业者的附随保护义务

甲方于实施瘦身美容课程后终止本合同书，乙方就甲方的生命、身体或健康等事项于相当期间内仍有义务作必要的告知或协助。

第十五条　解除合同或终止合同的方式

甲乙双方可以书面或口头方式向他方为解除合同或终止合同的意思表示。

以书面解除合同或终止合同时，其样式参照附件。

第十六条　担保条款

乙方向甲方为效果担保，而未达其约定效果的，乙方应赔偿甲方人民币______元。

第十七条　消费者的变更

甲方经乙方同意后，可将其依本合同所应承受负担的权利义务移转予第三人。

前款规定的第三人，自乙方同意时起，承受负担甲方依本合同的一切权利与义务。

第十八条　业者的变更

乙方经甲方同意后，可将依本合同所产生的权利义务让与其他瘦身美容业者。

前款情形，甲方于不同意时可解除或终止合同，乙方于退费时不得扣除手续费。甲方如另有损害，可请求赔偿。

第十九条　合同代为履行

乙方未经甲方同意，将本合同的全部或部分委托其他瘦身美容业者代为履行时，甲方可解除或终止合同。

乙方经甲方同意后，就本合同的履行，该受托瘦身美容业者视为乙方的代理人或使用人。

第一款规定的情形，甲方于不同意时可解除或终止合同，乙方于退费时不得扣除手续费。甲方如另有损害，可请求赔偿。

第二十条　从业者的保密义务

乙方因甲方参加本合同的瘦身美容课程，而知悉或持有甲方所参加的课程事项、课程纪录及其他相关个人资料应予保密，并不得为不当使用。

乙方违反前款规定致甲方受有损害的，应负赔偿责任。

第二十一条　从业人员的资格

依本合同提供服务的美容师、营养师或其他从业人员须具备合法的专业资格。

第二十二条　服务处所的选择

甲方可于乙方的分支机构接受瘦身美容之服务。

第二十三条　订约后双方合意变更合同

甲乙双方于合同订立后，可依合意变更合同内容。

第二十四条　合同争议的解决方式

本合同在履行过程中发生的争议，由双方当事人协商解决，也可由有关部门调解；协商或调解不成的，按下列第______种方式解决：

1.提交__________仲裁委员会仲裁；

2.向__________人民法院起诉。

第二十五条　合同书的分执保管

本合同一式______份，甲乙双方各执______份，乙方不得借故收回。

第二十六条　其他协议事项

____

____

____。

甲方（签字）：______________	乙方（盖章）：______________
住址：____________________	负责人（签字）：____________
身份证号码：______________	住址：____________________
电话或电传：______________	电话或电传：______________
____年____月____日	____年____月____日
签订地点：	签订地点：

附件：（略）

范例 6

电梯日常维护保养合同

使用单位(甲方):____________________

维保单位(乙方):____________________

依照《中华人民共和国合同法》、《特种设备安全监察条例》、《北京市电梯安全监督管理办法》、《北京市电梯日常维护保养规则》及其他有关规定,甲乙双方遵循平等、自愿、公平和诚实信用的原则,就电梯日常维护保养的有关事宜协商订立本合同。

第一条　日常维护保养的电梯

甲乙双方约定,由乙方为《电梯维护保养及金额明细表》(见附件一)中列明的甲方使用、管理的电梯提供日常的维护、保养和抢修服务。

第二条　日常维护保养内容

乙方应当按照《电梯日常维护保养规则》完成半月、月、季度、半年、年保养项目,并做好维护保养记录。

第三条　日常维护保养标准

实施日常维护保养后的电梯应当符合《电梯维修规范》、《电梯制造与安装安全规范》和《自动扶梯和自动人行道的制造与安装安全规范》的相关规定。

除上述标准外,还应当满足甲方提出的如下要求:________________。

第四条　日常维护保养期限

本合同期限____年____个月,自____年____月____日起至____年____月____日止。甲乙双方同意期限届满后续约的,应当于期限届满15日前重新签订合同。

第五条　日常维护保养费

维护保养费(____×____元)总计____元(人民币),大写:____________。

第六条　结算方式(在□内打√)

1.甲方按(□月□季□半年□年)支付维护保养费,具体支付时间和金额为：____。

2.支付方式：□支票□汇到乙方指定账号。

第七条　日常维护保养方式：□清包□半包□大包。

半包维保中更换零部件单件在______元以内的，由乙方免费提供。

第八条

乙方抢修服务热线电话：______________________________。

抢修服务时间（困人除外）：______________________________。

第九条　驻场：乙方（□是□否）提供驻场作业服务（驻场费用应当已经包含在日常维护保养费中）。

驻场作业人员职责：______________________________________

____

____。

第十条　甲方权利、义务

1.权利

（1）有权监督乙方按照合同约定履行维护保养义务、发出故障通知或提出建议。

（2）有权要求乙方保障电梯的正常运行。乙方的维护保养达不到合同约定的维护保养标准或要求的，甲方有权拒绝在维护保养记录上签字。

2.义务

（1）应当对每台电梯建立完整的安全技术档案，并供乙方查询。签订合同前应当向乙方提供如下资料或复印件：

①产品合格证；

②使用维护说明书；

③电气原理图；

④电气敷设图；

⑤安装说明书；

⑥电梯整机、安全部件和主要部件型式试验报告结论副本或结论；

⑦电梯运行全部记录；

⑧故障及事故记录；

⑨改造、重大维修原始记录；

⑩北京市特种设备登记卡；

⑪电梯施工自检记录；

⑫上年度的检验报告。

(2)建立电梯安全运行管理制度，保证电梯的用电、消防、防雷、通风、通道、电话通讯、监控摄像和报警装置等系统安全可靠；并保证机房、井道、底坑无漏水、渗水现象，通往机房、底坑、滑轮间、井道安全门的通道畅通、照明充分。

(3)配备电梯安全管理人员负责电梯的日常安全管理：

①负责电梯钥匙的使用管理；

②负责对乙方的维护保养记录、修理记录签字确认；

③负责对乙方提交的电梯安全隐患提示单签字确认，如果更换电梯安全管理人员，应当及时通知乙方。

(4)应当制定电梯事故应急防范措施和救援预案并定期演练。

(5)在电梯使用过程中发现故障或异常情况应当立即停止使用，并及时通知乙方。

(6)除乙方无法解决的情况外，未经乙方书面许可不得允许非乙方人员从事与电梯维护保养有关的工作。

(7)应当为乙方提供维护保养所需的工作环境。

(8)应当在电梯安全检验合格有效期届满前 1 个月向电梯检验检测机构提出定期检验申请。

第十一条　乙方的权利、义务

1.权利

(1)有权要求甲方提供维护保养所需的工作环境及相关资料。

(2)有权拒绝甲方提出的影响电梯安全运行的要求。

2.义务

(1)应当具备特种设备安全监督管理部门核发的相应许可。

(2)接到故障通知后，应当立即赶赴现场进行处理；电梯困人时，应当在____分钟内(此时间最长不得超过 30 分钟)抵达现场。

(3)现场作业人员不得少于两人,且应当取得相应的《特种设备作业人员证》。

(4)作业中应当负责落实现场安全防护措施,保证作业安全。

(5)向甲方提出合理化建议并每月向甲方书面报告所维护保养电梯的运行情况、零部件使用情况、易损件的更换情况及电梯更换修理需求。

(6)对所维护保养电梯的安全运行负责,保障设备整机及零部件完整无损。

(7)建立回访制度(包括工作人员的服务态度、维修质量、是否按照规定实施维护保养等)。

(8)应当配合电梯检验检测机构对电梯的定期检验,并参与电梯安全管理活动。

(9)应当妥善保管电梯图纸及相关资料,并在合同终止后交给甲方。

(10)不得以任何形式分包、转包。

第十二条　违约责任

1.一方当事人未按约定履行义务给对方造成直接损失的,应当承担赔偿责任。

2.一方当事人无法继续履行合同的,应当及时通知另一方,并由责任方承担因合同解除而造成的损失。

3.甲方无正当理由未按照约定期限支付费用的,每延误 1 日应当向乙方支付延误部分费用______%的违约金。

4.甲方违反约定允许非乙方人员从事电梯维护保养工作的,应当按照______标准支付违约金。

5.因电梯使用、管理原因导致人身伤亡或设备损坏、丢失的,由甲方自行承担全部责任。

6. 乙方的维护保养工作不符合合同约定的维护保养标准或要求的,乙方应当返工,并按照______标准支付违约金。

7.因维护保养原因导致人身伤亡或设备损坏、丢失的,由乙方承担全部责任。

8.因维护保养原因导致电梯检验检测不合格的,乙方还应当承担电梯复验费用。

____

____

第十三条　合同的解除

1.甲乙双方协商一致,可以解除合同。

2.任何一方严重违约导致合同无法继续履行的,另一方可以解除合同。此外任何一方不得单方解除合同。

第十四条　争议解决方式

本合同在履行过程中发生的争议，由双方当事人协商解决或向有关部门申请调解,协商、调解不成的,按照下列第______种方式解决(任选一种):

1.依法向__________人民法院起诉;

2.提交__________仲裁委员会仲裁。

第十五条　其他约定

1.普通维修、重大维修、改造或甲方要求乙方提供本合同约定以外的增值服务的,双方均应当以书面形式另行约定。

2.维护保养记录是记载电梯运行、维护、保养的依据,每台电梯均应当建立独立的维护保养记录。维护保养记录应当一式两份,甲乙双方各保存一份,保存时间为4年。普通维修、重大维修、改造协议与抢修记录均应当与维护保养记录一并保存。

____

____

第十六条　附则

本合同自______生效。本合同生效后,双方对合同内容的变更或补充应当采取书面形式,并经双方签字确认,作为本合同的附件。附件与本合同具有同等的法律效力。

本合同一式____份,甲方执____份,乙方执____份,____执____份。

甲方:(签章)____________　　乙方:(签章)____________

营业执照号码:__________　　营业执照号码:__________

住所:______________　　许可证号码:__________

单位负责人:__________　　住所:______________

联系电话：______________　　法定代表人：______________

电梯安全管理员：________　　联系电话：______________

联系电话：______________　　委托代理人：______________

传真电话：______________　　联系电话：______________

开户银行：______________　　传真电话：______________

账号：________________　　开户银行：______________

邮政编码：______________　　账号：________________

　　邮政编码：______________

____年____月____日　　____年____月____日

电梯维护保养及金额明细表

附件一：

梯号	电梯品牌规格型号	电梯：层/站/门	运行地点	保养时间	保养金额（元/年）

梯号	自动扶梯、自动人行道品牌规格型号	提升高度/角度	运行地点	保养时间	保养金额（元/年）

最新适用版

第十六章

合伙协议

撰写要领

一、合伙协议概述

合伙协议是指两个以上的民事主体共同出资、共同经营、共负盈亏的协议。就组织的角度而言，合伙企业是指根据合伙协议成立的企业组织形态。我国目前调整合伙的法律规范，一是民法通则中有关个人合伙及法人联营的规定，一是合伙企业法。

合伙协议是合伙得以成立的法律基础，是处理合伙人相互之间的权利义务关系的内部法律文件，仅具有对内的效力，即只约束合伙人，合伙人之外的人如欲入伙，须经全体合伙人同意，并在合伙协议上签字。所以，合伙协议是调整合伙关系、规范合伙人相互间的权利义务、处理合伙纠纷的基本法律依据，也是合伙得以成立的法律基础，此即合伙的契约性。

合伙协议必须采用书面形式，并载明以下内容：

(一)合伙企业的名称和主要经营场所的地点；

(二)合伙目的和合伙企业的经营范围；

(三)合伙人的姓名及其住所；

(四)合伙人出资的方式、数额及缴付出资的期限；

(五)利润分配和亏损分担办法；

(六)合伙企业事务的执行；

(七)入伙与退伙；

(八)合伙企业的解散与清算；

(九)违约责任。

二、合伙协议的注意事项

合伙协议应当注意的事项包括：

(一)协议内容要详尽、细致、清楚

双方一定要在平等自愿的基础上就合伙事务达成一致，特别是其中涉及出资方式、出资期限、利润分成、亏损分担以及合伙事务的执行和负责等方面的内容，更要详细说明。订立合伙协议一定要采取正式的书面形式，且最好进行公证，以保证其法律效力。

（二）对于非货币形式出资的，作价评估要由合伙人认可

对于非货币形式的出资，可以自行评估，就是由全体合伙人协商定价，也可以委托评估，由全体合伙人委托法定评估机构进行评估。不管采用何种方式，都要由全体合伙人在协商一致的基础上对评估结论予以共同认可。对以劳务出资的，应由全体合伙人商议确定劳务的作价、履行方式、期限等，对作为出资的劳动，当事人不再享有其他劳动报酬。

（三）对于连带责任方面的风险防范

在合伙成立时就要在协议里约定详细的有关新合伙人入伙的条款，在合伙协议中详尽写明退伙的理由、步骤以及不准退伙的情形等。

（四）对于隐名合伙合作的注意事项

隐名合伙指当事人约定一方对他方所经营的事业出资而分享其营业所得收益与分担其营业所受损失的契约。其中，出资一方称为隐名合伙人，经营事业的他方视为营业人。由于目前我国法律还未增设有关隐名合伙的规定，因而只能按当前法律的要求来办理，这要求合伙人在合伙事务中充分认识合伙事务的风险，在估量风险的前提下进行投资，或者对合伙事务进行有效的监督，即：

1.详细约定合伙事务执行人的权限，超越该权限范围的事项必须征得其他合伙人的同意。但要注意，这种内部权限划分不能对抗善意第三人，只能作为内部责任的划分依据。

2.和合伙事务执行人达成具体、细致的责任分配标准、加重合伙执行人的责任。

3.对合伙事务进行定期检查，要求合伙执行人提供合伙事务执行的详细报告。

范文经典

范例1

合伙协议合同

订立合同各合伙人：

姓名________，性别________，年龄________，住址________；

姓名________，性别________，年龄________，住址________。

第一条　合伙宗旨

____。

第二条　合伙经营项目和范围

____。

第三条　合伙期限

合伙期限为____年，自____年____月____日起至____年____月____日止。

第四条　出资额、方式、期限

1.合伙人________(姓名)以______方式出资，计人民币______元。

2.合伙人________(姓名)以______方式出资，计人民币______元。

3.各合伙人的出资于____年____月____日以前交齐。逾期不交或未交齐的，应对应交未的交金额数计付银行利息并赔偿由此造成的损失。

4.本合伙出资共计______元人民币。合伙期间，各合伙人的出资仍为共有财产，不得随意请求分割。合伙终止后，各合伙人的出资仍为个人所有，届时予以返还。

第五条　盈余分配与债务承担

1.盈余分配：以______为依据，按比例分配。

2.债务承担：合伙债务先由合伙财产偿还，合伙财产不足清偿时，以各合伙人的______为据，按比例承担。

第六条　入伙、退伙，出资的转让

1.入伙：

(1)需承认本合同；

(2)需经全体合伙人同意；

(3)执行合同规定的权利义务。

2.退伙：

(1)须有正当理由方可退伙；

(2)不得在合伙不利时退伙；

(3)退伙须提前______个月告知其他合伙人并经全体合伙人同意：

(4)退伙后，以退伙时的财产状况进行结算，不论何种方式出资，均以金钱结算；

(5)未经合伙人同意而自行退伙给合伙造成损失的，应进行赔偿。

3.出资的转让：允许合伙人转让自己的出资。转让时，合伙人有优先受让权，如转让给合伙人以外的第三人，对第三人应按入伙对待，否则以退伙对待转让人。

第七条　合伙负责人及其他合伙人的权利

1.______为合伙负责人，其权限是：

(1)对外开展业务、订立合同；

(2)对合伙事业进行日常管理；

(3)出售合伙的产品(货物)、购进常用货物；

(4)支付合伙债务。

2.其他合伙人的权利：

(1)参与合伙事业的管理；

(2)听取合伙负责人开展业务情况的报告；

(3)检查合伙账册及经营情况；

(4)共同决定合伙的重大事项。

第八条　禁止行为

1.未经全体合伙人同意，禁止任何合伙人私自以合伙名义进行业务活动；如其业务获得利益归合伙，造成损失的按实际损失赔偿。

2.禁止合伙人经营与合伙竞争的业务。

3.禁止合伙人再加入其他合伙。

4.禁止合伙人与本合伙签订合同。

第九条　合伙营业的继续

1.在退伙的情况下，其余合伙人有权继续以原名称继续经营原企业业务，也可以选择、吸收新的合伙人入伙经营。

2.在合伙人死亡或被宣告死亡的情况下，依死亡合伙人的继承人的选择，既可以退继承人应继承的财产份额，继续经营，也可依照合伙协议的约定或者经全体合伙人同意，按纳继承人为新的合伙人继续经营。

第十条　合伙的终止和清算

1.合伙因下列情形解散：

(1)合伙期限届满；

(2)全体合伙人同意终止合伙关系；

(3)已不具备法定合伙人数；

(4)合伙事务完成或不能完成；

(5)被依法撤销；

(6)出现法律、行政法规规定的合伙企业解散的其他原因。

2.合伙的清算：

(1)合伙解散后应当进行清算，并通知债权人。

(2)清算人由全体合伙人担任或经全体合伙人过半数同意，自合伙企业解散后15日内指定______合伙人或委托第三人担任清算人。15日内未确定清算人的，合伙人或者其他利害关系人可以申请人民法院指定清算人。

(3)合伙财产在支付清算费用后，按下列顺序清偿：合伙所欠招用的职工工资和劳动保险费用；合伙所欠税款；合伙的债务；返还合伙人的出资。

(4)清偿后如有剩余，则按本协议第五条第一款的办法进行分配。

(5)清算时若合伙有亏损，合伙财产不足清偿的部分依本协议第五条第二款的办法办理。各合伙人应承担无限连带清偿责任，合伙人由于承担连带责任，所清偿数额超过其应当承担的数额时，有权向其他合伙人追偿。

第十一条　违约责任

1.合伙人未经其他合伙人一致同意而转让其财产份额的，如果其他合伙人不愿接纳受让人为新的合伙人，可按退伙处理，转让人应赔偿其他合伙人因此而造成的损失。

2.合伙人私自以其在合伙企业中的财产份额出资的，其行为无效，或者作为退伙处理，由此给其他合伙人造成损失的，承担赔偿责任。

3.合伙人严重违反本协议或因重大过失或违反《合伙企业法》而导致合伙企业解散的，应当对其他合伙人承担赔偿责任。

4.合伙人违反第八条规定，应按合伙实际损失赔偿，劝阻不听者可由全体合伙人决定除名。

第十二条　争议的解决方式

凡因本协议或与本协议有关的一切争议，合伙人之间应共同协商，如协商不成，提交________仲裁委员会仲裁，或依法向人民法院起诉。

第十三条　其他

1.经协商一致，合伙人可以修改本协议或对未尽事宜进行补充；补充、修改内容与本协议相冲突的，以补充、修改后的内容为准。

2.入伙合同是本协议的组成部分。

3.本合同一式______份，合伙人各执一份，送登记机关存档一份。

4.本合同经全体合伙人签名、盖章后生效。

合伙人(签章)：____________　　合伙人(签章)：____________

____年____月____日　　____年____月____日

签订地点：________________　　签订地点：________________

范例2

入伙协议合同

依据《中华人民共和国合伙企业法》和______合伙协议，按照自愿、平等、公平、诚实的原则，经新合伙人和原全体合伙人协商一致，制定本协议。

第一条　新合伙人履行出资义务，即成为______的合伙人。

第二条　新合伙人的姓名、出资方式及出资额：

新合伙人的姓名：______，住所：______，身份证号码：__________；

出资方式：__________；

出资额：计人民币________元。

第三条　新合伙人承认原合伙企业所有协议，与原合伙人享受同等权利，承担同等责任。

第四条　新合伙人对入伙前合伙企业的债务承担连带责任。

第五条　本协议一式______份，合伙人各执一份，并报合伙企业登记机关一份。本协议经新合伙人和原合伙人签字后生效。

第六条　本协议未尽事宜，按国家有关规定执行。

新合伙人（签章）：____________　　原合伙人（签章）：___________

____年____月____日　　____年____月____日

签订地点：__________________　　签订地点：_________________

范例3

经销合作合同

甲方：______________________

乙方：______________________

经甲乙双方友好协商，就甲方产品的地区销售达成如下协议：

第一条　甲方责任

1.提供合格之______产品给乙方经销，并提供一切产品之市场准入手续给乙方。

2.保证乙方货款到账两日内发出货品（需提前订货），并保证产品长期供应。

3.给乙方3个月试营期，如试营不理想，试营期满后可退回剩余货品。如长期合作，甲方对产品实行3月内包换，一年保修，长年维修（不包括：人为损坏、私自拆装、外观损伤、附件不全）。

4.提供对乙方业务人员的专业培训，提供产品广告样板，提供促销品支持。

5.绝对执行同级经销商平等之价格体系以保障乙方的经济利益。

6.发展水平相当之经销商队伍，防止不良经销商侵犯乙方的正常权益。

7.保证以诚实和忠诚的合作态度，和乙方建立良好合作，以达到双赢的结局。

8.一切营销政策对所有经销商都采取公平的态度。

第二条　乙方责任

1.保证按照预定的市场推广计划全力开拓本地市场（乙方制订，双方认可）。

2.保证不超过协议约定之经营范围。

3.绝对执行甲方当地市场最低市场限价，为______元人民币/套。

4.及时将当地市场信息反馈给甲方，以便双方协作做好当地市场。

5.严格执行《经销商客户服务条款》（附件）以保障产品用户的合理权益。

6.保证以诚实、忠诚的合作态度和甲方进行合作。

第三条　本协议有效期限为____年，自____年____月____日起至____年____月____日止。

第四条　双方须严格执行本协议条款，如果单方违约给对方造成的损失由违约方负担。

第五条　若发生协议执行纠纷，由甲方所在地合同仲裁机关或者人民法院依法裁决执行。

第六条　此协议附《经销商客户服务条款》。

第七条　本协议一式4份，双方各执两份，具有同等法律效力。

甲方：（签章）______________　　乙方：（签章）______________

代表：（签章）______________　　代表：（签章）______________

地址：______________　　地址：______________

电话：______________　　电话：______________

签订地点：______________　　签订地点：______________

签约日期：____年____月____日　　签约日期：____年____月____日

附件：《经销商客户服务条款》（略）

范例4

项目开发合作合同

甲方：__________

乙方：__________

甲乙双方本着互利互惠、共同发展的原则，经过友好协商，决定充分利用双方各自的优势实行资源互补，在____项目上进行合作，特订立本协议。

第一条　开发的项目和范围

____

____。

第二条　合作期限

自____年____月____日起，至____年____月____日止。

第三条　合作方式

1.双方各自承担开发项目的费用。

2.乙方对外洽谈项目，以甲方的名义进行，甲方为乙方提供统一的名片，乙方无权利代表甲方签署任何有法律责任的文件。

第四条　利润分配

1.利润定义：管理费收入。

2.分配方式：甲乙双方利润按5:5分成。

第五条　免责

如因第三方原因或不可抗拒因素导致项目终止，甲乙双方不负法律责任。

第六条　违约责任

甲乙双方各自承担合作任务，若任何一方违约而给对方造成经济损失或名义损害，违约方承担全部赔偿责任。

第七条　终止通告

任何一方都有权终止本协议，不需陈述理由，但应该提前7个工作日通知对方。

第八条　保密条款

有关本次合作，甲乙双方提供的所有资料只能用于本次业务，甲乙双方应将对方提供的资料视为机密文件。

第九条　透明化

在具体合作项目进行期间，所有的交流、对话、协议、成交等均需甲乙双方进行或在对方知晓的前提下进行。在另一方不知晓的情况下，任何一方不得单独对外签订任何协议与达成任何交易。

第十条　其他

本协议未尽事宜将由甲方、乙方通过协商解决。

第十一条　生效

本协议一式两份，甲方、乙方各持一份，在甲乙方签字后生效。

甲方：（签章）______________　　乙方：（签章）______________

代表：（签章）______________　　代表：（签章）______________

地址：____________________　　地址：____________________

电话：____________________　　电话：____________________

签订地点：________________　　签订地点：________________

签约日期：____年____月____日　　签约日期：____年____月____日